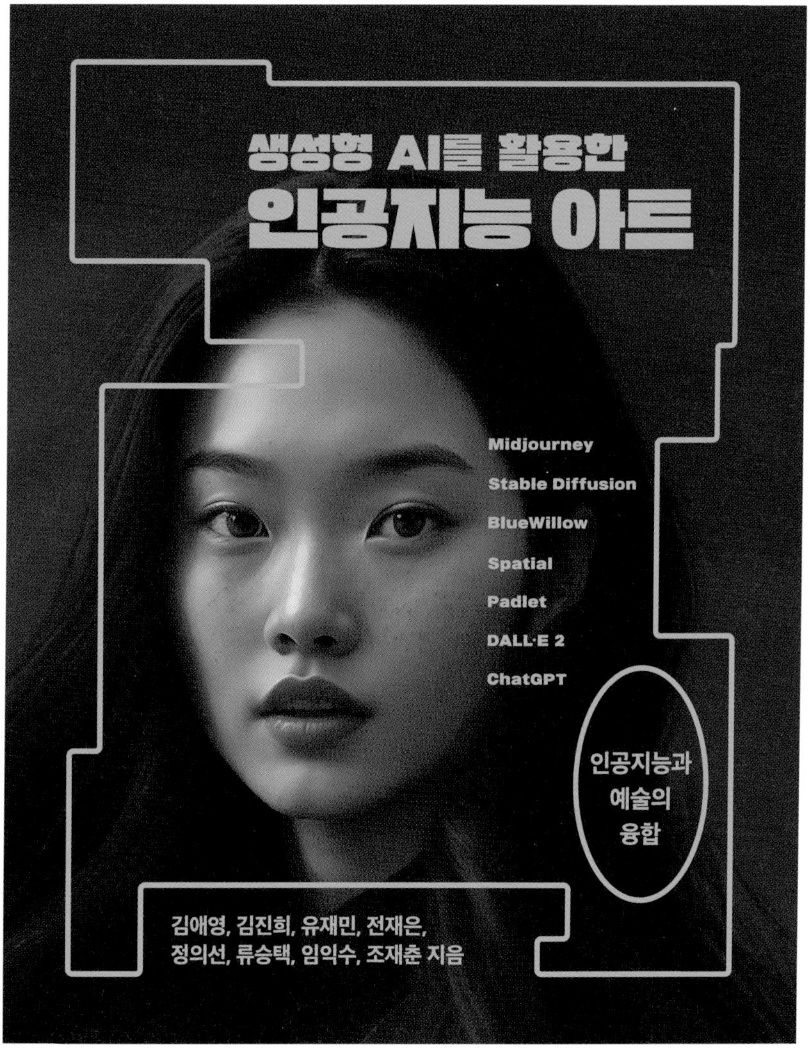

생성형 AI를 활용한 인공지능 아트

Midjourney
Stable Diffusion
BlueWillow
Spatial
Padlet
DALL·E 2
ChatGPT

인공지능과 예술의 융합

김애영, 김진희, 유재민, 전재은, 정의선, 류승택, 임익수, 조재춘 지음

생성형 AI를 활용한 인공지능 아트

초판 1쇄 발행 • 2023년 10월 12일 | **지은이** • 김애영, 김진희, 유재민, 전재은, 정의선, 류승택, 임익수, 조재춘 | **발행인** • 이종원
발행처 • (주)도서출판 길벗 | **브랜드** • 길벗캠퍼스 | **출판사 등록일** • 1990년 12월 24일 | **주소** • 서울시 마포구 월드컵로 10길 56(서교동)
대표 전화 • 02)332-0931 | **팩스** • 02)323-0586 | **홈페이지** • www.gilbut.co.kr | **이메일** • gilbut@gilbut.co.kr
책임편집 • 신유진(backdoosan@gilbut.co.kr) | **디자인** • 강은경 | **제작** • 이준호, 손일순 | **영업마케팅 및 교재 문의** • 박성용(psy1010@gilbut.co.kr)
영업관리 • 김명자 | **독자지원** • 윤정아, 최희창 | **전산편집** • 앤미디어 | **CTP 출력 및 인쇄** • 예림인쇄 | **제본** • 예림인쇄

길벗캠퍼스는 (주)도서출판 길벗의 IT대학교재 출판 브랜드입니다.

ISBN 979-11-407-0630-3 93000(길벗 도서번호 060103)
정가 27,000원

안녕하세요, 생성형 AI 서비스를 이용한 지식과 창조의 흥미로운 세계로 여러분을 초대합니다!

작년 가을, 교육대학원의 AI융합교육전공 개설을 통해 초중고 선생님들과의 기분 좋은 만남이 시작되었습니다. 그즈음, 미드저니와 같이 텍스트로 이미지를 생성하거나 챗GPT와 같이 대화를 통해 지식을 탐구하고 새로운 콘텐츠를 생성하는 생성형 AI가 화제 되기 시작했고, 마침 미드저니를 통해 생성한 이미지가 공모전에서 상을 받아 관련 주제 및 소재를 바탕으로 작성한 논문으로 학회에 참여하고 발표하는 등 흥미로운 일들이 많이 생기던 때였습니다. 이에 발맞춰 학교에서는 AI 아트 해커톤과 공모전을 진행했고, 'AI 아트 코딩'이라는 이름으로 대학을 벗어나 지역 내 초중고 학생들을 대상으로 교육 캠프 '디지털새싹'을 확대하여 진행해 오고 있습니다. 그 반응은 뜻밖의 성공이었습니다! 생성형 AI의 발전 속도만큼 빠르진 않았지만, 생성형 AI와 관련한 우리들의 활동 역시 활발해지면서 매우 다양해졌고, 겨울의 추위를 느끼지 못할 만큼 뜻밖의 즐거움도 그만큼 컸습니다.

올해 봄, 가을/겨울 동안 시도해 본 콘텐츠 및 내용을 모아 책을 만드는 것이 어떻냐는 제안이 들어왔고, 이에 생성형 AI 및 AI 아트 활동을 함께했던 선생님들과 다시 모여 책 집필을 바로 시작하였습니다. 물론 그 시작은 선생님들과 또 하나의 재미있는 작업을 해 본다는 기대감, 요즘 핫한 생성형 AI 서비스인 미드저니, 스테이블 디퓨전, 챗GPT로 어떤 콘텐츠 또는 책을 만들어낼 수 있을까 하는 호기심, 많은 이들에게 도움이 되도록 잘 만들 수 있을까라는 두려움 등 다양한 감정과 함께였습니다. 그 과정은 텍스트 입력만으로 이미지를 그리고, 원하는 이미지가 나올 때까지 텍스트를 수정하며 반복하고, 그 이미지를 어떻게 활용할지 아이디어를 내어보는 재미로 정말 좋았습니다. 또한, 그 결과물이 이미지를 못 그리는 이들도, 컴퓨터를 잘 다루지 못하는 이들도, 신체에 불편이 있는 이들도, 남녀노소 상관없이 누구나 쉽게 이야기를 만들고 이미지를 그리는 즐거운 과정에 도움이 될 수 있을 것이라는 기대에 사뭇 뿌듯함도 생겼습니다.

이제 여름, 머리말의 작성은 이 책의 집필이 마무리되었다는 알람과 동시에 시원함과 아쉬움의 교차하는 감정을 불러왔습니다. 여기저기 수정하며 가감해야 할 부분이 많이 남아 있겠지만 '완벽한 마무리'보다는 '함께한 시작'으로 의미를 두며 이 책으로 여러분들과 AI 아트 코딩을 함께 하려고 합니다. 책의 집필을 위해 본인들의 틈새 시간을 내어 유익하고 흥미로운 콘텐츠를 담으려고 애써준 모든 순간에 대해 함께 참여한 선생님들께 진심으로 감사드리며, 응원하며 기다려 주신 여러분께도 정말 감사드립니다. 그 과정과 결과물을 여러분과 함께할 수 있어 기쁩니다.

이 책은 생성형 AI 서비스 및 프롬프트를 이용해 다양한 이미지를 생성해 보는 과정을 'AI 아트 코딩'이라는 이름으로 담았습니다. 이 책은 혼자 또는 선생님들이 학생들과 함께 AI 아트와 프롬프트를 이해하고 경험해 보며 말로 그리는 다양한 이미지 생성의 즐거움을 모든 이에게 전하고자 다양한 예로 구성했습니다. 또한, AI 아트를 일상의 다양한 용도로 활용할 수 있도록 돕고자 했습니다. 일반적인 미술도구로 이미지를 그리는 것이 어려워도, 컴퓨터와 친하지 않아도, 무엇을 어떻게 그려내야 할지 아이디어가 떠오르지 않아도 괜찮습니다. 이 책과 함께라면 각자의 머리속에 그린 이미지를 멋지게 표현할 수 있고, 의외의 표현 또는 아이디어를 얻을 수도 있을 것입니다. 여러분의 상상력과 창의력이 이 책을 바탕으로 성장하기를 기대하며, 이 책이 초중고 및 대학에서 만나는 본인들의 학생들과 또 하나의 즐거운 경험의 바탕이 되길 소원합니다.

감사합니다.

저자 일동

첫째 마당. AI 아트를 위한 준비 운동

1장 | AI 아트 시작

2장 | AI 아트 프롬프트 엔지니어링

3장 | 글로 이미지 생성하는 AI (1)

4장 | 글로 이미지 생성하는 AI (2)

5장 | 글로 이미지 생성하는 AI (3)

둘째 마당. AI 아트로 나만의 작품 생성

6장 | 다양한 스타일의 이미지 생성

책에서 제공하는 프롬프트 연습 파일은 길벗 홈페이지를 통해 제공됩니다. 길벗 출판사 홈페이지(www.gilbut.co.kr) 검색란에 'AI 아트'를 검색 → 해당 도서 자료실의 '학습자료' 항목 → 연습 파일(프롬프트)을 다운받습니다.

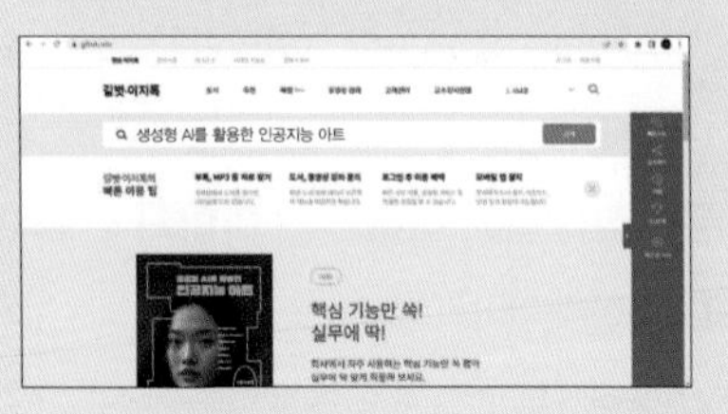

| 주차별(15주) 학습 진도표 |

주차별	챕터	주제
1주차	1장	AI 아트 시작
2주차	2장	AI 아트 프롬프트 엔지니어링
3주차	3장	단어/글로 이미지 생성하는 AI 서비스 (1) – 미드저니, 블루윌로우
4주차	4장	단어/글로 이미지 생성하는 AI 서비스 (2) – 스테이블 디퓨전, 플레이그라운드 AI
5주차	5장	단어/글로 이미지 생성하는 AI 서비스 (3) – 달리, 빙 Image Creator, 카카오톡 채널 AskUP, 챗GPT
6주차	6장	다양한 스타일의 이미지 생성
7주차	7장	AI 아트로 다양한 교과목 공부
8주차	중간고사	
9주차	8장	창작글에 어울리는 이미지 생성 (1) – 시화, 앨범 재킷, 그림일기
10주차	9장	창작글에 어울리는 이미지 생성 (2) – 동화
11주차	10장	창작글에 어울리는 이미지 생성 (3) – 웹툰
12주차	11장	문자 및 로고 디자인을 위한 이미지 생성
13주차	12장	상품 및 패션 디자인을 위한 이미지 생성
14주차	13장	생활 속 AI 이미지의 적용 - 배경화면, 명함, 초대장, 컬러링북
15주차	기말고사	

우리를 둘러 싼 세상은 끊임없이 변화하고 있으며, 이러한 변화의 중심에는 기술의 발전이 자리하고 있습니다. 특히 AI는 그 변화의 선봉장에서 예술의 영역까지도 혁신을 이끌고 있습니다. 여러분은 AI와의 대화를 더욱 풍부하게 만들어 줄 프롬프트 엔지니어링의 기초를 탐구하며, 텍스트를 통해 이미지를 생성하는 신기술의 세계에 입문합니다. 이 생성형 AI와의 첫 만남을 통해 여러분은 AI의 발전 배경을 이해하고, 단순한 텍스트 생성 요청에서부터 복잡한 이미지 생성에 이르기까지 경험해 볼 수 있는 다양한 도구와 기법을 배웁니다. 윤리, 저작권, 창의성과 같은 중요한 이슈도 함께 논의하며, 미술의 경계를 넘어 본인 안에 숨어 있는 새로운 예술의 가능성을 모색하는 여정을 시작합니다. 단어와 글로 이미지를 생성하는 AI 도구들을 활용하여 여러분만의 아트 작품를 창조하는 세계로 초대합니다. 지금부터 함께 AI 아트의 세계를 탐험하는 여정을 함께해 봅시다!

1 장

AI 아트 시작

학 습 목 표

AI 아트의 역사와 생성 AI 모델의 중요성, 그리고 AI 아트와 관련된 이슈에 대해 살펴보겠습니다. AI 아트는 다양한 분야에서 혁신을 가져오면서 개인정보와 저작권 같은 문제들도 논의되고 있습니다. 이 장에서는 AI와 미술의 만남, 텍스트 입력으로 이미지를 생성하는 AI 생성 모델의 중요성과 사용 이유, 그리고 이를 이해하기 위해 필요한 기본 개념들을 알아보겠습니다.

1.1 AI ART

모두의 글로 이미지 생성 시작

본 책의 목적 및 학습 목표

생성형 AI를 활용한 인공지능 아트는 AI와 예술의 접점에서 창의적인 표현 방식을 탐색하고자 하는 모든 이들에게 열려 있는 책입니다. 이 책의 주된 목적은 참여자들이 인공지능(AI, Artificial Intelligence)을 활용하여 자신만의 아트 작품을 만들어 내는 과정을 이해하고 실제로 수행할 수 있게 하는 것입니다.

본 책는 AI 아트의 이론부터 실제 작품 생성에 이르기까지 다양한 단계를 다룹니다. 이를 통해 AI가 예술 분야에서 어떻게 활용될 수 있는지 이해하고, AI를 사용하여 자신만의 아트 작품을 만드는 방법을 배울 수 있습니다. 이 과정에서는 텍스트를 이미지로 변환하는 기술(TTI, Text to Image)과 같이 AI 기술이 어떻게 동작하는지, 그리고 이러한 기술이 창의적인 표현을 가능하게 하는 방식에 대해서도 학습합니다.

이 책의 학습 목표는 AI 아트의 기본 개념을 이해하고, 프롬프트 엔지니어링과 같은 기본적인 AI 아트 기법을 숙지하는 것입니다. 또한, 미드저니(Midjourney), 블루윌로우(BlueWillow), 스테이블 디퓨전(Stable Diffusion), 달리(DALL · E)와 같은 다양한 AI 아트 도구를 사용해 보고, 이를 활용하여 창의적인 이미지를 생성하는 방법을 배웁니다.

또한, 이 책를 통해 자신의 창작글에 어울리는 이미지를 생성하는 방법, AI를 활용하여 다양한 스타일의 이미지를 생성하는 방법, 그리고 AI를 활용한 문자와 로고 디자인 방법 등을 배울 수 있습니다. 이를 통해 AI 아트로 자신의 창의성을 더욱 풍부하게 표현할 수 있는 방법을 학습할 것입니다.

마지막으로, 이 책는 AI 아트 작품을 메타버스 공간이나 온라인 공간에서 전시하거나 상품화하는 방법에 대해 알려주므로, 참여자들은 자신의 창작물을 널리 공유하는 방법을 배울 수 있습니다.

최종적으로, 생성형 AI를 활용한 인공지능 아트 책은 참여자들이 AI 아트의 이론과 실제를 이해하고, 실제 작품을 만들어 보며 AI를 창의적인 방식으로 활용하는 방법을 배우는 것을 목표로 합니다. 이 과정을 통해 학습자들은 기술과 예술의 경계를 허물며, 새로운 창의적 표현 방식을 개발하는 데 도움을 받을 수 있습니다. 본 책를 통한 학습은 학습자들이 AI와 예술을 통해 자신만의 독특한 표현 방식을 찾아내고, 다양한 분야에서 활용할 수 있도록 돕습니다. 이러한 경험은 참여자들이 미래 사회에서 요구되는 창의적 사고력과 문제 해결 능력을 더욱 강화하는데 기여할 것입니다. AI 아트의 세계로 초대합니다! 여러분의 창의력이 빛나는 작품을 만들어 보세요!

AI 생성 모델의 중요성과 사용 이유

AI(Artificial Intelligence)는 이미지, 음악, 글쓰기 등 다양한 창작 활동에서 뛰어난 성능을 보이며 그 중요성이 커지고 있습니다. 특히 프롬프트에 입력된 텍스트를 바탕으로 이미지를 생성하는 AI 모델은 이러한 트렌드에서 중요한 위치를 차지하고 있습니다. 이러한 AI 모델은 창의적인 표현과 상상력을 결합하여 미지의 영역을 탐색하고, 새로운 예술적 방식을 제안하며, 기존의 창작 방식을 확장하고 있습니다.

생성 AI 모델의 중요성은 다음과 같이 요약할 수 있습니다.

❶ **창의성 확장** : 생성 AI 모델을 사용하면 아이디어를 즉시 시각화하고, 상상력을 현실로 전환할 수 있습니다. AI 모델이 제공하는 다양한 이미지 스타일과 텍스트를 이미지로 변환하는 기능은 창작자들의 상상력을 더욱 확장시켜 줍니다.

❷ **창작 과정 개선** : 전통적인 창작 방식에는 시간과 노력이 많이 필요하며, 결과물을 예측하기 어렵습니다. 그러나 생성 AI 모델을 사용하면 효율적으로 아이디어를 구현하고, 결과물을 빠르게 확인하며, 수정 사항을 즉시 반영할 수 있습니다.

❸ **교육적 가치** : 생성 AI 모델을 사용하면 기존의 교육 방식을 넘어서 시각화, 로고 디자인, 웹툰 그리기 등 다양한 분야에서 학습할 수 있습니다. 이는 창의성과 상상력을 향상시키고, 문제 해결 능력을 강화하는 데 중요한 역할을 합니다.

❹ **공유와 상품화** : 생성 AI 모델을 통해 만든 작품은 메타버스나 온라인 공간에서 쉽게 공유하거나 판매할 수 있습니다. 이는 창작자들이 자신의 작품을 널리 알릴 수 있으며, 새로운 수익 창출 방식을 제공합니다.

그러므로 생성 AI 모델은 기존의 예술 및 창작 활동에 새로운 가능성을 제시합니다. 이는 창작자들이 더욱 창의적이고 효율적으로 작업할 수 있게 돕고, 사람들이 새로운 예술 형태를 경험하는 데 중요한 역할을 합니다. AI가 제공하는 다양한 도구와 기술을 활용하면, 우리는 이미지, 소리, 글 등 다양한 매체를 통해 새로운 예술적 표현을 창출할 수 있습니다.

텍스트를 이미지로 변환하는 생성 AI는 우리의 상상력을 이미지로 구현하는 역할을 합니다. 이는 창작 과정을 효율적으로 만들고, 아이디어를 즉시 시각화할 수 있는 가능성을 제공합니다. 또한, AI의 도움을 받아 복잡하고 어려운 작업을 단순화하고, 창작자의 상상력과 창의력을 최대한 발휘할 수 있게 돕습니다.

또한, 학교 교육에서도 생성 AI 모델의 활용은 매우 중요합니다. 이를 통해 학생들은 수학, 과학, 사회 등 다양한 주제를 시각적으로 이해하고, 이를 바탕으로 새로운 아이디어를 개발할 수 있습니다. 생성 AI 모델을 활용한 교육은 학생들이 창의적 사고와 문제 해결 능력을 키울 수 있는 기회를 제공하며, 이는 21세기 핵심 역량을 갖춘 미래 인재를 양성하는 데에 중요한 기여를 합니다.

마지막으로, 생성 AI 모델은 예술 작품을 쉽게 공유하고 상품화하는 데에도 활용될 수 있습니다. AI를 활용한 창작물은 온라인상에서 쉽게 전시하거나 판매할 수 있으며, 이를 통해 창작자는 자신의 작품을 더 넓은 관객에게 소개하고, 창작 활동을 통한 수익 창출의 새로운 방식을 탐구할 수 있습니다.

이처럼 생성 AI 모델은 창작 활동의 다양한 분야에서 중요한 역할을 하고 있으며, 이는 우리가 예술과 창작을 이해하고 경험하는 방식을 새롭게 바꾸는 중요한 도구입니다.

대상 독자 및 필요한 배경 지식

생성형 AI를 활용한 인공지능 아트는 인공지능(AI)과 예술에 관심이 있는 모든 이들을 대상으로 합니다. AI 기술을 이용한 예술 창작에 관심이 있는 학생들, 교육자들, 예술가들, 일반인들뿐만 아니라, AI 생성 모델에 대한 이해를 높이고자 하는 이들에게도 유익한 콘텐츠를 제공합니다. 이 책를 통해 독자들은 AI 기술을 활용하여 예술 작품을 창작하는 방법을 배울 수 있으며, 특히 텍스트를 입력받아 이미지를 생성하는 AI 생성 모델에 대한 이해를 높일 수 있습니다.

이 책는 복잡한 AI 기술과 프로세스를 알기 쉽게 설명하므로, 독자들은 기본적인 AI 지식과 이미지 또는 디자인에 대한 기초 지식을 바탕으로 AI 생성 모델의 작동 원리를 접하고 이해할 수 있습니다. 특히, 텍스트를 이미지로 변환하는 기술(TTI), 미드저니(Midjourney), 블루윌로우(BlueWillow), 스테이블 디퓨전(Stable Diffusion), 달리(DALL · E) 등을 활용하여, 독자들은 자신만의 창작물을 만들면서 AI 생성 모델이 어떻게 텍스트 입력을 받아 이미지를 생성하는지에 대한 경험적 이해를 얻을 수 있습니다.

물론 이 책는 AI 기술에 대한 이해가 없거나, 이미지를 그리는 것에 익숙하지 않은 독자들도 참고할 수 있도록 구성되어 있습니다. 즉, 이 책는 AI 기술과 예술 사이의 연결고리를 찾는 데 도움을 주며, 독자들이 AI와 예술의 접점에서 새로운 창의적 표현을 발견하고 이해하는 데 기여할 것입니다.

이 책는 예술, 디자인, 컴퓨터 공학, 인공지능 등 다양한 배경을 가진 독자들에게 새로운 시각을 제공합니다. AI와 예술의 경계를 넘어 다양한 분야에서 AI를 활용할 수 있는 방법을 제시함으로써 독자들은 자신만의 창의력을 발휘하고, 사회적 문제를 해결하는 데 도움이 될 수 있는 새로운 접근 방식을 탐색할 수 있을 것입니다.

이 책을 통해 얻을 수 있는 AI 아트 경험의 안내 사항은 다음과 같습니다.

❶ **회원가입 없이 경험 :** 회원가입 없이 생성형 AI 서비스를 활용하여 AI 아트 경험을 원한다면, 스테이블 디퓨전 공식 홈(Stable Diffusion Online)의 첫 페이지에서 제공하는 플레이그라운드를 활용합니다(4장 1절 참조).

❷ **회원가입은 각자 집에서 수행 :** 하나의 실습 공간에서 단체로 회원가입은 불가합니다. 최근 실습실의 네트워크 구성이 하나의 주소로 이루어져 있으며, 이에 한 공간에서 단체로 회원가입 시도는 하나의 주소로 동일한 요청이 대량 발생한 경우로 서버 측면에서는 네트워크 공격을 의심하며 해당 요청을 거부합니다. 회원가입은 각자의 공간 및 시간에서 합시다!

❸ **무료 여부 :** 다음의 생성형 AI는 무료로 서비스를 제공합니다.

- 미드저니 플레이그라운드
- 미드저니 대신에 동일한 환경 및 명령어를 사용하는 블루윌로우(3장 5절 참조)
- 스테이블 디퓨전(4장 참조)
- 빙 Image Creator로 이미지 생성(5장 2절 참조)

1.2 AI ART

AI의 발전과 AI 아트

AI와 미술의 만남

인공지능(AI, Artificial Intelligence)과 미술의 만남은 예술의 전통적인 영역에 혁신적인 변화를 불러왔습니다. 이미지를 생성하는 인공지능 모델이 등장하면서, 이전에는 상상조차 할 수 없었던 새로운 예술 형태가 탄생하고 있습니다.

2022년 9월에 콜로라도 주립 박람회 미술대회의 디지털 아트 부문에서 제이슨 M. 앨런이 AI 생성 모델인 미드저니를 이용해 제작하고 출품한 작품 〈스페이스 오페라 극장 Theatre D'opera Spatial〉이 1위를 차지했습니다. 또한, 2023년 소니 월드 포토그래피 어워드 SWPA(Sony World Photography Award)의 크리에이티브 오픈 카테고리 부문에서 독일 출신 사진작가 보리스 엘다크젠이 AI 모델로 제작하고 출품한 작품 〈전기공 The Electrician〉이 우승작으로 뽑혔으나 수상을 거부한 일도 발생했습니다. 이렇게 최근에는 인공지능이 그린 이미지가 저명한 미술 및 사진대회에서 상위권을 차지하는 일이 빈번하게 발생하고 있습니다. 이는 인공지능이 예술의 영역에서 어떠한 가능성을 보여 주는 사례로써 우리가 예술을 이해하고 접근하는 방식에 대해 새롭게 생각해 볼 수 있는 기회를 제공합니다.

그러나 이러한 현상은 또한 예술이란 무엇인가에 대한 근본적인 질문을 제기합니다. 예술은 단순히 아름다운 이미지를 만드는 것일까요? 아니면 그 과정에 창조성, 감정, 독창성 등 인간의 복잡한 요소가 반드시 포함되어야 하는 것일까요? 인공지능이 만든 이미지가 미술대회에서 우승하는 것이 과연 타당한 것인지에 대한 의견은 분분합니다.

어떤 사람들은 인공지능이 아무리 복잡하게 구성되어 있더라도, 그것은 결국 사람이 만든 알고리즘이고, 그 알고리즘이 생성한 결과물은 결국 사람의 창조물이라고 주장합니다. 다른 사람들은 인공지능이 창조하는 이미지는 결국 기계의 작품이며, 그것이 사람이 감정을 담아 창조한 예술 작품과 같은 가치를 가질 수 없다고 주장합니다.

이러한 논란과 함께 인공지능이 미술의 영역에 가져온 긍정적인 변화도 무시할 수 없습니다. 인공지능을 활용한 예술은 새로운 창조적인 방법을 가능하게 하며, 예술가들은 이 기술을 이용하여 더욱 복잡하고 독특한 작품을 만들 수 있게 되었습니다.

또한, 인공지능이 이미지를 생성하는 과정은 예술가가 작품을 창조하는 과정을 관찰하고 그 과정에서 영감을 얻는 또 다른 방법을 제공합니다. 이뿐만 아니라 인공지능 모델은 예술가가 작품을 만드는데 필요한 시간과 노력을 줄이는 도구로도 활용될 수 있습니다.

중요한 점은 인공지능이 이미지를 그리더라도, 그 작품을 해석하고 감상하는 것은 여전히 인간의 영역이라는 것입니다. 인공지능은 여전히 우리가 '미'를 이해하고 그에 따라 작품을 평가하는 능력을 가지지 못하고 있습니다. 이러한 점을 고려하면 인공지능은 아직 예술가를 대체할 수 없으며, 그 대신 예술가 도구로의 역할을 더욱 강화하고 있는 것이 현실입니다.

결국 인공지능과 미술의 만남은 예술의 새로운 영역을 개척하고, 예술가와 감상자 모두에게 새로운 시각과 접근법을 제공합니다. 그러나 이러한 기술적 발전 속에서도 인간의 창조성과 감성, 그리고 미에 대한 이해는 여전히 예술의 중심에 있어야 함을 잊어서는 안 됩니다. 인공지능이 만든 작품을 감상하는 것은 새로운 경험일지라도 그 경험을 해석하고 이해하는 능력은 여전히 인간이 가지는 가치 있는 능력입니다.

AI의 기본 개념

인공지능은 우리의 일상생활에 깊숙이 자리 잡았습니다. 추천 시스템, 음성 인식, 자율주행 자동차, 그리고 우리가 이 책에서 다루게 될 AI 아트까지 다양한 분야에서 AI는 우리의 삶을 더욱 풍요롭게 만듭니다. 그렇다면 AI는 어떻게 이런 다양한 작업을 수행할 수 있을까요? 이 질문을 해결하기 위해 AI의 기본 개념과 그 기반이 되는 머신러닝, 딥러닝에 대해 알아야 합니다.

먼저 인공지능은 컴퓨터가 인간의 지능을 모방하여 학습하고, 문제를 해결하거나 논리적으로 추론하는 기능을 지닌 시스템을 말합니다. 이는 약한 AI와 강한 AI로 구분할 수 있습니다. 약한 AI는 특정 작업에 특화된 시스템을 의미하며, 강한 AI는 인간이 할 수 있는 모든 종류의 지능적 활동을 수행할 수 있는 시스템을 말합니다. 현재 대부분의 AI는 약한 AI에 속하지만, 이러한 AI는 규칙 기반 시스템에서부터 학습 기반의 시스템까지 다양합니다. 규칙 기반 시스템은 사람이 직접 프로그래밍한 규칙에 따라 작동하며, 학습 기반의 시스템은 데이터를 통해 스스로 규칙을 학습하는 방식을 사용합니다. AI 아트의 경우, 미드저니 같은 AI는 학습 기반의 시스템에 속하며 이는 머신러닝과 딥러닝의 원리를 사용합니다.

머신러닝은 AI의 한 분야로, 컴퓨터가 명시적인 프로그래밍 없이 학습하는 능력을 개발하는 것을 목표로 합니다. 머신러닝은 데이터를 기반으로 패턴을 찾아내고, 이를 기반으로 예측을 하는데 중점을 둡니다. 이는 지도학습, 비지도학습, 강화학습 등 여러 방식으로 이루어질 수 있습니다. 지도학습은 라벨이 달린 데이터를 이용하여 모델을 학습시키고, 이를 통해 새로운 입력데이터에 대한 출력을 예측하는 방식입니다. 비지도학습은 라벨이 없는 데이터에서 숨겨진 패턴이나 구조를 찾아내는 방식이며, 강화학습은 환경과의 상호작용을 통해 보상을 최대화하는 행동을 학습하는 방식입니다. 이러한 학습 방식은 다양한 알고리즘을 통해 구현되며, 결정 트리, 서포트 벡터 머신(SVM), 랜덤 포레스트, 로지스틱 회귀 등이 그 예시입니다.

그러나, 머신러닝이 복잡한 문제나 대량의 데이터를 다루는 데에는 한계가 있습니다. 이러한 한계를 극복하기 위해 등장한 기술이 바로 딥러닝입니다. 딥러닝은 머신러닝의 한 종류로, 인공신경망(Artificial Neural Network, ANN)을 기반으로 합니다. 인공신경망은 인간의 뇌에서 뉴런이 정보를 처리하고 전달하는 방식을 모방한 구조로, 이를 통해 딥러닝은 머신러닝보다 더 복잡한 패턴을 학습할 수 있습니다. 딥러닝의 주요 알고리즘으로는 합성곱 신경망(Convolutional Neural Network, CNN), 순환 신경망(Recurrent Neural Network, RNN), 장기 단기 메모리(Long Short-Term Memory, LSTM), 그리고 생성적 적대 신경망(Generative Adversarial Networks, GAN) 등이 있습니다. 이 중에서도 GAN은 우리가 이 책에서 다루게 될 미드저니의 기반 기술 중 하나입니다.

딥러닝은 이미지 인식, 음성 인식, 자연어 처리 등 다양한 분야에서 뛰어난 성능을 보여 주며, AI 아트 분야에서도 중요한 역할을 합니다. 특히, GAN은 생성적인 작업에 적합하며, 이미지 생성, 스타일 전이 등 다양한 예술적 창작 활동에 활용됩니다. 미드저니는 GAN을 활용하여 텍스트 설명을 바탕으로 이미지를 생성하는 것이 가능합니다.

AI 기술은 지금도 빠르게 발전하고 있으며, 미래에 더욱 다양하고 복잡한 작업을 수행할 수 있는 AI의 등장을 예상하게 합니다. 이는 AI 아트 분야에도 적용되는데, 현재 AI 아트는 주로 스타일 변환, 이미지 생성 등에 활용되지만, 미래에는 더욱 창의적이고 복잡한 아트워크 생성에 AI가 적극적으로 활용될 것으로 보입니다.

생성형 AI의 발전을 단적으로 살펴볼 수 있는 아트워크에서의 사례는 2022년 10월에 미국 콜로라도 주립 박람회 미술대회에서 Jason M. Allen이 생성형 AI 서비스인 미드저니로 생성한 이미지 '스페이스 오페라 극장(Théâtre D'opéra Spatial)'이 우승한 사례입니다. J. M. Allen은 프롬프트를 수정해가며 작품으로 내놓을 이미지 생성을 수개월 동안 시도한 끝에 생성한 이미지 중의 하나를 작품으로 선별하여 내놓았고 1위인 Colorado State Fair를 수상했습니다. 이 일로 AI로 만든 작품에 대한 큰 논란이 있지만, 분명한 사실은 AI 서비스를 도구로 그린 이미지가 우승할 정도로 AI 기술은 발전했다는 것입니다.

위 사례와 같이 AI의 발전은 단순히 기술적인 측면만이 아니라, 사회적, 윤리적인 측면에서도 중요한 토론을 이끌어냅니다. AI가 인간의 작업을 대체하게 된다면, 그로 인한 직업의 변화는 어떻게 될까요? 또한, AI가 만든 아트워크의 저작권은 누구에게 있어야 할까요? 이러한 질문들은 AI 기술이 발전함에 따라 우리 사회가 함께 고민해야 할 중요한 문제입니다.

AI의 기본적인 개념과 그 기반이 되는 머신러닝, 딥러닝에 대해 알아보았습니다. 이러한 이해는 AI 아트, 그리고 더 나아가 AI가 우리 삶에 미치는 영향을 이해하는 데 중요한 첫걸음이 될 것입니다.

1.3 Text-to-Image AI의 이해

Text-to-Image AI를 이해하는데 필요한 주요 키워드의 기본 개념을 알아봅니다.

❶ **Text-to-Image AI** : Text-to-Image AI는 이름에서도 알 수 있듯이 사용자가 입력한 텍스트를 기반으로 이미지를 생성하는 인공지능 기술입니다. 예를 들어, "해 질 무렵의 아름다운 바다 풍경"이라는 문구를 입력하면, AI는 이 텍스트를 해석하고 상응하는 이미지를 생성합니다. 이 기술은 미술, 디자인, 게임 개발 등 다양한 분야에서 활용되며, 복잡한 시각적 표현을 단순한 텍스트 명령으로 자동화할 수 있는 능력을 제공합니다.

❷ **GANs(Generative Adversarial Networks)** : Text-to-Image AI의 핵심적인 구성요소는 Generative Adversarial Networks(GANs)입니다. GANs는 '생성자'와 '판별자'라는 두 개의 신경망이 서로 경쟁하며 향상시키는 구조입니다. 생성자는 텍스트를 기반으로 가능한 현실적인 이미지를 생성하려고 노력하고, 판별자는 생성된 이미지가 실제 이미지인지 생성자가 만든 가짜 이미지인지 판별하려고 합니다. 이 경쟁 과정을 통해 모델은 점차 텍스트를 해석하고 그에 상응하는 현실적인 이미지를 생성하는 능력을 향상시킵니다.

❸ **Text Encoding** : AI가 텍스트를 이해하기 위해 사용하는 자연 언어를 AI가 이해할 수 있는 형태로 변환하는 과정을 '텍스트 인코딩'이라 합니다. 일반적으로 텍스트 인코딩은 텍스트를 숫자 벡터로 변환하는 과정을 포함하며, 이러한 벡터는 AI 모델에 입력되어 이미지를 생성하는 데 사용됩니다. 텍스트 인코딩은 단어, 구문, 문맥 등 텍스트의 다양한 측면을 수치화하고, 이를 AI 모델이 이해할 수 있는 방식으로 변환하는 복잡한 과정입니다.

❹ **Image Decoding** : AI가 생성한 이미지를 실제로 표현하는 방법을 이해하는 것은 중요합니다. AI는 픽셀의 배열을 생성하는데, 이 배열은 이미지판 위에 색상으로 채워져 이미지가 됩니다. 이 '이미지 디코딩' 과정은 AI가 생성한 숫자들을 우리가 인식할 수 있는 시각적인 형태로 변환하는 것입니다.

❺ **Model Training** : Text-to-Image AI 모델이 어떻게 훈련되는지를 이해하는 것은 중요합니다. 이 과정은 대량의 텍스트-이미지 쌍 데이터를 통해 수행됩니다. 즉, 모델은 주어진 텍스트와 이에 상응하는 이미지의 쌍을 수천, 수만 번 보면서 학습합니다. 이 과정에서 모델은 텍스트를 해석하고 그에 상응하는 이미지를 어떻게 생성해야 하는지를 배웁니다. 이렇게 훈련된 모델은 새롭거나 이전에 본 적 없는 텍스트가 주어지면 이를 해석하고 관련된 이미지를 생성할 수 있습니다.

❻ **Text-to-Image AI의 한계 및 도전 과제** : 물론, Text-to-Image AI도 완벽하지 않습니다. 텍스트의 미묘한 뉘앙스를 이해하는 것, 예를 들어 "슬픈 표정의 소녀"와 "행복한 표정의 소녀"를 구분하는 것은 아직 어려운 과제입니다. 또한, 독특하거나 복잡한 텍스트를 입력하면 모델은 종종 예상치 못한 결과를 생성합니다. 이러한 한계를 극복하기 위해 연구자들은 모델의 텍스트 이해 능력을 향상시키고, 더 다양한 스타일과 형태의 이미지를 생성할 수 있도록 모델을 개선하는 데 노력하고 있습니다.

Text-to-Image AI의 주요 키워드에 대한·이해를 얻었을 것입니다. 이제 이 기술이 어떻게 실제 작업에 적용될 수 있는지를 살펴보겠습니다.

1.4

AI ART

AI 아트 논의 이슈

AI를 이용한 아트 제작에 있어서 몇 가지 중요한 윤리적 고려사항들이 있습니다. 이 절에서는 AI 아트와 관련된 윤리, 저작권, 창의성에 대해 간단히 살펴봅니다.

AI 아트의 윤리

AI 아트는 놀랍도록 아름다운 이미지를 만들어 내지만, 그 배후에는 다양한 윤리적 고민이 숨어 있습니다. 가장 중요한 고려사항 중 하나는 개인정보 보호입니다. AI는 종종 대량의 데이터를 필요로 하며, 이 데이터는 종종 인터넷에서 수집됩니다. 그런데 이런 데이터 수집이 개인의 프라이버시를 침해할 위험이 있습니다. 예를 들어, AI가 사람들의 얼굴 사진을 모아 아트를 만들 때, 그 사람들의 동의를 얻었는지, 그리고 그 데이터가 어떻게 보호되는지가 중요한 문제가 됩니다.

또 다른 중요한 고려사항은 AI가 생성한 콘텐츠의 책임입니다. 예를 들어, AI가 불온한 이미지나 민감한 주제를 다룬 아트를 만들었을 때, 그 결과에 대한 책임은 누구에게 있는지가 논란의 여지가 있습니다. AI를 개발한 사람인지, 아니면 AI를 사용한 사람인지, 혹은 AI 자체에게 책임이 있는 것인지를 결정하는 것은 쉽지 않습니다.

또한, AI를 이용해 아트를 만드는 것이 과연 창의성이 있는 행위인지에 대한 논의도 있습니다. AI가 창작물을 만들었다고 해서 그것이 과연 창의적인 것인지, 아니면 단지 알고리즘이 데이터를 재조합한 것에 지나지 않는지에 대한 질문입니다. 이는 "인간의 창의성"과 기계의 "창의성" 사이의 근본적인 차이에 대한 질문으로 이어집니다.

결국, AI 아트는 기술적 발전이 가져올 수 있는 미래의 가능성을 보여 주지만, 동시에 우리가 직면해야 할 새로운 윤리적 고려사항들도 제시합니다. 이러한 문제들을 해결하기 위해서는 법적 규제, 기술적 보호조치, 개개인의 윤리적 판단이 복합적으로 작용해야 할 것입니다.

AI 아트의 저작권

인공지능(AI)을 이용하여 생성된 아트의 저작권에 대한 정확한 정의는 여러 요인에 따라 달라질 수 있으며, 현재까지도 법적으로 명확하게 결정된 바는 없습니다. 이는 AI 기술의 빠른 발전과 법의 변화 속도 사이의 간극 때문에 발생하는 문제입니다. AI와 저작권에 관한 법적 분쟁은 다음의 세 가지 형태로 구분합니다.

❶ **AI가 생성한 작품의 저작권** : 일반적으로, 아트 작품의 저작권은 그 작품을 창작한 개인이나 그룹에게 있습니다. 그러나 AI를 이용해 아트를 생성하는 경우, '창작자'를 정의하는 것이 복잡해집니다. AI를 개발한 개발자, AI를 학습시킨 개발자, AI를 사용하여 작품을 생성한 사용자 등, 다양한 주체가 창작 과정에 관여하게 됩니다.

일부 전문가들은 AI를 프로그래밍한 개발자가 저작권을 소유해야 한다는 주장을 하고, 다른 이들은 AI를 사용하여 작품을 생성한 사용자가 저작권을 가지는 것이 적절하다고 주장합니다. 아직까지는 각 경우에 따라 해석이 달라질 수 있습니다.

또한, AI가 자동으로 생성한 작품에 대한 저작권도 불분명합니다. 일부 국가의 법률은 비인간적인 주체가 생성한 작품에 대한 저작권을 인정하지 않습니다. 이 경우, AI가 생성한 아트는 저작권 보호를 받지 못할 수 있습니다. 그러나 대부분의 법률 체계에서는 비인간 주체가 저작권을 소유할 수 없기 때문에 이 문제는 복잡합니다.

❷ **AI의 학습 데이터와 저작권** : AI는 작품을 만들기 위해 많은 양의 데이터를 필요로 합니다. 이 데이터는 종종 다른 저작권이 있는 작품에서 추출됩니다. AI가 이러한 저작권이 있는 데이터를 사용하여 작품을 만드는 것이 합법적인지 아닌지에 대한 분쟁이 있습니다.

❸ **AI와 디지털 저작권 관리(DRM)** : 디지털 저작권 관리는 저작권 침해를 방지하기 위해 디지털 콘텐츠에 제한을 설정하는 기술입니다. AI는 DRM을 우회할 수 있는 능력이 있어, 이것이 법적으로 허용되는지에 대한 문제가 있습니다.

현재 주요 이미지 생성 AI 모델에서 명시한 저작권 내용의 일부를 나타내면 다음과 같습니다.

● 미드저니

- 귀하는 현행법에 따라 가능한 범위 내에서 본 서비스로 생성한 모든 콘텐츠를 소유합니다.

- 연간 총 수익이 $1,000,000 USD 이상인 회사의 경우, "Pro" 멤버십을 구독한 경우에 한해 본 서비스로 생성한 콘텐츠를 소유합니다.

스테이블 디퓨전

- 약관을 찾기 어려우며, 디자인 또는 마케팅에 적용된 경우 저작권 관련 법적 논쟁이 많습니다.

달리

- 당사자 간 및 관련 법률이 허용하는 한도 내에서 귀하는 모든 입력을 소유하며, 본 약관을 준수하는 조건으로 OpenAI는 출력에 대한 모든 권리, 소유권 및 이권을 귀하에게 양도합니다.
- 다른 사용자가 요청하고 다른 사용자를 위해 생성된 응답은 귀하의 콘텐츠로 간주되지 않습니다.

결과적으로, AI를 이용하여 아트를 생성한 경우 그 결과물의 저작권은 여전히 논란의 여지가 있으며, 이에 대한 명확한 법적 지침이 필요합니다. 이 분야는 계속 변화하고 발전하고 있으며, 앞으로의 법적 해석과 결정들이 기대됩니다.

AI 아트의 창의성

AI가 창의적인 아트를 만들 수 있다면, 그것이 우리의 창의성에 대한 정의와 이해를 어떻게 변화시키는지에 대한 논의는 필수적입니다. AI는 머신러닝 알고리즘과 대규모 데이터를 활용하여, 패턴을 학습하고 그에 따라 새로운 출력을 만들어 낼 수 있습니다. 예를 들어, AI는 수많은 이미지를 학습하고, 그에 기반하여 새로운 이미지를 생성할 수 있습니다.

그러나 이것이 과연 창의성인가에 대한 의문이 생깁니다. AI는 학습한 패턴을 따르는 것이므로, 그것은 본질적으로 반복적이며 예측 가능합니다. 반면, 인간의 창의성은 새로운 아이디어나 접근 방식을 도출해내는 능력으로, 예측 불가능하고 독창적인 것이라고 생각할 수 있습니다.

AI가 생성한 아트는 새로운 형태를 가질 수 있지만, 그것은 아직까지 인간이 만들어낸 창의성과는 본질적으로 다르다고 볼 수 있습니다. AI는 주어진 입력에 대한 반응으로서 아트를 생성합니다. 이는 결국 인간이 AI에게 제공한 데이터와 알고리즘에 기반하므로, 그 창의성은 인간에 의해 유도된 것이라고 볼 수 있습니다.

그러나, AI의 발전과 함께 이러한 경계는 모호해질 수 있습니다. AI가 스스로 학습하고, 독창적인 아이디어를 도출해 내는 능력을 가지게 된다면, 그것을 창의성이라고 부르는 것이 타당할지에 대한 논의가 필요합니다. 이는 인간의 창의성의 본질에 대한 근본적인 질문을 던지게 되며, 우리가 AI와 함께 살아가는 미래 사회에서 중요한 주제가 될 것입니다.

다음 절로 넘어가기 전에 그림 1-1을 살펴봅니다. AI로 생성했을까요? vs. 붓으로 그렸을까요?, 창의성이 있나요? vs. 없나요? 각 이미지에 창의성 점수를 부여한다면 0~10점 사이에 몇 점인가요? 창의성이 높다면 어떤 과정을 어느 정도 기간을 통해 만들어졌을까요? 창의성이 낮거나 없다고 판단된다면 그 이유는 무엇일까요? 개인마다 의견이 다를 수 있으므로 이러한 질문들에 대한 답은 없습니다. 다만 여덟 가지 이미지 중에서 두 가지는 붓과 아크릴 물감으로, 나머지는 AI로 그려진 이미지입니다. 이 책을 통해 생성형 AI 서비스로 다양한 이미지를 생성해 보는 동안 창의성에 대해서도 한번 곰곰이 생각하길 바라며 이러한 질문들을 던져봅니다.

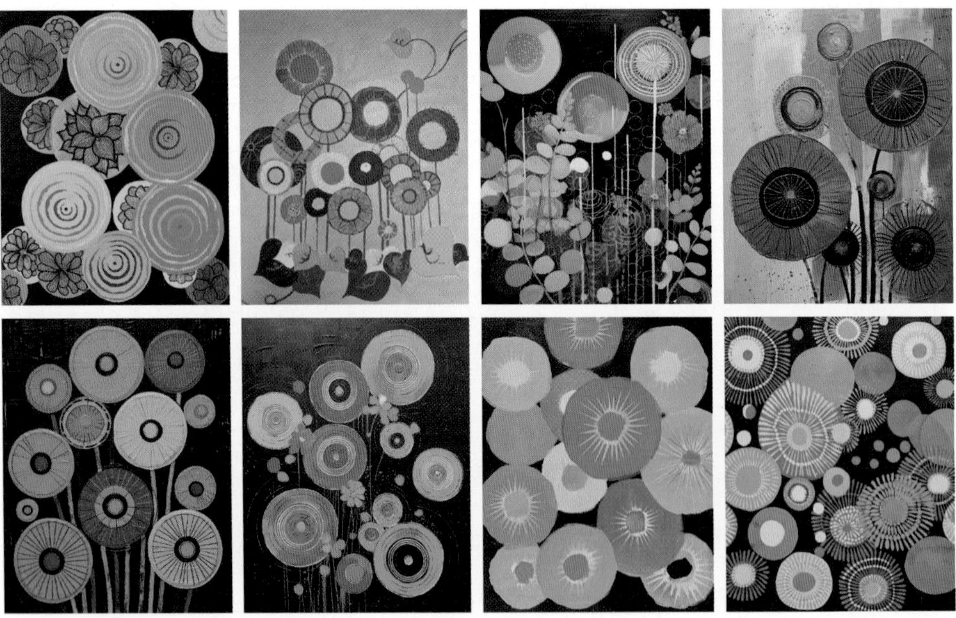

그림 1-1. '원 모양, 꽃 모양, 빗살무늬, 윤곽선, 블랙 배경, 다채로운 색상, 등'으로 구성한 이미지 예시

1.5 AI 아트의 튜링 테스트

인공지능(AI)의 발전은 끊임없는 질문을 던지게 만듭니다. "기계는 정말로 사람처럼 생각할 수 있을까?" 이 질문에 대한 대답을 찾기 위한 도구로서 앨런 튜링이 제안한 '튜링 테스트'를 우리는 고려해 볼 필요가 있습니다.

튜링 테스트란, 간단히 말해서 인간의 심사자가 채팅을 통해 기계와 사람 각각 대화를 나누어 보고 둘 중 어느 것이 기계인지를 판단하지 못하게 하는 것입니다. 즉, 기계가 사람처럼 '생각'하고 행동하는 것처럼 보일 수 있느냐를 평가하는 방법입니다. 튜링은 이 테스트를 통해 '기계가 생각할 수 있는가?'라는 깊이 있는 철학적 질문을 과학적, 그리고 실용적인 방향으로 전환하였습니다.

튜링 테스트는 인공지능의 발전에 중요한 영향을 미쳤습니다. 인간과 구별할 수 없는 수준의 AI, 즉 '강한 AI'를 만드는 것을 목표로 삼았던 초기 AI 연구자들에게 튜링 테스트는 중요한 척도였습니다. 그들은 인간의 지능을 정밀하게 모사하는 AI를 개발함으로써 튜링 테스트를 통과하려는 목표를 가지고 있었습니다.

그렇다면, 튜링 테스트는 AI 미술에 어떻게 적용될까요? AI로 생성한 이미지가 사람이 만든 것과 구별할 수 없다면, 이는 일종의 튜링 테스트를 통과한 것이라고 볼 수 있습니다. AI로 그렸는지 붓으로 그렸는지 그림 1-2를 살펴봅시다.

그림 1-2. 해바라기 이미지 예시

우리가 이 책에서 다루고 있는 단어 및 문구 입력으로 이미지를 생성하는 AI를 생각해 봅시다. 이 AI는 사용자로부터 텍스트 입력을 받아 그에 상응하는 이미지를 생성합니다. 만약 이 AI가 생성한 이미지가 사람이 그린 이미지와 구별할 수 없다면, 이는 '미술' 분야에서의 튜링 테스트를 통과한 것이라고 볼 수 있습니다.

그러나 튜링 테스트에는 몇 가지 중요한 한계가 있습니다. 첫째, 이 테스트는 AI의 '행동'만을 평가하며, 실제로 기계가 인간처럼 '생각'하고 있는지에 대해서는 알 수 없습니다. 둘째, 튜링 테스트는 기계가 인간처럼 보이는 모든 행동을 모사할 수 있는지에 대한 정보를 제공하지 않습니다. 이러한 이유로 많은 연구자들은 튜링 테스트가 AI의 지능을 측정하는 유일한 방법이 아니라고 주장합니다.

또한, 튜링 테스트는 AI의 창조성에 대해 논란을 불러일으킬 수 있습니다. 기계가 창조적인 작품을 만들어 내었을 때, 그것은 진정한 창조성일까요, 아니면 단지 사전에 학습한 데이터를 재구성하는 것일까요? 이는 AI 미술, 그리고 AI가 창조적인 역할을 수행할 수 있는지에 대한 깊이 있는 토론을 이끌어 내는 중요한 질문입니다.

하지만 이런 논란에도 불구하고, 튜링 테스트는 여전히 AI의 발전과 우리가 AI를 이해하는 데 중요한 역할을 하고 있습니다. 특히 AI 미술 분야에서는, AI가 인간의 창조성을 모사하거나 심지어 그 이상을 달성할 수 있는지를 탐색하는 데 튜링 테스트가 중요한 도구로 사용될 수 있습니다.

튜링 테스트의 기본 원칙을 이해하고, 그것이 어떻게 AI와 특히 AI 미술에 적용되는지를 살펴보았습니다. 향후 이 테스트의 한계와 논란에 대해서도 자세히 알아보고, 이에 대한 여러분의 생각을 공유할 기회가 있을 것입니다. 이를 통해, AI가 어떻게 인간의 창조성을 모사하고, 심지어 넘어설 수 있는지에 대해 더 깊게 이해할 수 있을 것입니다.

1.6 마무리

이제 우리는 'AI 아트 시작'이라는 여정의 첫걸음을 뗀 상태입니다. 이 장에서는 AI와 미술의 만남, 텍스트 입력으로 이미지를 생성하는 생성 AI 모델의 중요성과 사용 이유, 그리고 이를 이해하기 위해 필요한 기본 개념들을 배웠습니다.

AI 아트를 둘러싼 윤리, 저작권, 창의성에 대한 복잡한 이슈들에 대해서도 알아보았습니다. AI가 창작한 작품에 대한 저작권은 누구에게 있는지, 기계가 만든 아트는 과연 창의적인 것인지에 대한 질문들은 아직도 논의 중인 주제들입니다.

더 나아가, 우리는 앨런 튜링이 제안한 '튜링 테스트'에 대해 논의하며, 인공지능이 사람처럼 생각하고 창작할 수 있는지에 대한 깊은 성찰을 시작했습니다. 이러한 질문들은 우리가 AI 아트를 더 깊이 이해하고 평가하는 데 도움이 될 것입니다.

'AI 아트 시작' 장을 통해 AI와 미술, 그리고 그 중심에 있는 인간과의 관계에 대한 우리의 이해는 한 단계 더 나아갔을 것입니다. 이어지는 장들에서는 이러한 이해를 바탕으로 AI 아트를 더욱 실질적이고 구체적으로 탐구할 예정입니다. 그 과정에서 새로운 질문들과 새로운 논의들이 제기될 것이며, 이는 우리 모두에게 새로운 관점을 제공할 것입니다.

이 장에서 배운 내용을 기억하고 다음 장으로 나아갑시다. 텍스트를 입력하여 이미지를 생성하는 AI, 그 흥미로운 여정이 여러분을 기다리고 있습니다!

2 장

AI 아트 프롬프트 엔지니어링

학 습 목 표

AI 아트에서 핵심 역할을 하는 프롬프트 엔지니어링에 대해 살펴보겠습니다. 프롬프트 엔지니어링은 AI에게 의도를 명확하게 전달하여 원하는 결과를 얻는 데 필수적인 과정입니다. 이 장에서는 프롬프트 엔지니어링의 기본 원리를 이해하고 실제 활용 방법을 알아보겠습니다.

2.1 프롬프트 엔지니어링

프롬프트 엔지니어링(Prompt Engineering)은 인공지능 시스템에게 우리의 의도를 정확하게 전달하는 방법을 말합니다. 이를 위해서는 AI에게 제공하는 입력, 즉 "프롬프트"를 잘 구성해야 합니다.

프롬프트는 AI에게 우리가 원하는 작업을 지시하는 문장이나 질문입니다. 예를 들어, GPT-3과 같은 언어 모델에게 "오늘의 날씨는 어떠한가?"라는 질문을 던지는 것은 하나의 프롬프트입니다. 또 다른 예로, Text-to-Image AI에 "노을이 지는 바다를 그려봐."라는 프롬프트를 제공하면 AI는 이 프롬프트를 해석하고, 그에 따라 노을이 지는 바다의 이미지를 생성합니다. 이런 프롬프트는 AI가 생성할 응답의 품질과 관련성을 크게 결정하는데, 때로는 동일한 정보를 다른 방식으로 요청함으로써 완전히 다른 결과를 얻을 수 있습니다.

프롬프트 엔지니어링은 이러한 프롬프트를 최적화하는 과정입니다. 이는 AI의 출력을 원하는 방향으로 유도하는 데 매우 중요합니다. 프롬프트는 AI의 '질문'이라고 할 수 있으며, 그 '질문'의 품질이 AI의 '답변', 즉 생성된 결과물의 품질을 결정하게 됩니다.

프롬프트 엔지니어링은 특히 텍스트를 이미지로 변환하는 AI 시스템에서 중요합니다. AI가 텍스트를 이미지로 변환할 때, AI는 텍스트에 기술된 내용을 기반으로 이미지를 생성합니다. 따라서 텍스트의 내용과 구조, 그리고 그것이 AI에게 어떻게 제공되는지가 이미지의 최종 결과에 큰 영향을 미치게 됩니다. 이러한 이유로 프롬프트를 잘 구성하는 것은 AI 아트에서 중요한 역할을 합니다.

다음 절에서는 프롬프트 엔지니어링이 왜 중요한지, 그리고 어떤 기법들이 존재하는지에 대해 더 자세히 알아보겠습니다.

2.2

AI ART

프롬프트 엔지니어링의 역할 및 중요성

프롬프트 엔지니어링은 AI의 작동 방식을 이해하고 최대한 효과적으로 활용하는 데 핵심적인 역할을 합니다. 이는 AI에게 우리의 의도를 정확하게 전달하는 방법을 의미하며, AI가 무엇을 생성할지, 어떤 스타일이나 톤으로 표현할지 결정하는 기본적인 방향성을 제공합니다.

❶ **AI의 출력 품질 향상** : 프롬프트는 AI의 출력을 원하는 방향으로 유도하며 미드저니 및 챗GPT 등에서는 이 프롬프트를 이용하여 해당 AI 봇과 대화를 하며 원하는 결과를 유도합니다. 이는 마치 우리가 친구에게 무언가를 부탁하는 것과 비슷합니다. 예를 들어, 친구에게 "방 청소 좀 해 줄래?"라고 요청하는 대신 "바닥을 빗자루로 쓸고, 책상 위의 먼지를 닦고, 침대를 정리해 줄래?"라고 더 구체적으로 요청한다면, 친구는 우리가 원하는 방식으로 방 청소를 할 수 있을 것입니다. 이와 마찬가지로, AI에게 우리가 원하는 결과를 얻기 위해서는 가능한 한 구체적이고 정확한 프롬프트를 제공해야 합니다.

이렇게 정확한 프롬프트를 통해 AI는 우리가 원하는 결과를 더 잘 만들어 낼 수 있습니다. 이는 마치 레시피를 따라 요리를 하는 것과 비슷합니다. 레시피가 정확하고 자세하다면, 요리 결과물도 맛있게 나올 확률이 높아집니다. 프롬프트 엔지니어링을 통해 AI에게 '레시피'를 제공함으로써, AI는 우리가 원하는 '요리'를 더 잘 만들 수 있게 됩니다. 이런 방식으로, 프롬프트 엔지니어링은 품질 높은 결과물을 얻기 위해서는 정확하고 섬세한 프롬프트 설정이 필요합니다. 잘 설정된 프롬프트는 AI의 성능을 최대한 활용하여 우리가 원하는 결과를 얻을 수 있도록 도우며 AI의 출력 품질을 향상시키는 중요한 역할을 합니다.

❷ **개별적 요구사항 충족** : 프롬프트 엔지니어링을 통해 AI는 개별 사용자의 요구사항에 맞춰진 결과물을 생성할 수 있습니다. 예를 들어, 특정 스타일의 이미지를 그리거나, 특정 주제에 대한 텍스트를 작성하는 것이 가능합니다.

프롬프트 엔지니어링은 마치 AI에게 우리의 마음속 생각을 알려주는 것과 같습니다. 우리가 원하는 것이 무엇인지 AI에게 정확히 알려주면, AI는 그에 맞춰 우리가 원하는 작업을 수행할 수 있습니다. 예를 들어, 우리가 '행복한 푸른 고양이'를 그리고 싶다고 생각해 봅시다. AI에게 이를 알려주려면, "행복하게 웃고 있는 푸른색 고양이를 그려주세요."라는 프롬프트를 만들어 AI에게 전달하면 됩니다. 이런 식으로 우리는 AI에게 우리의 생각을 정확하게 전달하고, AI는 그에 따라 우리가 원하는 이미지를 그릴 수 있게 됩니다.

이처럼 프롬프트 엔지니어링을 통해, 우리는 AI에게 정확하게 무엇을 원하는지 알려줄 수 있습니다. 이는 마치 우리가 화가에게 이미지를 의뢰하는 것과 비슷하다고 생각하면 쉽게 이해할 수 있습니다. 이렇게 AI는 우리 각각이 원하는, 그리고 필요로 하는 작업을 수행할 수 있게 됩니다. 이는 AI가 보다 개인화된 서비스를 제공하는 데 중요한 역할을 합니다.

❸ **창의성 향상** : 프롬프트 엔지니어링은 AI의 창의성을 향상시키는 데 도움이 됩니다. 프롬프트를 통해 AI에게 특정한 제약조건을 제공하거나, 새로운 아이디어를 제안함으로써 AI는 우리가 예상하지 못한 독특하고 창의적인 결과물을 생성할 수 있습니다.

프롬프트 엔지니어링은 마치 우리가 AI에게 '미션'을 주는 것과 같습니다. 예를 들어, "고양이가 우주에서 날아다니는 모습을 그려봐!"라고 요청하면 AI는 그 요청에 따라 우리가 상상하기 어려운 독특한 이미지를 그릴 수 있습니다. 이런 식으로 프롬프트를 통해 AI에게 새로운 아이디어를 제안하거나, 특정한 제약조건을 주면 AI는 그에 따라 다양하고 창의적인 결과물을 만들어 냅니다.

이는 마치 친구에게 "상상력을 마음껏 발휘해서 우리가 아직 본 적 없는 새로운 동물을 그려봐!"라고 도전하는 것과 비슷합니다. 이렇게 프롬프트 엔지니어링은 AI의 창의성을 향상시키는 데 도움이 됩니다. 이를 통해 AI는 우리가 예상치 못한 신선하고 흥미로운 결과물을 만들어 낼 수 있습니다.

프롬프트 엔지니어링은 마치 AI에게 흥미진진한 놀이를 제안하는 것과 같습니다. AI는 그 놀이를 통해 우리에게 놀랍고 재미있는 작품을 선사하게 됩니다. 이러한 방식으로, 프롬프트 엔지니어링은 AI가 보다 창의적인 방식으로 작동하도록 돕는 중요한 역할을 합니다.

이렇게 프롬프트 엔지니어링은 AI를 효과적으로 활용하고, 우리가 원하는 결과물을 얻는 데 있어 매우 중요한 역할을 합니다. 따라서, 프롬프트 엔지니어링에 대한 이해와 능력은 AI를 활용하는 데 있어 필수적인 기술로 간주될 수 있습니다. 다음 절에서는 이러한 프롬프트 엔지니어링의 기본적인 기법에 대해 알아보겠습니다.

2.3

프롬프트 엔지니어링 작동원리

프롬프트 엔지니어링이 어떻게 작동하는지에 대한 원리를 알아보기 위해 여러 가지 다른 접근법, 즉, 매뉴얼 프롬프트, 휴먼 피드백, 룰 기반 프롬프트, Latent Space Navigation 등을 알아보겠습니다.

● 프롬프트 엔지니어링 작동원리 접근법

❶ **매뉴얼 프롬프트** : 사람이 직접 AI에게 문장이나 질문을 제공하는 방법입니다. 예를 들어, "나는 행복한 개를 그리고 싶어."라고 문장을 제공하면 AI는 그 요청에 따라 이미지를 그립니다. 이 방법은 간단하고 직관적이지만, 항상 우리가 원하는 결과를 얻는다는 보장은 없습니다.

❷ **휴먼 피드백** : AI가 생성한 결과에 대해 사람이 피드백을 제공하고, 그 피드백을 통해 AI가 자신의 행동을 조정하는 방법입니다. 예를 들어, AI가 이미지를 그린 후 "이 개는 더 행복해 보여야 해."라고 피드백을 주면, AI는 그 피드백을 바탕으로 다음 이미지를 그립니다.

❸ **룰 기반 프롬프트** : 특정한 규칙을 따르는 프롬프트를 만드는 방법입니다. 예를 들어, "행복한 개를 그리되, 개는 항상 파란색이어야 한다."라는 것이 하나의 룰이 될 수 있습니다. 이 방법은 특정한 요구사항을 충족시키는 이미지를 그리는 데 유용합니다.

❹ **Latent Space Navigation:AI** : 이미지를 그릴 때 사용하는 'latent space'라는 공간을 이동하는 방법입니다. 이 공간은 모든 가능한 이미지를 포함하고 있으며, 특정 방향으로 이동하면 이미지의 특정 요소가 변화합니다. 예를 들어, 한 방향으로 이동하면 개가 더 행복해지고, 다른 방향으로 이동하면 개가 더 큰 모자를 쓰게 됩니다. 이 방법은 더 복잡한 변화를 만들어 내는 데 유용하지만, 이해하고 사용하기에는 더 어려울 수 있습니다. 하지만 이 방법을 익힌다면, 우리의 의도를 정확하게 반영하는 이미지를 그릴 수 있습니다.

● 프롬프트 작성 주요 기법

이러한 프롬프트를 작성하는 주요 기법들은 Generated knowledge prompting, Chain-of-Thought(CoT) prompting, N-shot prompting(Zero-shot prompting, Few-shot prompting) 등이 있으며, 이 기법들을 간단히 살펴보면 다음과 같습니다. 이러한 프롬프트 엔지니어링 기법들은 모델을 더욱 정확하고 유연하게 가이드하여 원하는 결과를 얻을 수 있도록 도와줍니다. 각각의 기법은 다양한 상황에서 적용될 수 있으며, 모델의 학습과 출력에 유용하게 사용됩니다.

❶ Generated knowledge prompting : 모델이 생성하는 지식을 통해 원하는 결과를 얻기 위해 프롬프트를 작성하는 기법입니다. 이 방법은 모델이 이미 가지고 있는 지식을 활용하여 정확하고 일관된 답변을 생성하는 데 도움을 줍니다. 예를 들어, 질문-답변 형태의 생성 작업을 할 때, 프롬프트로 "질문 : 누구인가요? 답변 : {모델이 생성한 지식}"과 같이 작성하여 모델이 정확한 답변을 생성할 수 있도록 유도할 수 있습니다.

❷ Chain-of-Thought(CoT) prompting : 모델이 이전 단계의 결과를 이용해 다음 단계를 진행하도록 유도하는 기법입니다. 이를 통해 모델은 이전 단계의 출력을 입력으로 사용하여 문맥을 유지하고, 논리적인 흐름을 가진 답변을 생성할 수 있습니다. 예를 들어, 프롬프트의 첫 번째 단계에서 "문장을 시작하세요."라는 지시를 주고, 다음 단계에서는 이전 단계의 출력을 입력으로 받아 문장을 이어가는 방식으로 모델을 가이드할 수 있습니다.

❸ N-shot prompting : 모델에게 N개의 입력-출력 쌍을 제공하여 해당 패턴을 학습하도록 유도하는 기법입니다. Zero-shot prompting은 모델이 이러한 학습 데이터 없이 처음 본 입력에 대해 정확한 출력을 생성할 수 있는 능력을 의미하며, Few-shot prompting은 소수의 학습 데이터만으로도 정확한 출력을 생성할 수 있는 능력을 의미합니다. 이러한 방식은 모델이 제한된 학습 데이터에서도 일반화 능력을 갖도록 돕는 데 사용됩니다. 예를 들어, "입력 : {입력 데이터}, 출력 : {출력 데이터}"와 같은 형식으로 N개의 입력-출력 쌍을 제공하여 모델을 학습시킬 수 있습니다.

프롬프트 엔지니어링의 작동원리 및 구현 기술에 대해 알아보았습니다. 매뉴얼 프롬프트, 휴먼 피드백, 룰 기반 프롬프트, 그리고 Latent Space Navigation이라는 네 가지 접근법을 통해 우리의 의도를 AI에게 전달하는 방법을 배웠습니다. 이 방법들은 각각 장단점이 있으며, 상황에 따라 적절한 방법을 선택하는 것이 중요합니다.

2.4 프롬프트 엔지니어링 기법

프롬프트 엔지니어링은 AI 모델에게 더 정확한 지시를 제공하여 원하는 결과물을 얻기 위한 여러 가지 기법을 포함합니다. 이 절에서는 몇 가지 기본적인 프롬프트 엔지니어링 기법을 소개하고, 각 기법이 어떻게 AI의 출력에 영향을 미치는지에 대해 알아보겠습니다.

❶ **객체 지정** : 생성할 이미지의 주요 객체를 명확하게 지정해야 합니다. 예를 들어, "고양이"라고 쓰면 모델은 고양이의 이미지를 생성하려고 할 것입니다.

❷ **상황 설명(명확한 지시, 제한사항 명시)** : 가능한 구체적으로 이미지의 상황을 설명하고, 상황이나 제한사항을 명확하게 지시해 주는 것이 중요합니다. 예를 들어, "사과와 바나나가 테이블 위에 올려져 있는 이미지"를 입력하면, AI가 정확히 이해하고 이미지를 생성할 수 있습니다. 또 다른 예로, "분홍색으로 그려진 꽃잎이 있는 벚꽃 이미지"라고 입력하면, AI는 분홍색 꽃잎이 있는 벚꽃 이미지를 중심으로 생성할 것입니다. 또한, "산 위에서 노래하는 고양이"와 같이 입력할 수 있습니다.

❸ **색상과 텍스처(질감) 지정** : 원하는 색상, 텍스처 또는 기타 시각적 특성을 설명해야 합니다. 예를 들어, "하늘색 털의 노래하는 고양이"라고 입력할 수 있습니다.

❹ **스타일과 분위기 지정** : 특정한 예술 스타일이나 분위기를 지정할 수 있습니다. 예를 들어, "바네시아 화풍으로 그린 아름다운 해변"이라고 입력하면, AI는 바네시아 화풍의 해변 이미지를 생성할 것입니다. 또는, "애니메이션 스타일의 산 위에서 노래하는 고양이"라고 입력할 수 있습니다.

❺ **포맷 지정** : 출력물의 형식을 지정하여 AI가 원하는 형태로 결과를 생성하게 할 수 있습니다. 예를 들어, --ar 16:9를 지정하면 가로세로 비율이 16대 9인 이미지를 생성할 것입니다.

❻ **반복과 변형** : 동일한 프롬프트를 반복하거나 약간의 변형을 주어 다양한 결과물을 얻을 수 있습니다. 예를 들어, "평화로운 숲에서 산책하는 사람"이라는 프롬프트를 여러 번 실행하거나, "비가 올 때 숲에서 산책하는 사람"과 같은 변형을 주어 다양한 이미지를 얻을 수 있습니다.

이러한 기법들은 서로 조합하여 사용할 수 있습니다. 예를 들어, "후기인상파 스타일로 그린 분홍색 꽃잎이 있는 벚꽃 이미지"와 같이 명확한 지시, 스타일 지정, 제한사항 설정을 모두 활용한 프롬프트를 작성할 수 있습니다. 이렇게 복합적인 프롬프트는 AI에게 매우 구체적인 지시를 전달할 수 있어 원하는 결과물을 얻는 데 더욱 효과적입니다.

하지만, 모든 프롬프트가 항상 완벽한 결과를 가져다주지는 않습니다. 여러 가지 이유로 AI는 예상치 못한 방식으로 프롬프트를 해석할 수 있습니다. 이는 프롬프트 엔지니어링의 도전적인 부분 중 하나입니다. 따라서, 좋은 프롬프트를 작성하기 위해서는 실험적인 접근이 필요합니다. 다양한 프롬프트를 시도해 보고, 그 결과를 관찰하며, 어떤 표현이나 구조가 가장 원하는 결과를 가져다주는지 배우는 과정이 필요합니다.

또한, 프롬프트 엔지니어링은 AI 모델의 학습 데이터와도 깊게 관련되어 있습니다. AI는 학습 데이터에 기반하여 프롬프트를 해석하고 결과를 생성합니다. 따라서, 학습 데이터에 없는 내용이나 스타일을 요구하는 프롬프트는 AI가 정확하게 이해하고 처리하기 어려울 수 있습니다. 이러한 이유로, 프롬프트 엔지니어링은 AI의 학습 데이터를 이해하는 것과도 밀접하게 관련되어 있습니다.

이제 이러한 프롬프트 엔지니어링 기법을 실제로 적용해 보려고 합니다. 다음 절에서는 미드저니를 활용하여 프롬프트 엔지니어링을 어떻게 적용하는지에 대해 알아보겠습니다. 실제 예제를 통해 프롬프트 엔지니어링의 원리를 직접 적용해 보며 이해해 봅시다.

2.5 프롬프트 엔지니어링 시작

프롬프트로 이미지 생성 시작

생성형 AI 서비스의 프롬프트는 〈2장〉 4절의 구성요소를 다양하게 조합하여 구성하며, 이 중에서 객체의 상황을 구체적으로 묘사하거나 원하는 스타일이나 분위기 등을 프롬프트에 포함합니다. 다양한 조합의 프롬프트는 주요 생성형 AI 서비스인 미드저니, 블루윌로우, 달리, 스테이블 디퓨전에 적용하여 그 생성 결과를 비교해 보며 본인이 주로 사용할 AI 모델을 선택할 수 있습니다.

표 2-1. 구성요소에 따른 프롬프트 조합 예시

구성요소	조합 예시 1	조합 예시 2	조합 예시 3	조합 예시 4
객체	고양이	오렌지	여학생	나비
상황	풍선 들기 하늘 날기	3개	대한민국 맑은 피부 긴 검은 머리	–
색상	무지개색	–	–	파스텔
질감	–	–	–	–
스타일	–	Salvador Dali	애니메이션 일러스트 (niji)	–
분위기	–	밝은 배경	–	–
버전	–	–	4	5 (--v 5)
포맷	–	--ar 2:1	–	타일(--tile)
변형	–	시작 값 625 chaos 값 12	–	–
예시 프롬프트	프롬프트 2-1	프롬프트 3-24	프롬프트 3-35	프롬프트 3-44

AI 모델로 이미지 생성

❶ 풍선을 들고 하늘을 날고 있는 무지개색의 고양이를 생성해 봅시다.

프롬프트 2-1 `a rainbow-colored cat flying in the sky with a balloon`

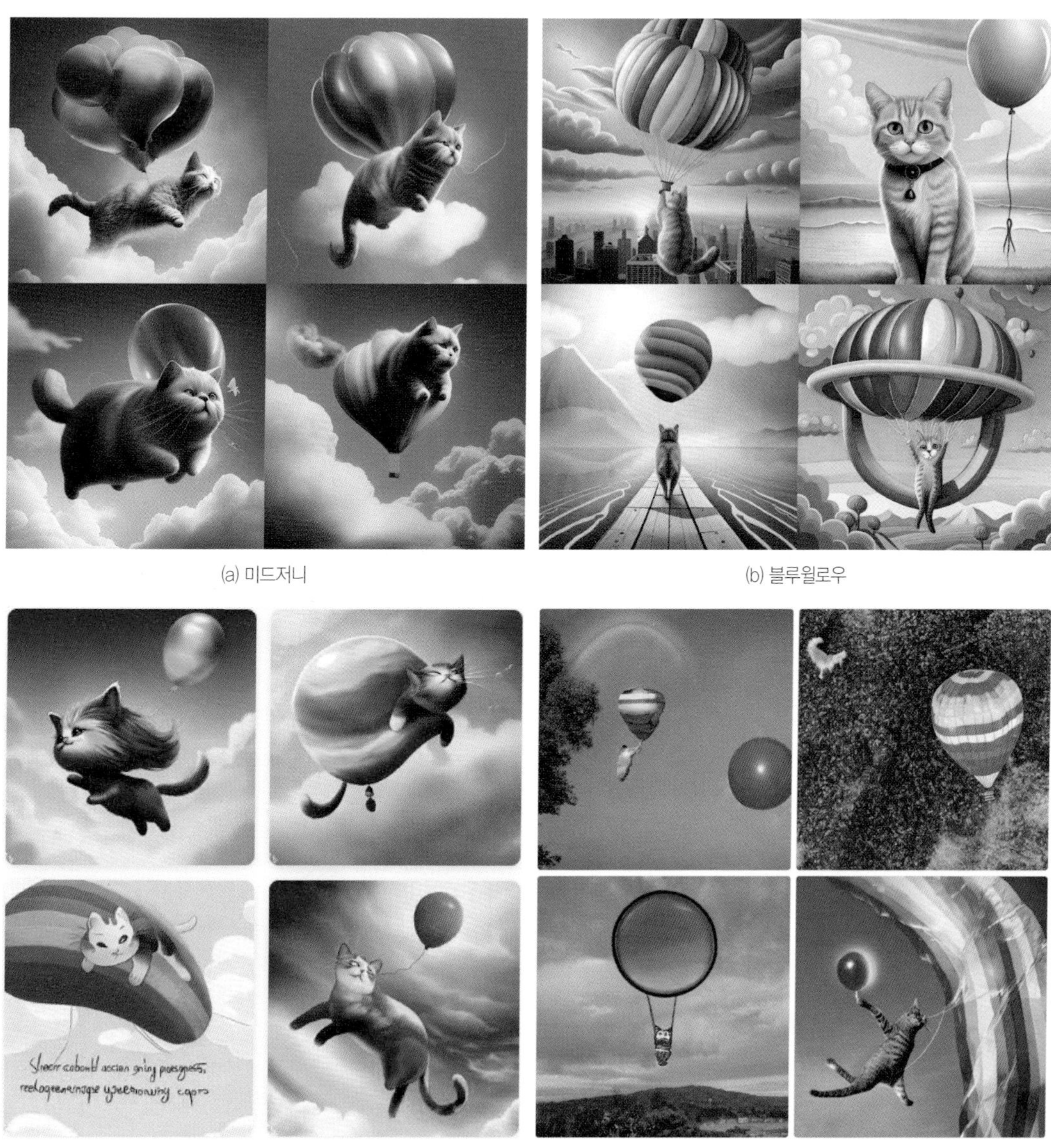

(a) 미드저니 (b) 블루윌로우

(c) 달리 (d) 스테이블 디퓨전

그림 2-1. 프롬프트 2-1의 입력에 대해 이미지 생성 AI 모델별로 생성한 이미지 예

❷ 바닷가에서 석양을 보며 이미지를 그리는 여인을 인상파 스타일로 생성해 봅시다.

프롬프트 2-2 `a woman painting a sunset at the beach, the style impressionist`

(a) 미드저니 (b) 블루윌로우

(c) 달리 (d) 스테이블 디퓨전

그림 2-2. 프롬프트 2-2의 입력에 대해 이미지 생성 AI 모델별로 생성한 이미지 예

❸ 해변에서 서핑하는 개를 생성해 봅시다.

프롬프트 2-3 a dog surfing on the beach

(a) 미드저니

(b) 블루윌로우

(c) 달리

(d) 스테이블 디퓨전

그림 2-3. **프롬프트 2-3**의 입력에 대해 이미지 생성 AI 모델별로 생성한 이미지 예

❹ 호박과 사탕이 가득한 할로윈 파티를 생성해 봅시다.

프롬프트 2-4 a Halloween party with pumpkins and candies

(a) 미드저니

(b) 블루윌로우

(c) 달리

(d) 스테이블 디퓨전

그림 2-4. 프롬프트 2-4의 입력에 대해 이미지 생성 AI 모델별로 생성한 이미지 예

❺ 장미와 튤립이 섞인 아름다운 꽃다발을 생성해 봅시다.

프롬프트 2-5 a beautiful bouquet of roses and tulips

(a) 미드저니 (b) 블루윌로우 (c) 달리 (d) 스테이블 디퓨전

그림 2-5. 프롬프트 2-5의 입력에 대해 이미지 생성 AI 모델별로 생성한 이미지 예

❻ 다양한 프롬프트 입력을 시도해 이미지를 생성해 봅시다.

프롬프트 2-6 A party of cute monsters with a pizza-shaped moon in the night sky.
피자 모양의 달이 떠있는 밤하늘을 배경으로 한 귀여운 괴물들의 파티

프롬프트 2-7 Santa Claus is riding a sleigh with presents.
선물이 가득한 썰매를 타고 나는 산타클로스

프롬프트 2-8 A mermaid living in the sea introduces her home.
바다 속에서 살고 있는 인어가 자신의 집을 소개합니다.

프롬프트 2-9 A comic that parodies famous paintings exhibited in a museum
미술관에서 전시되고 있는 유명한 이미지들을 패러디한 코믹스

프롬프트 2-10 A story of dinosaurs and robots becoming friends and going on an adventure together.
공룡과 로봇이 친구가 되어 함께 모험을 떠나는 이야기

프롬프트 2-11 a man reading a book in a cabin in the woods. Make the color warm.
숲속에 있는 오두막집에서 책을 읽는 남자를 그려줘. 색감은 따뜻하게 해 줘.

프롬프트 2-12 a cat wearing a spacesuit in a spaceship. Make the background space with the earth and the moon.
지구와 달이 보이는 우주를 배경으로 우주선 안에서 우주복을 입은 고양이

프롬프트 2-13 a fairy sitting in a flower garden, the style animation.
꽃밭에 앉아있는 요정을 그려줘. 스타일은 애니메이션으로 해 줘.

프롬프트 2-14 people walking on the street of a city, the mood noir.
도시의 거리를 걷고 있는 사람들, 분위기는 느와르로 해 줘.

프롬프트 2-15 children having a snowball fight next to a snowman.
눈사람 옆에서 눈싸움하는 아이들

한글 입력으로 이미지 생성

프롬프트에 한글 입력이 가능한 AI 모델은 책에서 사용하고 있는 생성형 AI 모델 중에서 블루윌로우, 빙 Image Creator입니다. 이 두 모델은 그림 2-6과 같이 한글 프롬프트의 내용이 반영된 이미지가 생성되지만, 다른 모델들은 그림 2-7과 같이 상관없는 이미지가 생성됩니다.

(a) 블루윌로우 (b) 빙 Image Creator(달리)

그림 2-6. 프롬프트 2-15의 한글 입력 내용과 연관된 이미지가 생성되는 경우

(a) 미드저니 (b) 스테이블 디퓨전 (c) 달리(labs.openai.com)

그림 2-7. 프롬프트 2-15의 한글 입력 내용과 무관하게 엉뚱한 이미지가 생성되는 경우

이미지 생성이 안되는 경우

다양한 AI 모델은 이미지를 학습하는 방식, 생성하는 방식, 범위를 벗어나는 값에 대한 오류 처리 방식, 규정에 어긋난 내용을 포함한 프롬프트에 대한 처리 방식 등의 세부 처리 과정이 각기 다릅니다. 그중에서도 스테이블 디퓨전은 입력한 프롬프트에 대해 그림 2-8의 (d)와 같이 에러 메시지만 나타나는데, 이때는 단순히 프롬프트를 수정하며 생성을 반복하면 됩니다.

(a) 미드저니

(b) 블루윌로우

(c) 달리

(d) 스테이블 디퓨전

그림 2-8. **프롬프트 2-15**의 입력에 대해 이미지 생성이 실패인 경우의 예

2.6 마무리

이 장에서는 프롬프트 엔지니어링의 중요성과 기본적인 기법에 대해 알아보았습니다. 다음 장에서는 이러한 프롬프트 엔지니어링 기법을 실제로 적용하는 방법을 배워볼 것입니다. 이론을 배운 만큼 실제로 실행해 보는 것이 중요하므로, 다음 장에서는 미드저니를 활용한 실습을 통해 프롬프트 엔지니어링을 체험해 볼 수 있을 것입니다.

기억해야 할 것은 프롬프트 엔지니어링이 단순히 AI에게 명령을 내리는 것이 아니라, AI와의 대화라는 것입니다. 우리의 의도를 가장 잘 이해할 수 있는 프롬프트를 찾아내는 것은 쉽지 않지만, 이 과정을 통해 AI와 더욱 효과적으로 소통하는 방법을 배울 수 있습니다. 이런 식으로 AI와 소통하는 능력은 AI 아트뿐만 아니라 다른 여러 분야에서도 유용하게 활용될 수 있습니다.

다음 〈3장〉~〈5장〉에서는 이러한 프롬프트 엔지니어링을 활용하여 AI 아트를 생성하기 위한 각 서비스의 회원가입, 로그인, 환경설정을 살펴볼 예정입니다. 이후에 다양한 프롬프트를 실제로 적용해 볼 수 있는 기회가 기다릴 것입니다. 이 장을 마무리하며, 다음에 만날 첫 번째 이미지 생성에 대한 기대감을 가지고 페이지를 넘겨보길 바랍니다.

3 장

글로 이미지 생성하는 AI (1)

학 습 목 표

프롬프트 엔지니어링을 익힌 후에는 AI 생성 모델인 미드저니와 블루윌로우를 활용하여 이미지를 생성할 수 있습니다. 이제 미드저니와 블루윌로우에 가입하고 환경 설정하는 방법을 알아보고, 프롬프트를 입력하여 자신만의 이미지를 생성해 보겠습니다.

3.1 미드저니 시작

미드저니(Midjourney)는 단어 또는 글로 입력한 내용을 이미지로 바꿔주는 AI 생성 모델의 하나입니다. 이 미드저니도 단 몇 개의 단어 및 짧은 문구만으로 구성한 프롬프트로 멋지거나 생각하지 못했던 이미지 생성이 가능하며, 차별적이거나 선정적인 표현 등 윤리적인 문제가 있는 프롬프트의 사용은 금지하고 있습니다.

온라인 커뮤니티 생성 서비스인 디스코드(Discord)에서 유료 구독을 통해 멤버십 단계별로 다양한 기능이 제공되는 〈공식 미드저니 디스코드 채널〉과 웹 페이지에서 무료로 이미지 생성이 가능한 〈미드저니 AI〉가 있습니다. 다만, 무료 서비스는 프롬프트 입력 시 한번에 생성되는 이미지가 한 개이고 유효기간이 짧아 보관을 위해서는 생성 직후 다운로드해야 합니다.

〈미드저니 AI〉는 간단히 https://www.midjourneyai.ai에서 구글 계정 등으로 로그인한 후 바로 이미지를 생성하면 됩니다. 〈공식 미드저니 디스코드 채널〉은 다소 낯설 수 있는 디스코드로 운영하고 있어 본 장에서 안내하고자 합니다. 이 미드저니로 본 책의 〈6장〉부터 〈13장〉에 걸쳐 소개한 다양한 목적 및 스타일의 다양한 이미지를 생성해 봅시다.

미드저니 회원가입 전체 단계

[1단계] 디스코드 가입

❶ 디스코드 공식 홈페이지로 이동

❷ 디스코드 열기(윈도우즈에 설치 후 열거나 웹 브라우저에서 바로 열기 중 선택)

❸ 디스코드에서 사용할 이름 입력

❹ 맞는 이미지 선택(사람임을 인증하는 과정으로 악성봇 차단을 위함)

❺ 생년월일 입력(만 13세 이상 여부 확인)

❻ 나만의 서버 생성(추후 나만의 이미지 생성 공간을 위함)

❼ 이메일 인증

❽ 나만의 디스코드 서버 확인

〔2단계〕 **미드저니 가입**

❶ 미드저니 커뮤니티 찾기

❷ 맞는 이미지 선택(사람임을 인증하는 과정으로 악성 봇 차단을 위함)

❸ 미드저니 커뮤니티 입장

❹ 서비스 약관(Tos, Terms of Service) 확인 및 수락

❺ 채널 〈newbies-번호〉 입장

〔3단계〕 **미드저니 사용**(미드저니 챗봇과 대화)

❶ 이미지 생성 명령 /imagine과 프롬프트 작성

❷ 생성된 이미지 확인 및 확대 · 변형

❸ 기본 명령 확인

디스코드 가입

❶ 디스코드 공식 홈페이지로 이동

디스코드 홈페이지 접속은 그림 3-1과 같이 웹 브라우저 크롬의 주소 표시줄에 검색 키워드 '디스코드'를 입력하여 검색 결과를 통해 들어가거나, 디스코드 웹 주소(discord.com)를 입력하여 접속합니다.

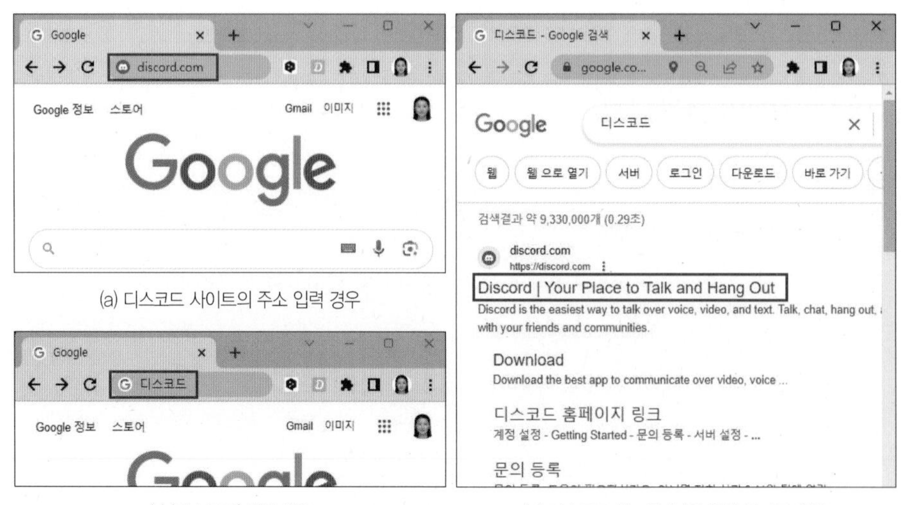

그림 3-1. 디스코드 접근 방법 : (a) 주소 입력 (b) 검색 (c) 검색 결과 이용

❷ 디스코드 열기

디스코드를 실행하는 방법은 그림 3–2의 (a)에서 보이는 〈Windows용 다운로드〉와 〈웹브라우저에서 Discord 열기〉의 두 가지입니다. 여기에서는 웹 브라우저로 실행하겠습니다.

❸ 디스코드에서 사용할 이름 입력

사용할 이름을 입력하고 '화살표' 아이콘(→)을 클릭하여 다음 단계로 넘어가면서 디스코드의 회원 등록이 시작됩니다. 이 등록 과정은 디스코드의 서비스 이용 약관과 개인정보 보호 정책에 동의함을 포함합니다. 예를 들어, 그림 3–2의 (b)와 같이 'AI아티스트'를 입력하고 '화살표' 아이콘(→)을 클릭합니다.

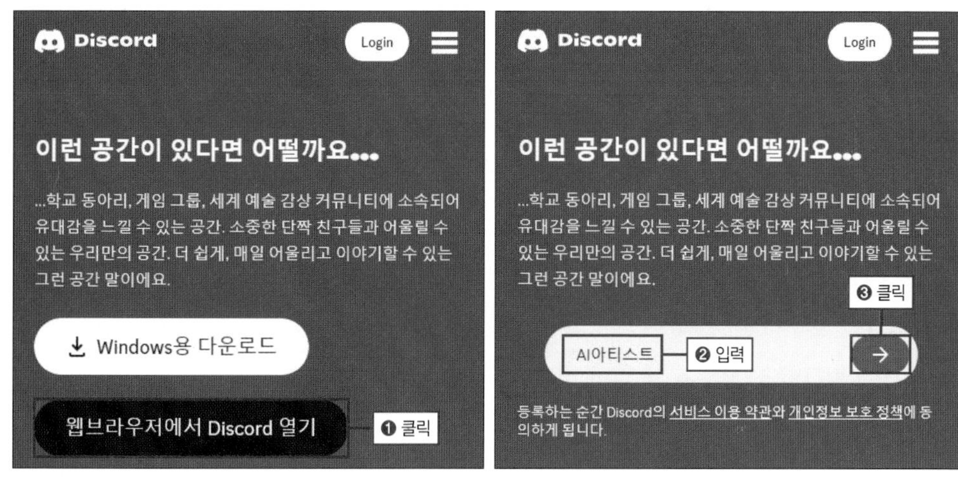

(a) 디스코드 홈페이지의 첫 페이지 (b) 디스코드에서 사용할 이름 입력

그림 3–2. 디스코드 홈페이지의 첫 화면(a)과 사용할 이름 등록 및 약관 · 정책 동의 화면(b)

❹ 맞는 이미지 선택(사람임을 인증하는 과정으로 악성봇 차단을 위함)

'사람입니다'라는 메시지의 왼쪽에 있는 체크 박스를 마우스로 클릭하면 체크 표시되면서 사람인지에 대한 인증이 진행됩니다. 이 과정은 사람임을 인증하는 과정으로, '***이 포함된 모든 이미지를 클릭하세요.'에 해당하는 이미지를 찾아 클릭합니다. 이러한 인증 과정은 악성봇의 회원가입을 차단하는 효과가 있으며, 악성봇(회원가입을 통해 다른 회원의 개인정보 유출 등의 목적을 갖는 악성 소프트웨어)은 그림 3–3의 (b)와 같이 메시지에 맞는 이미지 찾기를 통과하기가 매우 어렵다고 알려져 있습니다.

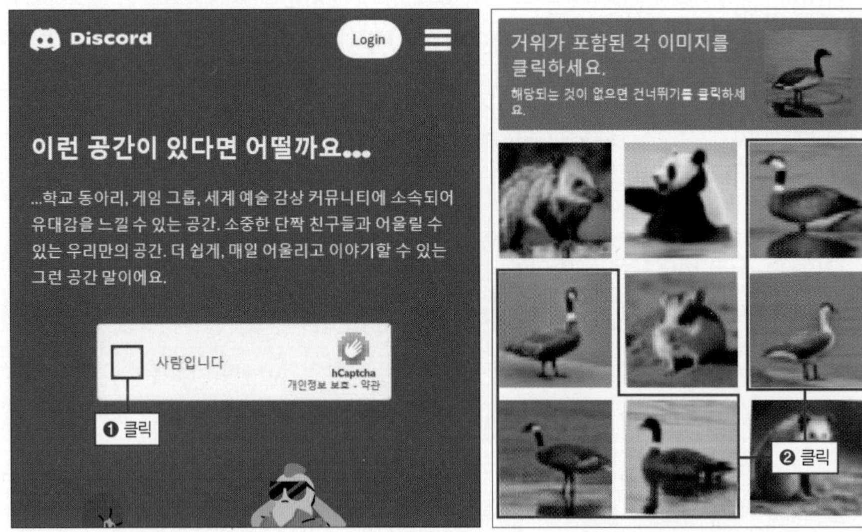

(a) '사람입니다' 체크 박스 (b) 메시지에 맞는 이미지 찾기

그림 3-3. 디스코드 등록을 위한 사람임을 인증하는 화면

❺ 생년월일 입력

본인의 생일 입력은 디스코드 정책에 따른 국가별 최소 연령대를 만족하는지 확인하는 과정으로 그림 3-4의 (a)와 같이 본인 생일의 생년월일을 각각 지정합니다. '생일을 왜 입력해야 하죠?'를 클릭하면 3-4의 (b)와 같이 설명이 나타납니다. 디스코드 사용이 허용되는 최소 연령대는 나라별로 다르며, 우리나라 경우는 14세(만 13세)입니다.

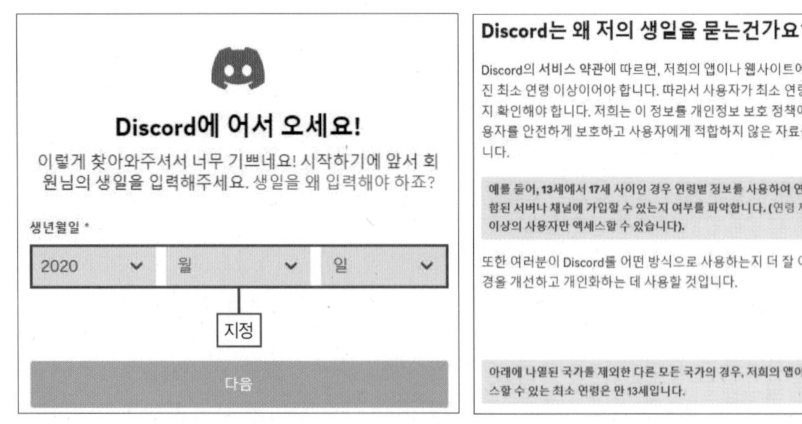

(a) 생년월일 입력 (b) 생일 입력 이유

그림 3-4. 디스코드 사용 최소 연령 확인

❻ 나만의 서버 생성

디스코드에 나만의 커뮤니티 공간을 생성할 수 있으며, 이런 공간을 '서버'라고 부릅니다. 이 서버는 혼자 또는 친구들과 사용해도 좋고 클럽 또는 커뮤니티 운영에 사용해도 좋은 개인 맞춤형 공간입니다.

나만의 서버 만들기는 그림 3-5의 (a)와 같이 직접 만들기를 통해 생성해도 좋고 게임, 학교 클럽, 스터디 그룹 등의 템플릿으로 시작해도 좋습니다. 큰 차이는 없고 각 사용 목적에 따라 서버 내부에서 사용하는 카테고리 및 채널이 적당한 이름으로 미리 생성되어 있다는 정도입니다.

또한, 그림 3-5의 (b)와 같이 커뮤니티 규모를 설정해 주는데, 본인과 친구 몇 명이 사용할 서버라면 〈나와 친구들을 위한 서버〉를, 더 많은 사람이 사용할 서버라면 〈클럽, 혹은 커뮤니티용 서버〉를 선택해도 좋고 잘 모르겠다면 건너띄어도 좋습니다.

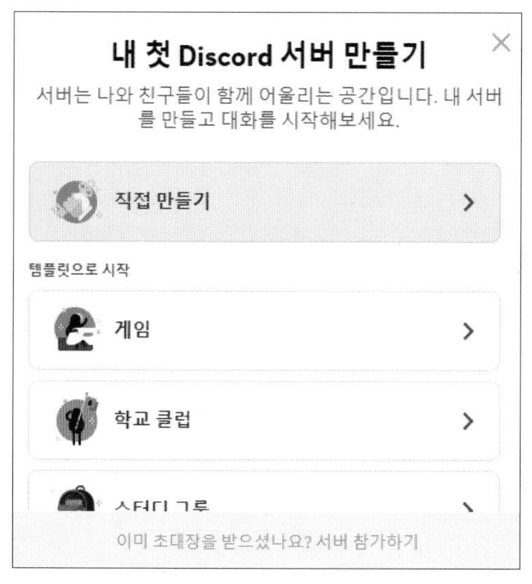

(a) 내 첫 Discord 서버 만들기 화면

(b) 서버 운영 목적을 선택하는 화면

그림 3-5. 나만의 디스코드 서버 생성

그림 3-6의 (a)는 서버의 이름을 수정하거나 로고로 사용할 이미지를 업로드하여 나만의 서버를 커스터마이징하는 화면이며, '나만의AI아트'라는 예와 같이 본인의 공간만의 이름을 입력해 봅니다. 그림 3-6의 (b)는 서버에서 주로 다룰 이야기의 주제를 등록하는 단계로 'AI아트'와 같이 주제어를 입력해 봅니다. 주제 입력 후 〈완료〉 버튼을 클릭하면 그림 3-7과 같이

나만의 디스코드 서버가 생성되어 사용이 준비됨을 알리는 메시지와 〈내 서버에 데려다 줘요!〉 버튼이 표시됩니다.

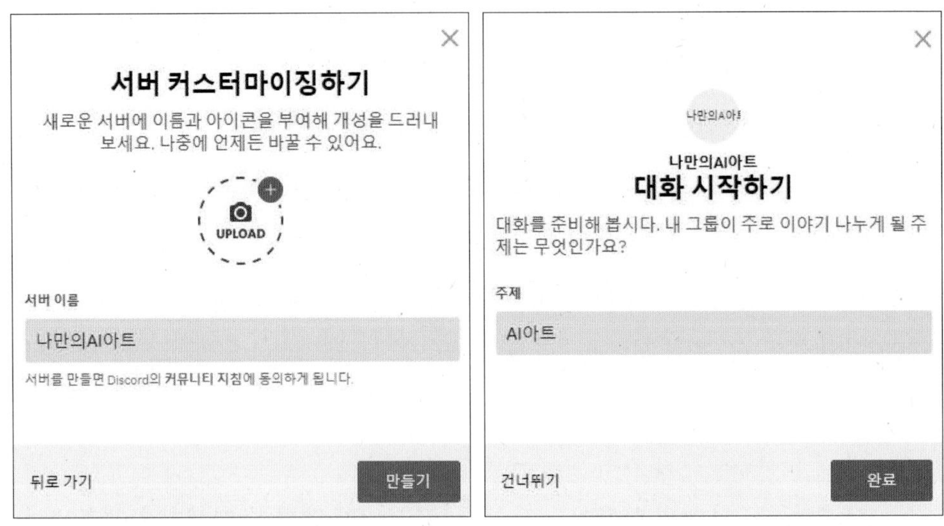

(a) 서버 이름 수정 및 아이콘 업로드 화면 (b) 서버의 주제 설정 화면

그림 3-6. 나만의 디스코드 서버 커스터마이징

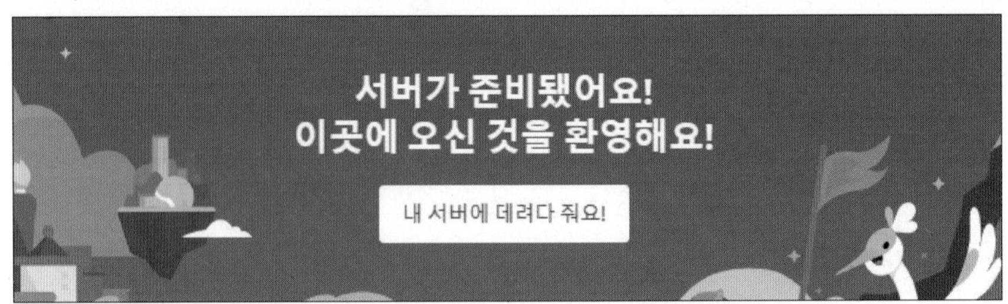

그림 3-7. 나만의 디스코드 서버 생성 완료 안내 화면

이 나만의 서버는 나만의 공간에서 다른 사람들과 그들의 이미지에 불편함 없이 이미지 그리기를 즐기는데 유용하게 사용할 수 있습니다. 이유는 본 1절의 마지막과 2절에서 다루도록 하겠습니다.

❼ 계정 등록 및 이메일 인증

마지막으로 디스코드의 나만의 서버에서 사용할 계정을 그림 3-8의 (a)와 같이 이메일 및 비밀번호를 입력하고 〈계정 등록하기〉 버튼을 클릭합니다. 이때 입력한 이메일 계정의 인증은 그림 3-8의 (b)와 같이 입력한 이메일로 확인 링크가 전송되며 전송된 메일의 내용을 따라 수행합니다.

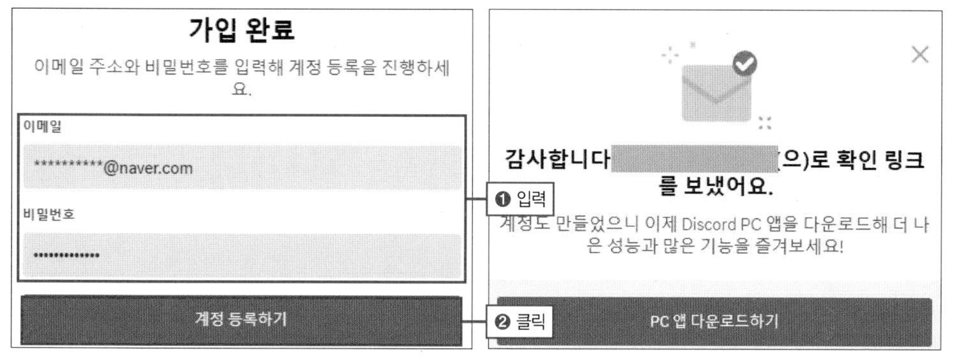

(a) 디스코드 서버에서 사용할 계정 등록 (b) 계정 인증을 위한 이메일 전송 메시지

그림 3-8. 나만의 디스코드 서버를 위한 계정 등록 및 인증

등록자는 해당 이메일의 메일함으로 이동하여 'Discord용 이메일 주소 인증' 제목의 메일을 선택해 열고, 그림 3-9의 (a)와 같이 메일 본문에 포함된 〈이메일 인증〉 또는 〈Verify Email〉이라는 버튼을 클릭하여 본인 메일 계정이 정상적임을 확인시켜주며, 그 결과로 그림 3-9의 (b)와 같은 '이메일 인증 완료!' 메시지가 나타납니다.

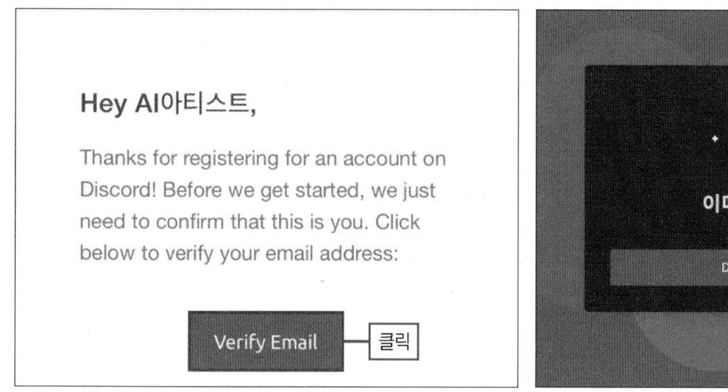

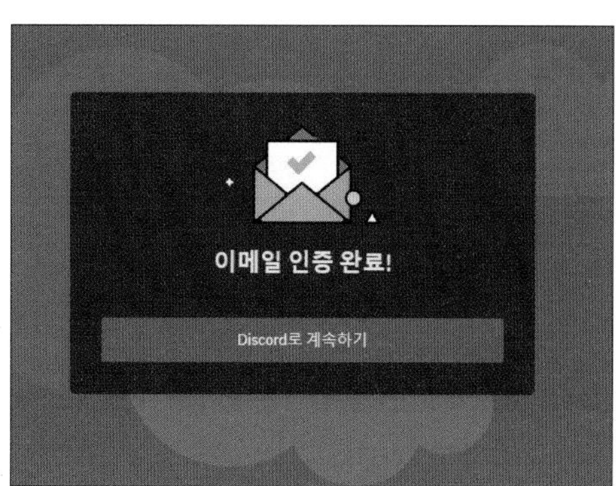

(a) 전송된 이메일 확인 및 〈이메일 인증〉 (b) 이메일 인증 완료 확인 메시지

그림 3-9. 나만의 디스코드 서버 생성 완료 화면

❽ 나만의 디스코드 서버 확인

계정 등록 및 이메일 인증 후 나만의 디스코드 서버에 입장합니다. 그림 3-10과 같이 '나만의 AI아트'라는 이름의 서버는 채팅 채널로 기본인 '일반' 채널과 입력한 주제로 지어진 'ai아트' 채널을 기본으로 포함하고 있으며, '일반'을 클릭하면 사용 가능한 기본 기능을 안내하고 있습니다. 이제 우리는 서버로 친구를 초대하기, 아이콘으로 서버 로고 꾸미기, 모바일에서 사용 가능한 앱 다운로드하기, 해당 커뮤니티 안에서 사용할 앱 추가하기 등의 디스코드에서 제공하는 기능을 나만의 서버에서 사용할 수 있습니다. 이 기능들은 각 안내에 따라 어렵지 않게 수행할 수 있습니다.

본 책에서 다루는 디스코드 기능 외의 다양한 기능을 알고 싶다면 디스코드에서 제공하는 'Discord 초보자를 위한 안내서(https://support.discord.com/hc/ko/categories/ 115000217151-Getting-Started)'를 참고하기 바랍니다.

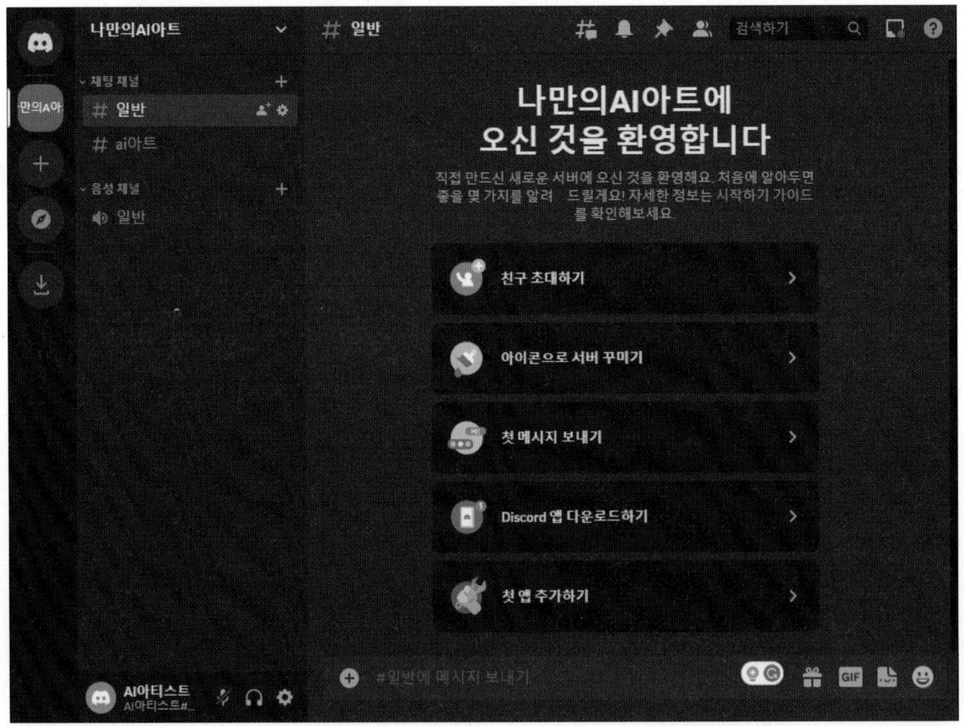

그림 3-10. 계정 등록 및 인증 후 입장한 나만의 디스코드 서버 '나만의AI아트'

미드저니 서버 가입

❶ 미드저니 커뮤니티 찾기

그림 3-10의 가장 왼쪽의 아이콘 목록 부분은 서버 목록이며, 이 서버 목록은 서버를 추가할 때 해당 서버의 이름 또는 로고(아이콘)가 이 목록에 추가됩니다. 서버 추가는 그림 3-11 (a)의 '서버 추가하기' 아이콘(+)으로 서버를 생성하여 추가하는 방법과 (b)의 '서버 찾기 살펴보기' 아이콘(🧭)으로 원하는 커뮤니티를 찾아 해당 커뮤니티의 서버를 추가하는 방법이 있습니다. 각 아이콘은 평소 왼쪽 그림과 같은 상태로 있다가 마우스 커서를 위치하면 오른쪽 그림과 같이 아이콘 모양이 변경하고 해당 아이콘에 대한 간단한 설명을 작은 말풍선 박스로 오른쪽에 나타납니다. 이제 우리는 서버 목록에 있는 나침반 모양의 '서버 찾기 살펴보기' 아이콘(🧭)을 클릭하여 미드저니 서버를 검색하고 추가합니다.

(a) 서버 추가하기(생성&추가) (b) 서버 추가하기(찾기&추가)

그림 3-11. 서버 목록 중 서버 추가하는 두 아이콘

'서버 찾기 살펴보기' 아이콘(🧭)을 클릭하면 그림 3-12와 같이 디스코드에서 커뮤니티 찾기 화면으로 이동합니다. 찾고자 하는 커뮤니티가 추천 커뮤니티에 있으면 검색 없이 바로 해당 커뮤니티로 입장할 수 있습니다. 그렇지 않다면 '커뮤니티 살펴보기'라고 안내 문구가 표시된 검색창에 찾을 커뮤니티에 대한 이름이나 키워드를 입력하여 검색할 수 있습니다. 이러한 디스코드의 커뮤니티 검색은 미드저니 외에 블루윌로우, 라스코 AI, 플레이그라운드 AI 등의 무료로 이미지 생성할 수 있는 커뮤니티의 검색 및 가입의 기회도 제공하며, 향후 디스코드에 새로 등장할 AI 생성 모델 기반 커뮤니티까지도 고려할 수 있어 디스코드는 매우 유용한 커뮤니티 서비스로 여겨집니다.

미드저니의 경우에는 최근 인기 있는 커뮤니티로 추천 커뮤니티의 첫 번째에 위치해 있어 별도의 검색 없이 바로 클릭해서 커뮤니티로 들어갈 수 있습니다. '돛단배' 아이콘(⛵)으로 표시된 미드저니 커뮤니티를 클릭하면, 그림 3-13과 같이 미드저니에 가입하는 과정 진행이 필요합니다.

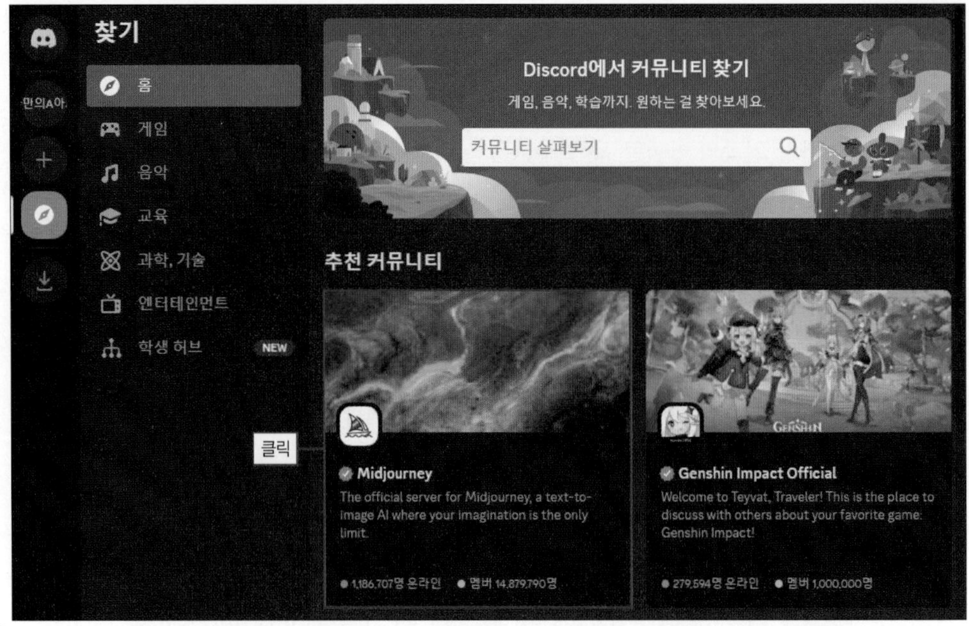

그림 3-12. 디스코드에서 미드저니 커뮤니티 찾기(미드저니가 추천 커뮤니티 처음에 위치함)

❷ 미드저니 커뮤니티 회원가입

미드저니의 회원가입도 그림 3-13의 (b)와 같이 디스코드(그림 3-3)와 같은 방법으로 요청 메시지에 따른 이미지 선택 및 통과로 로봇이 아닌 사람임을 인증합니다. 인증이 되면 그림 3-13의 (c)와 같이 미드저니에 회원가입이 완료되었음을 안내하는 메시지가 나타나면 〈시작합시다〉 버튼을 클릭하여 (d)와 같이 미드저니 서버에 입장이 가능합니다.

신입회원들이 처음에 무료로 이미지를 그릴 수 있는 채널은 'newbies-숫자'로 된 채널로 여러 개가 있을 경우 아무 'newbies-숫자'에 들어갈 수 있습니다. 예를 들어, 그림 3-13의 (e)의 newbies 중에서 'newbies-43'을 클릭해 들어갑니다.

(a) 미드저니 커뮤니티 입장 (b) 사람임을 인증하는 과정

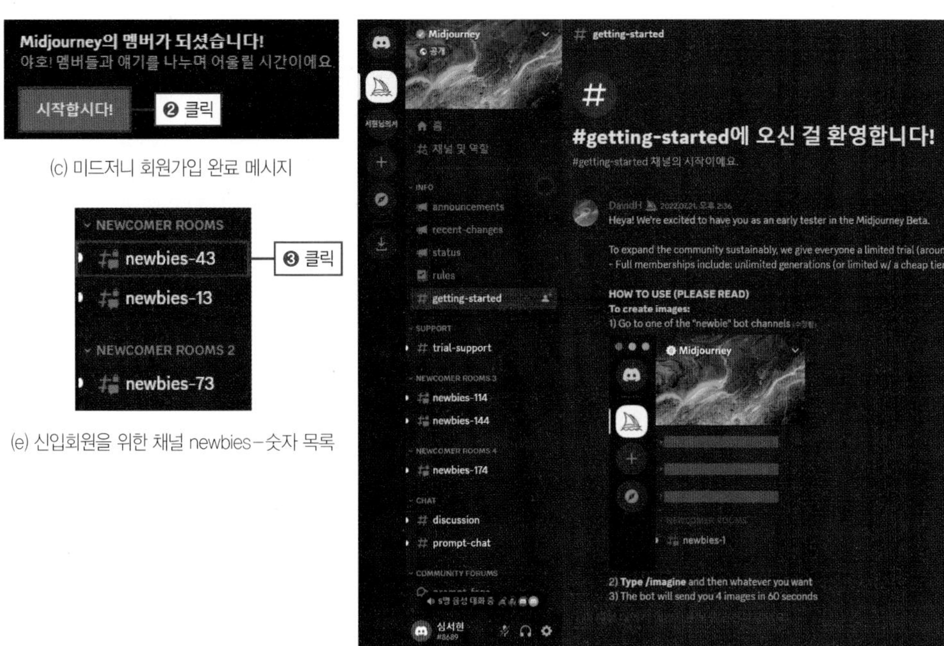

(c) 미드저니 회원가입 완료 메시지

(e) 신입회원을 위한 채널 newbies-숫자 목록

(d) 미드저니 서버 및 getting-started 채널 입장

그림 3-13. 미드저니 회원가입 과정

❸ 서비스 약관(Tos, Terms of Service) 확인 및 수락

newbies 채널에 들어와서 이미지를 그리기 전에 서비스 약관(Tos, Terms of Service)을 확인하고 동의해야 합니다. 이를 위해 그림 3-14와 같이 메시지 입력창에 아무 메시지를 입력합니다. 미드저니 사용을 위한 서비스 약관을 확인하고 수락하라는 메시지가 그림 3-15와 같이 나타나면 〈Accept ToS〉 버튼을 클릭하여 수락합니다.

다만, 수용 인원 한계 도달과 같이 미드저니 운용 회사의 정책 및 상황에 따라 무료 버전을 사용할 수 없는 동안에는 그림 3-16과 같은 안내 메시지가 나타나며, 동시에 유료 구독도 안내하고 있습니다. 만약 유료 구독을 원한다면 그림 3-14의 메시지 입력 창에 명령어 '/subscribe'를 입력하고 안내에 따라 구독 과정을 진행합니다.

그림 3-14. 채널 newbies-43에 보낼 메시지 입력창

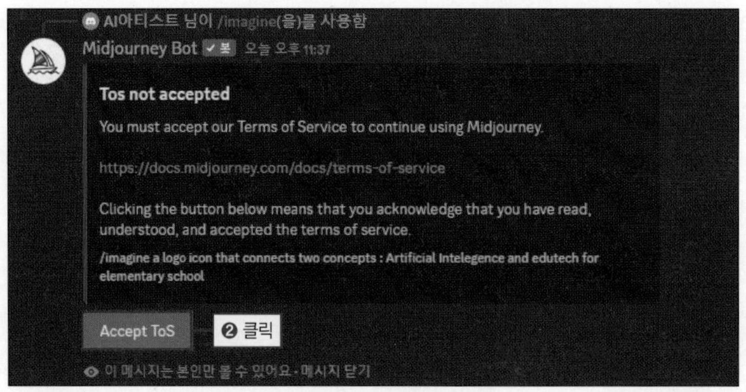

그림 3-15. 미드저니의 서비스 약관 확인 및 수락 요청 메시지(본인만 볼 수 있음)

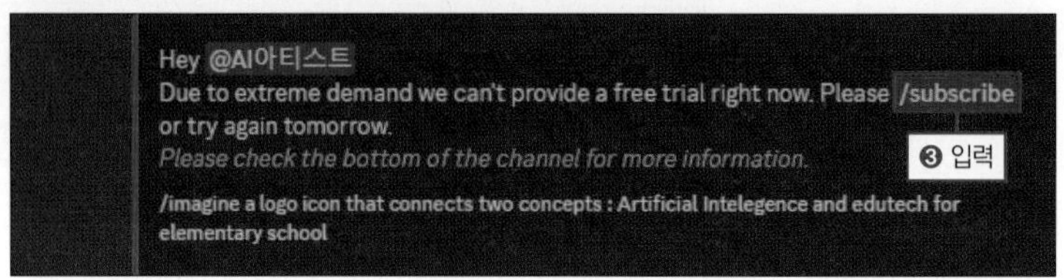

그림 3-16. 수용 한계에 따른 미드저니 무료 사용 중지 상태 및 유료 구독 안내

❹ 채널 〈newbies-번호〉 입장

ToS 확인 및 수락 완료 후, 채널 newbies 중에 하나를 들어가서 그림 3-14와 같이 채널 하단에 있는 메시지 입력창에 다른 참여자와의 대화를 위한 메시지를 입력하거나 미드저니 고유의 명령어를 이용해 이미지 생성 등의 작업 요청을 입력할 수 있습니다.

❺ 이미지 생성 시작

채널 'newbies-번호'에서 이미지 그리기 요청을 수행하여, 미드저니 회원가입 및 정상 동작함을 확인해 봅니다. 그림 3-14와 같은 메시지 입력창에 그림 3-17의 (a)와 같이 명령어 '/imagine'을 입력하면 명령어 검색 결과에서 표시되는 '/imagine prompt' 명령을 선택하고, prompt 부분에 그리고 싶은 내용을 입력합니다. 예를 들어, **프롬프트 3-1**을 입력하면 잠시 후 그림 3-17의 (b)와 같은 이미지가 생성됩니다.

프롬프트 3-1 `a tiny people on a book, city, building`

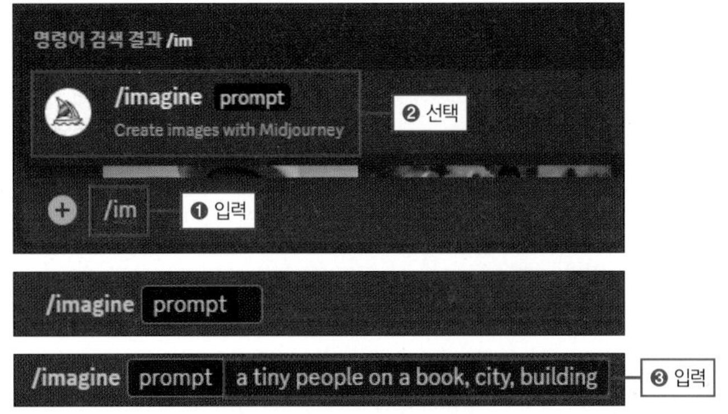

(a) 이미지 생성을 위한 명령어 및 프롬프트 예

(b) 생성 결과 예

그림 3-17. 채널 'newbies-번호'에서 생성한 이미지

미드저니의 기본 명령어 확인

메시지 입력박스에 '/'를 입력하면 미드저니 봇에 요청 가능한 명령어가 목록으로 나타나 확인이 용이합니다. 자주 사용하는 것은 그림 3-18의 (a)와 같은 /imagine, /describe, /blend 등이 있습니다. 그 외에도 (b) 및 (c)와 같이 다양한 기능을 제공하므로 설명 및 예제를 통하여 필요한 기능을 사용할 수 있습니다.

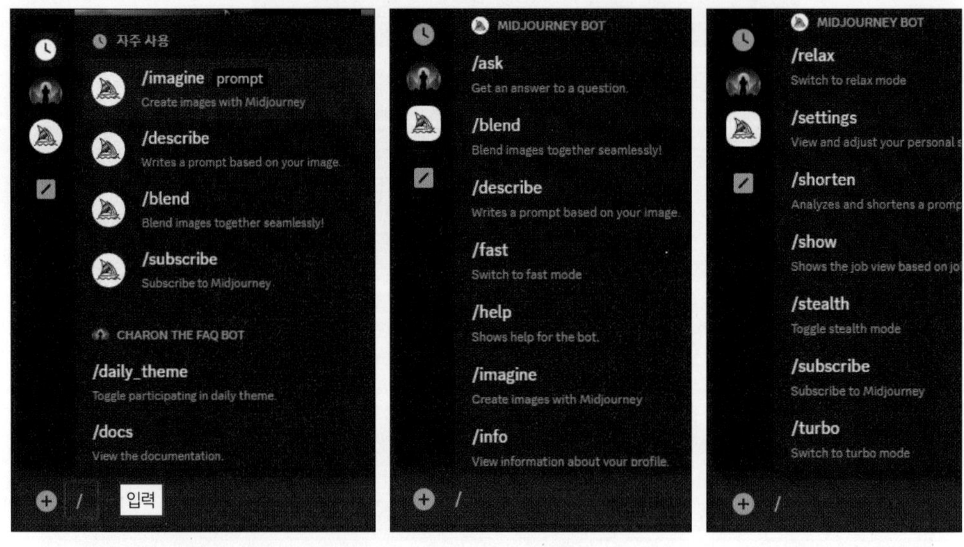

(a) 자주 사용하는 명령어 (b) 미드저니 명령어 (1) (c) 미드저니 명령어 (2)

그림 3-18. 미드저니의 기본 명령어 목록

3.2 미드저니+디스코드로 작업 환경 설정

디스코드의 미드저니 서버는 전 세계 사람들이 모여 자신만의 이미지를 그리기 위해 다양한 프롬프트 구성을 시도하는 공간입니다. 이미 무료 회원 수용 인원의 한계로 무료 가입이 거의 불가한 상황에 이르렀고, 2023년 여름을 기준으로 미드저니의 멤버 수는 1500만 명 정도이며, 동시 접속자 멤버 수는 약 150만 명 정도입니다.

온라인상의 멤버들이 한 곳에서 이미지를 생성하는 것이 아니라 다양한 채널로 분산되어 미드저니 봇과의 채팅을 통해 이미지를 생성합니다. 그런데도 채널별로 여전히 많은 사람이 붐비고 있기 때문에 내가 입력 및 요청한 프롬프트를 포함함 메시지는 순식간에 다른 사람들의 메시지에 묻혀 버립니다. 다른 사람들의 프롬프트 구성과 생성된 결과 이미지를 참고하기에는 정말 좋지만, 내가 생성한 이미지들을 확인하고 관리하기에 미드저니 서버 자체는 너무 많은 사람이 북적이는 다소 불편한 공간입니다.

이미지 생성을 위한 환경 설정 전체 단계

이번에는 나만의 디스코드 서버(예. 그림 3-10의 '나만의AI아트' 서버)에 미드저니 봇을 추가하여 한적한 공간에서 천천히 프롬프트를 구성하고 그 결과를 천천히 확인해 볼 수 있도록 환경을 구성하려고 합니다. 구성 과정은 다음과 같습니다.

❶ 나만의 서버 생성(기존 서버가 있다면 과정 생략)

❷ 미드저니 서버의 미드저니 봇을 나의 서버에 추가

❸ 나의 서버에서 이미지 생성

❹ 채널 추가 및 스레드 지정으로 주제별 이미지 생성

이미지 생성을 위한 환경 설정

❶ 나만의 서버 생성(기존 서버가 있다면 과정 생략)

함께할 친구들을 초청하고 AI 이미지를 천천히 다양하게 시도해 볼 나만의 서버가 이미 준비되어 있다면(예, 그림 3-10의 '나만의AI아트' 서버) 본 과정을 건너뛰어도 좋고, 새롭게 나만의 커뮤니티를 생성하기를 원한다면 그림 3-11의 (a)의 '서버 추가하기' 아이콘(+)을 클릭하여 서버 추가 과정을 시작합니다. 이후 추가 과정은 디스코드의 나만의 첫 서버 만들기 과정인 그림 3-5부터 그림 3-10까지와 동일한 과정이므로 이를 참고하여 추가 생성합니다.

❷ 미드저니 서버의 미드저니 봇을 나의 서버에 추가

나의 서버에 미드저니 봇을 추가하기 위해서는 미드저니 서버의 멤버 목록에서 미드저니 봇을 먼저 확인합니다. 미드저니 서버의 전체 화면에서 상단 오른쪽을 보면 '멤버 목록 표시하기'가 그림 3-19의 (a)와 같이 두 사람이 겹친 모양으로 있는데, 이 '멤버 목록 표시하기' 아이콘(👥)을 클릭하여 멤버 목록을 표시합니다. 미드저니 봇은 오른쪽에 펼쳐진 멤버 목록에서 10번째 정도의 멤버로 그림 3-19의 (b)와 같이 보입니다.

(a) '멤버 목록 표시하기' 아이콘 (b) 멤버 목록의 미드저니 봇

그림 3-19. 멤버 리스트에 있는 미드저니 봇 확인

이 미드저니 봇을 클릭하면 그림 3-20의 (a)와 같이 〈서버에 추가〉 버튼을 포함한 작은 팝업창이 미드저니 봇 왼쪽에 나타나며, 이 〈서버에 추가〉 버튼을 클릭하면 (b)와 같이 '서버에 추가:' 부분에서 추가할 서버로 지정하는 작은 팝업창이 표시됩니다. 서버 목록을 클릭하여 '나만의AI아트' 서버처럼 추가할 서버로 지정하고 〈계속하기〉 버튼을 클릭합니다.

추가할 서버에서 미드저니 봇의 권한은 그림 3-21의 (a)와 같이 나열된 권한을 사용할 수 있게 체크 표시로 허용한 항목에 한정하며, 허용을 위해 체크 표시하고 〈승인〉 버튼을 클릭합니다. 이후 그림 3-21의 (b)와 같이 로봇이 아닌 사람임을 인증하는 과정이 진행됩니다. '사람입니다'라는 메시지의 좌측에 있는 체크 박스를 클릭하여 인증을 완료하면 나의 서버에 미드저니 봇이 추가됩니다.

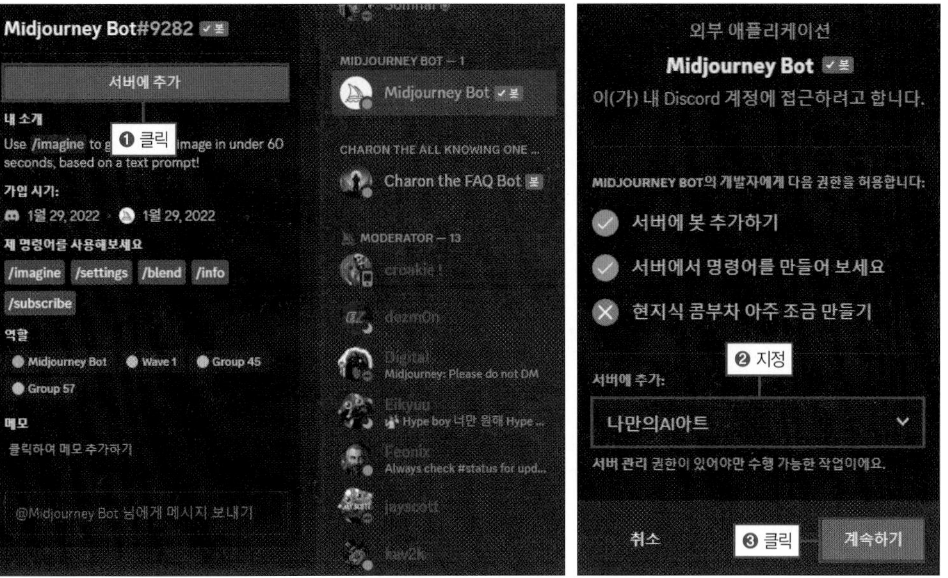

(a) 〈서버에 추가〉 외 미드저니 봇에 대한 팝업창

(b) 추가할 서버 선택 팝업창

그림 3-20. 나의 서버에 미드저니 봇 추가 과정 (1)

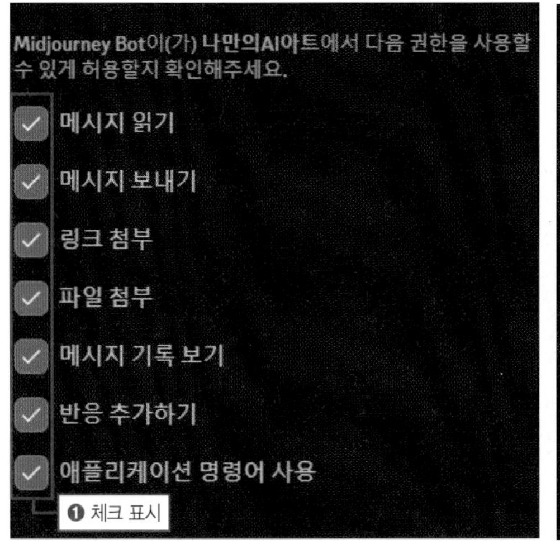

(a) 권한 사용에 대한 허용 여부 확인

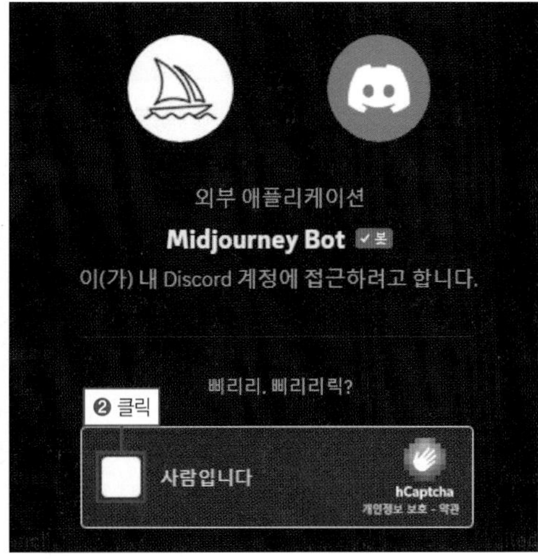

(b) 사람임을 인증하는 과정

그림 3-21. 나의 서버에 미드저니 봇 추가 과정 (2)

❸ 나의 서버에서 이미지 생성

나의 서버(예, '나만의AI아트' 서버)에서 멤버 목록을 표시한 후 그림 3-22와 같이 미드저니 봇을 확인합니다. 또한, 하단 메시지 입력창에서 미드저니 봇을 통해 사용 가능한 명령어를 입력해 봅니다. 예를 들어, '/imagine'을 입력하고 사용 가능한 명령어 검색 결과에서 (c)와 같이 미드저니의 상징인 돛단배 이미지가 보인다면 미드저니 봇이 나의 서버에 추가되어 이미지를 그릴 수 있는 상태가 된 것입니다. 이 상태에서 **프롬프트 3-2**를 입력하면 (d)와 같은 이미지가 생성됩니다.

프롬프트 3-2 `rain in the city, rainbow, no color without rainbow`

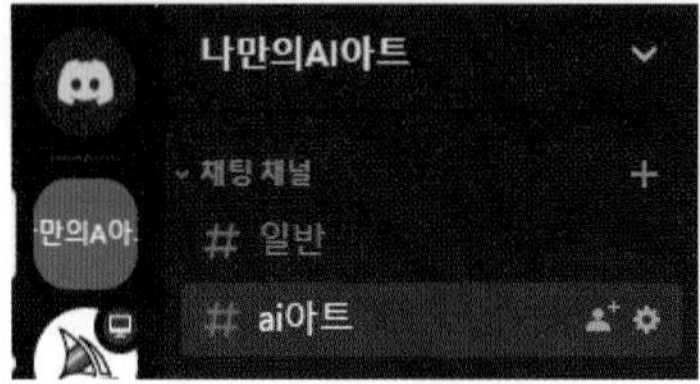

(a) 나의 서버 및 채널들

(b) 나의 서버의 미드저니 봇

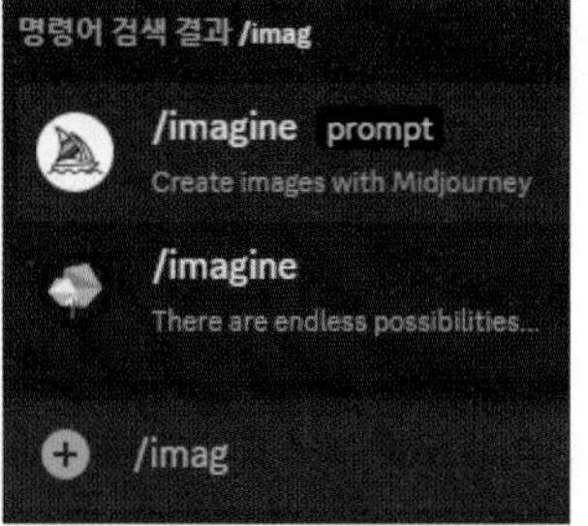

(c) 미드저니 명령어

(d) 생성 결과 예

그림 3-22. 나의 서버에서 추가된 미드저니 봇 확인

❹ 채널 추가 및 스레드 지정

디스코드 환경은 서버에서 원하는 만큼 채널을 생성할 수 있고, 해당 채널에서 스레드 지정 또는 생성을 통해 다시 또 소그룹으로 공간을 나눌 수 있습니다. 채널은 채널 목록에서 채팅 채널의 오른쪽에 있는 '+' 아이콘을 클릭해 추가 가능합니다.

스레드는 메시지에 연결된 작은 채팅방인데, 스레드로 만들고 싶은 메시지에 마우스 커서를 위치했을 때, 아이콘 메뉴가 그림 3-23과 같이 메시지의 오른쪽에서 팝업됩니다. 스레드 만들기는 이 아이콘 메뉴 중에서 #과 말풍선이 섞인 모양의 아이콘으로, 이 '스레드 만들기' 아이콘(#)을 클릭하면 바로 그림 3-24의 (a)와 같은 스레드가 생깁니다.

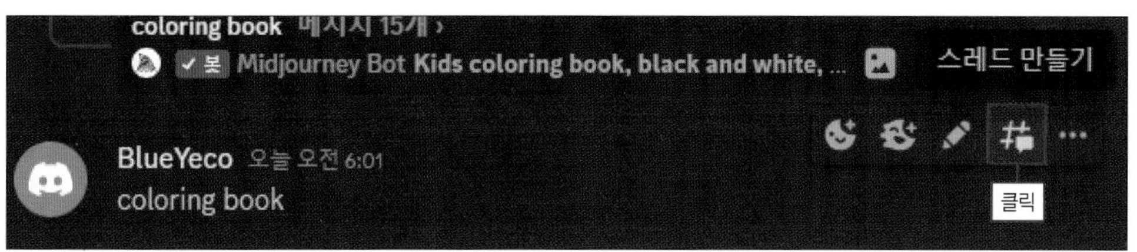

그림 3-23. 스레드로 만들기 위한 메시지와 아이콘 메뉴

❺ 스레드로 주제별 이미지 생성

생성한 스레드에서 아무 내용으로라도 첫 메시지를 입력해주어야 미드저니로 이미지를 그릴 수 있습니다. 예를 들어, 그림 3-24의 (b)와 같이 첫 메시지 '스레드 시작~'을 입력한 후인 두 번째 메시지부터 미드저니 봇의 명령어 '/imagine'을 이용해 이미지를 생성할 수 있습니다. 이 상태에서 **프롬프트 3-3**을 입력하면 (b)와 같은 이미지를 생성합니다.

프롬프트 3-3 `Kids coloring book, black and white, super cute robot, thick outline, low detail, no color`

(a) 메시지에 대해 생성된 스레드

(b) 첫 메시지 입력 후 이미지 생성

그림 3-24. 생성된 스레드 및 스레드에서 첫 메시지 입력 후 그림 생성 예

메시지를 스레드로 만들어 사용하면 그림 3-25와 같이 몇백 개의 이미지 생성 메시지가 뒤섞이지 않고 주제별로 관리가 가능합니다. 즉, 동일한 주제의 이미지를 편리하고 효과적으로 생성하고 체계적으로 관리할 수 있습니다.

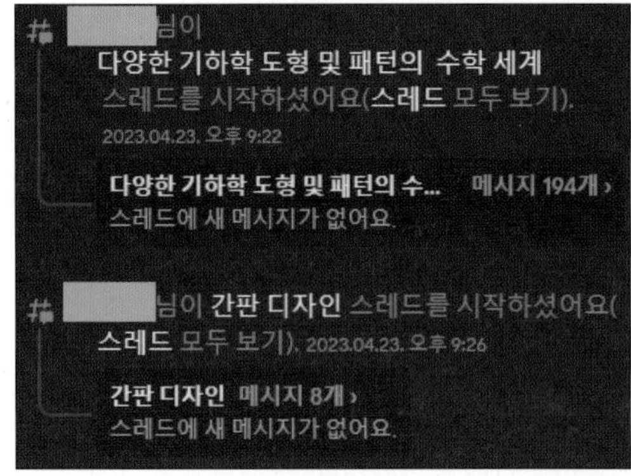

(a) 주제별 스레드 예 (1)

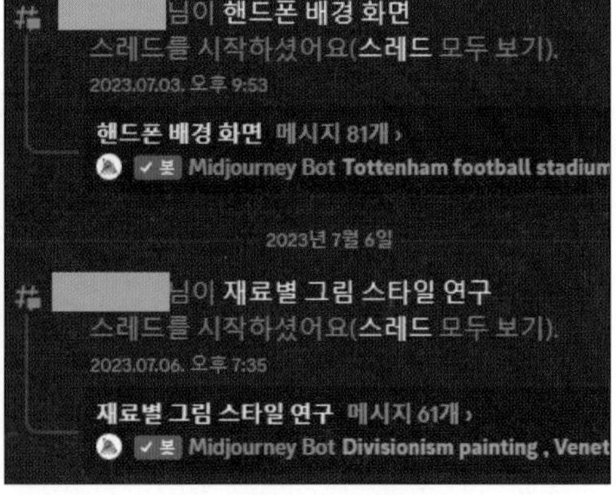

(b) 주제별 스레드 예 (2)

그림 3-25. 스레드를 이용한 주제별 이미지 생성 및 관리

3.3

AI ART

입문자를 위한 미드저니 프롬프트 구성

앞서 살펴본 것과 같이 이미지를 생성할 준비가 되었나요? 이제부터 본격적으로 프롬프트를 구성하여 이미지를 생성해 보겠습니다.

프롬프트를 구성하는 방법은 크게 두 가지입니다. 첫 번째 방법은 직접 단어 및 문구를 조합하여 구성하는 것이고, 두 번째 방법는 프롬프트 구성을 돕는 프로그램을 사용하는 것입니다. 우리는 각 방법으로 이미지를 생성할 것입니다.

직접 구성한 프롬프트로 이미지 생성

프롬프트를 직접 구성하는 방법은 프롬프트에 포함할 이미지 내용뿐만 아니라 색채, 스타일, 소재 등과 AI 생성 모델에서 제공하는 파라미터까지 직접 입력하는 방법입니다. 미드저니에서 활용할 수 있는 다양한 스타일, 소재, 활용 기법 등은 본 책의 〈6장〉부터 〈15장〉에 걸쳐 소개하므로 그 내용을 참고하여 여러분만의 참신한 시도를 다양하게 펼쳐볼 수 있습니다.

다만, 미드저니 경우는 〈2장〉의 그림 2-7과 같이 국문 프롬프트에 대해서는 엉뚱한 결과를 보이며 영문 입력만 유효한 것을 살펴본 적이 있습니다. 그러므로 미드저니 프롬프트는 이미지 그릴 내용 및 스타일을 국문으로 구성한 후에 번역기로 영문 변환하여 사용하길 추천합니다. 국문-영문 번역은 그림 3-26의 (a)와 같은 '구글 번역' 외에도 그림 3-26의 (b)와 같은 네이버 사전, 파파고, 딥엘(DeepL), 챗GPT(ChatGPT) 등 다양한 도구를 활용할 수 있습니다.

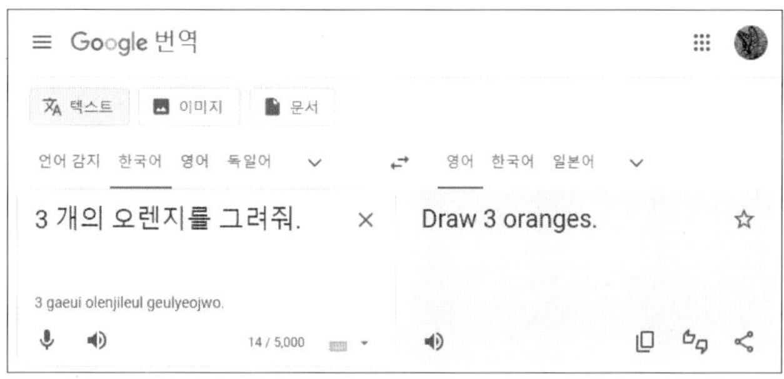

(a) 구글 번역

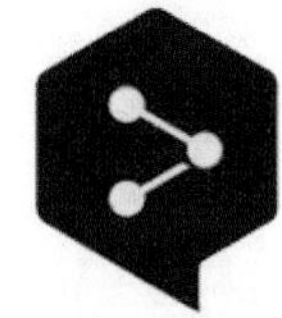

(b) 다양한 번역기

그림 3-26. 구글 번역을 활용한 국문 프롬프트의 영문 변환

구성한 프롬프트로 원하는 이미지를 생성해 나가는 과정을 단계별로 살펴보겠습니다.

❶ 프롬프트 메시지 보내기
❷ 이미지 완성을 위한 단계별 진행
❸ 생성된 이미지 결과 보기 및 공유
❹ 반복 생성 또는 선택한 이미지의 확대 및 변형
❺ 프롬프트의 수정 및 ❶부터 반복

❶ 프롬프트 메시지 보내기

미드저니 봇이 멤버로 있는 서버에서 그림 3-27과 같이 메시지 입력란에 명령어 '/imagine'과 프롬프트를 입력하고 Enter를 눌러 미드저니 봇에게 메시지를 전송합니다.

프롬프트 3-4	Draw 3 oranges.
프롬프트 3-5	Kids coloring book, black and white, super cute robot, thick outline, low detail, no color

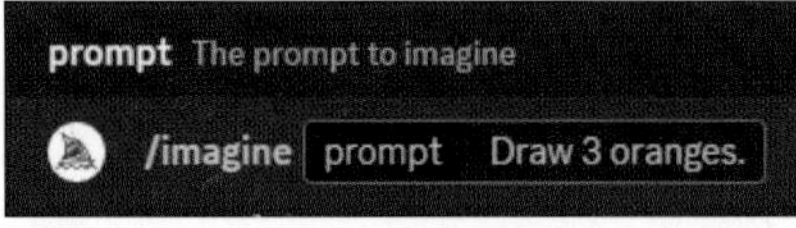

(a) 프롬프트 입력 예 (1)

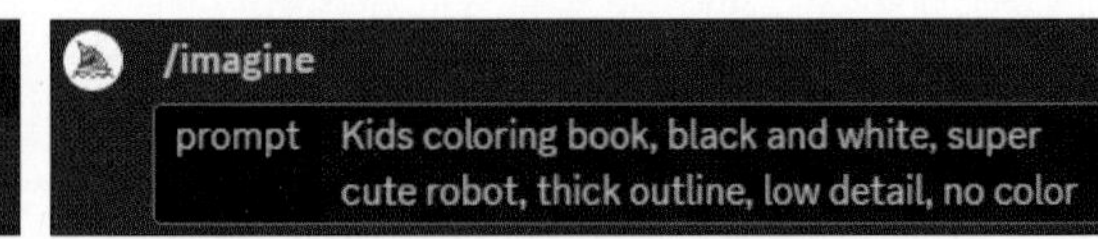

(b) 프롬프트 입력 예 (2)

그림 3-27. 명령어 /imagine을 이용하여 프롬프트 메시지를 미드저니 봇에게 전송하기

❷ 이미지 완성을 위한 단계별 진행

메시지를 받은 미드저니 봇은 네 가지 옵션의 이미지를 생성하는데 몇 초에서 몇 분을 소모하며, 이 과정에서 중간중간 진행된 이미지를 그림 3-28과 같이 보여 줍니다.

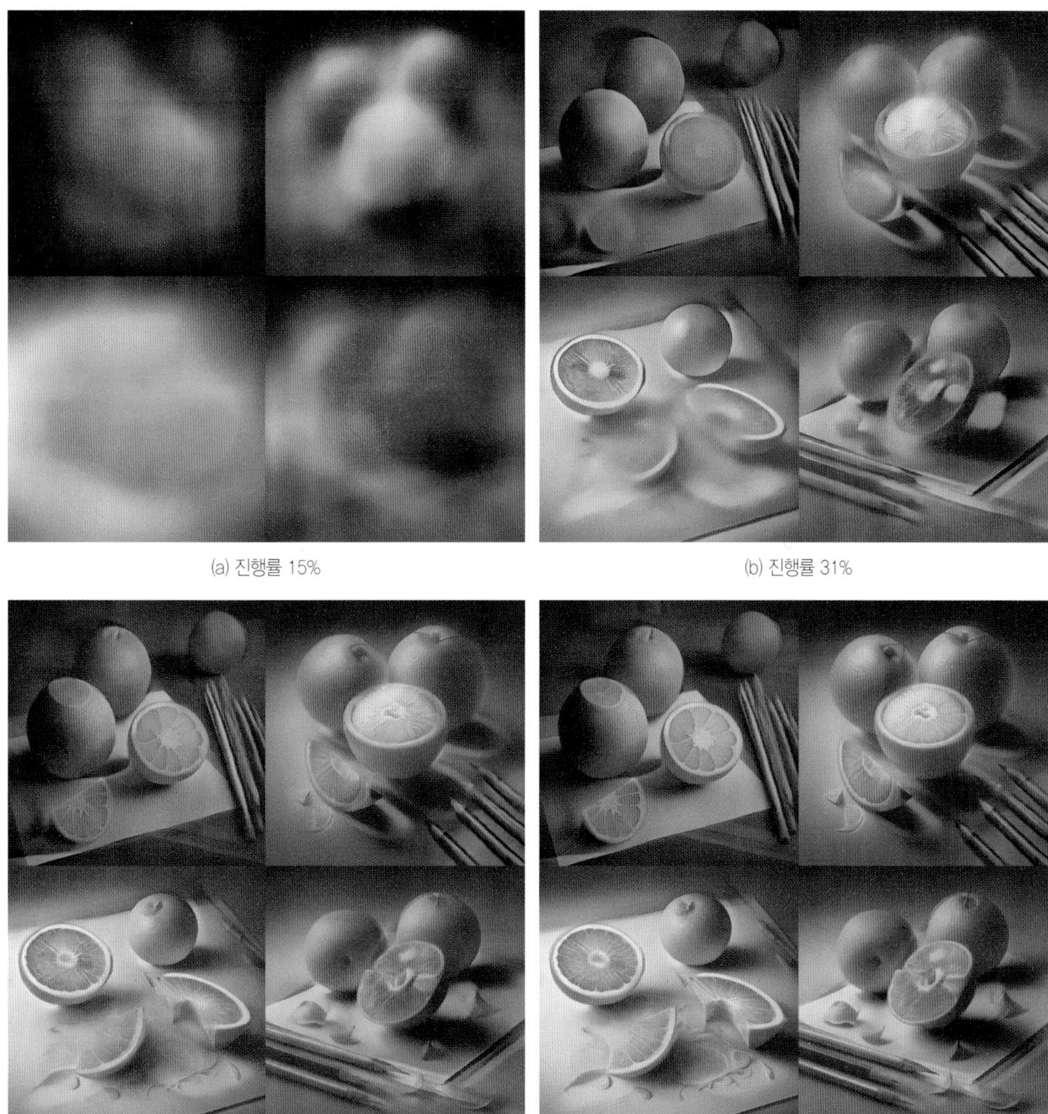

(a) 진행률 15%

(b) 진행률 31%

(c) 진행률 46%

(d) 진행률 62%

그림 3-28. 프롬프트 3-4에 대한 진행률 기반 단계별 이미지 예

❸ 생성된 이미지 결과 보기 및 공유

미드저니 봇이 내어준 결과 진행률 100%인 이미지는 총 네 가지이며, 그림 3-29의 (a)와 같이 상단 왼쪽에서부터 순서대로 1, 2, 3, 4번 이미지입니다. 이 이미지를 클릭하면 커뮤니티 화면 중앙에 크게 보여 주며, 이미지 위에서 마우스 오른쪽 버튼을 클릭하면 팝업 메뉴로 〈이미지 복사〉, 〈이미지 저장〉, 〈링크 복사하기〉, 〈링크 열기〉가 제공됩니다. 또한, 이미지의 하단 왼쪽에 〈브라우저로 열기〉를 클릭하면 웹 브라우저로 더욱 크게 볼 수 있습니다.

❹ 반복 생성 또는 선택한 이미지의 확대 및 변형

옵션 기능은 크게 두 가지 모드로 제공되는데, 하나는 이미지가 생성되었을 때 제공되는 옵션(즉, 네 가지 이미지에 대한 옵션)이고, 다른 하나는 선택한 이미지에 대해 업스케일이 수행된 후 제공되는 옵션(즉, 단독 이미지에 대한 추가 옵션)입니다. 이러한 옵션 기능은 서비스 개발에 따라 그 기능들이 가감되거나 각 기능이 강화되기도 합니다.

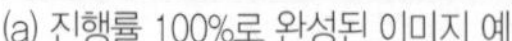
(a) 진행률 100%로 완성된 이미지 예

(b) 네 가지 이미지의 옵션 번호

그림 3-29. 프롬프트 3-4에 대한 생성된 이미지 및 옵션 번호

먼저, 네 가지 이미지가 생성되었을 때 적용 가능한 옵션은 그림 3-29의 생성된 이미지 하단에 버튼 형태로 제공됩니다. 옵션 버튼은 그림 3-30과 같이 크게 세 종류로 업스케일(Upscale)의 〈U〉 버튼, 미세 변화(Slight Variations)의 〈V〉 버튼, 재생성(Re-Roll)의 〈R〉 버튼이며, 버튼의 각 숫자는 생성된 이미지의 옵션 번호입니다. 선택한 이미지에 대해, 〈U〉 버튼은 크기가 좀 더 커지고 세부 사항이 좀 더 자세히 그려진 이미지를 생성하며, 〈V〉 버튼은 약간의 변화를 부여한 이미지를 생성하고, 〈R〉 버튼은 미드저니 봇에 보낸 메시지에 포함된 프롬프트에 대해 다시 새롭게 이미지를 생성하는 버튼입니다.

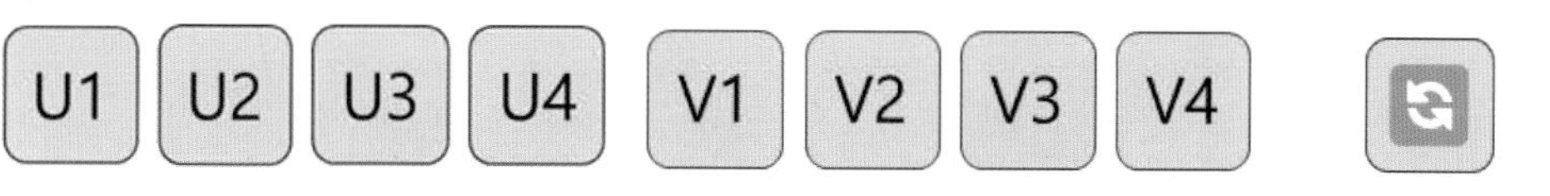

(a) 업스케일을 위한 〈U〉 버튼 (b) 약간의 변화를 위한 〈V〉 버튼 (c) 재생성을 위한 〈R〉 버튼

그림 3-30. 생성된 이미지를 변형할 수 있는 버튼 종류

(a) 재생성을 위한 〈R〉 버튼으로 새롭게 다시 생성한 이미지

(b) 〈V3〉 버튼으로 약간의 변화를 준 이미지들

그림 3-31. 버튼을 클릭하여 생성된 이미지를 변형한 예

예를 들어, 그림 3-29의 생성된 이미지에 대해서 〈R〉 버튼을 수행하면 그림 3-31의 (a)와 같이 동일 프롬프트의 다른 이미지가 다시 생성되며, 이 (a)의 네 이미지에 대해 V3 버튼을 선택하면 세 번째 이미지를 기준으로 변형된 이미지 네 가지가 (b)와 같이 생성되어 이미지에 포함된 오렌지, 나뭇가지 및 잎, 색연필 등의 개수, 크기, 위치 등이 바뀐 것을 볼 수 있습니다.

또한, 그림 3-31 (a)의 세 번째 이미지에 대해 〈U3〉 버튼을 이용하여 업스케일링하면 결과는 그림 3-32의 (a)와 같이 네 개의 이미지를 합친 크기와 유사하게 이미지 하나만 크게 확대된 이미지가 생성되며 추가로 사용 가능한 옵션이 함께 보입니다.

업스케일링된 단독 이미지에 대해 적용 가능한 옵션은 그림 3-32의 (b)와 같이 〈V〉 버튼과 비슷한 수준으로 변화를 주는 〈Vary(Strong)〉 버튼, (c)와 같이 이미지 내 아이템의 크기 · 개수 · 위치 변화는 없이 각 아이템의 상세한 부분에만 미묘한 변화를 주는 〈Vary(Subtle)〉 버튼, 2배 및 1.5배 또는 맞춤 배율로 확대해 주는 〈Zoom Out xx〉 버튼, (d) 및 (e)와 같이 이미지의 상하좌우를 확장해 생성하는 〈화살표〉 버튼, 마음에 드는 이미지를 나중에 찾기 편리하게 즐겨찾기해 주는 〈하트〉 버튼, 웹 갤러리에서 이미지를 보여 주는 〈Web〉 버튼의 옵션들입니다. 참고로 〈화살표〉 버튼을 클릭했을 때 결과인 (d)는 왼쪽으로 확장된 이미지 네 가지 중에서 1번과 3번이며, (e)는 아래로 확장된 이미지 중 1번 이미지입니다.

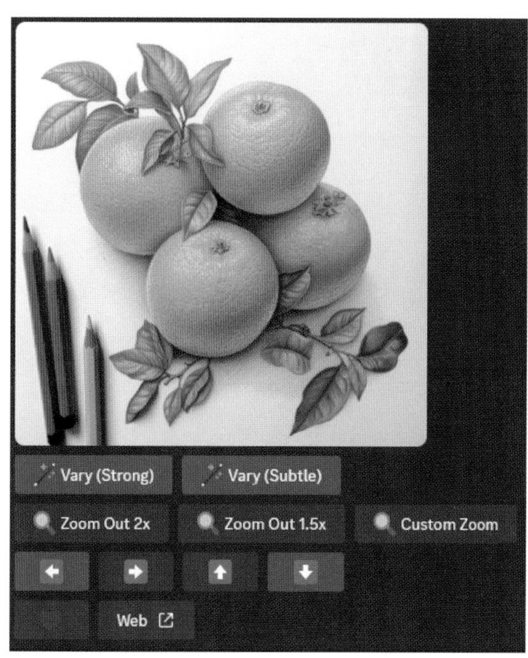

(a) 〈U3〉 버튼을 이용한 업스케일링 및 추가 옵션

(b) 〈Vary(Strong)〉 결과

(c) 〈Vary(Subtle)〉 결과

(d) 왼쪽 방향 화살표 결과 (e) 아래 방향 화살표 결과

그림 3-32. 그림 3-31의 (a)에서 3번 이미지에 대한 업스케일링 및 추가 옵션 적용

❺ 프롬프트의 수정 및 ❶부터 반복

앞서 ❹의 옵션 적용 없이 프롬프트를 수정하며 원하는 이미지 생성을 시도해 보거나 완성해 갈 수 있습니다. **프롬프트 3-4**에서 숫자 '3'을 'three'로 수정해 **프롬프트 3-6**로 구성하거나, '이미지를 그리고 있는 학생들'이란 문구를 추가해 **프롬프트 3-7**로, '학생'이란 단어를 '작은 아이들'로 수정해 **프롬프트 3-8**로, '친구들과'라는 문구를 추가해 **프롬프트 3-9**로 구성하는 등 프롬프트의 내용을 계속 수정하며, 그림 3-33과 같이 이미지 생성을 반복적으로 시도할 수 있습니다. 이외에도 **프롬프트 3-10** ~ **프롬프트 3-22**는 프롬프트 그대로 또는 원하는 문구로 수정하며 직접 이미지를 생성하고 비교해 보길 바랍니다. 이러한 프롬프트의 수정은 내용 외에도 〈3장〉 4절에서 소개하는 파라미터나 〈6장〉부터 소개하는 다양한 스타일 및 기법 부분에 대해서도 이루어져 더 다양한 이미지 생성을 시도해 볼 수 있습니다.

프롬프트 3-6 `Draw three oranges.`

프롬프트 3-7 `A student is drawing three oranges.`

프롬프트 3-8 `The little child is drawing three oranges.`

프롬프트 3-9 `The little child is drawing three oranges with friends.`

(a) **프롬프트 3-6** 예

(b) **프롬프트 3-7** 예

(c) **프롬프트 3-8** 예

(d) **프롬프트 3-9** 예

그림 3-33. 프롬프트의 내용을 수정하며 생성한 이미지 예(**프롬프트 3-6** ~ **프롬프트 3-9**)

프롬프트 3-10 Children are drawing three oranges.

프롬프트 3-11 Children are drawing three oranges on sketchbooks.

프롬프트 3-12 Children are drawing three oranges on sketchbooks outdoors.

프롬프트 3-13 Children are drawing three oranges on sketchbooks on a table outdoors.

프롬프트 3-14 Children are drawing three oranges on sketchbooks on a table in the middle of the garden.

프롬프트 3-15 Children are drawing three oranges on sketchbooks on a table in the middle of the garden under some clouds.

프롬프트 3-16 Children are drawing three oranges on sketchbooks on a table in the middle of the garden. The sky is clear and there are some clouds.

프롬프트 3-17 Children are drawing three oranges on sketchbooks on a table in the middle of the garden. Sunlight from some clouds in the clear sky touches the garden.

프롬프트 3-18 Children are drawing three oranges on sketchbooks on a table in the middle of the garden. The garden is full of warm sunshine shining through the clouds.

프롬프트 3-19 Children are drawing three oranges on sketchbooks on a table in the middle of the garden. The garden is full of warm sunshine shining through the clouds. The clouds are beautiful.

프롬프트 3-20 Children are standing and drawing three oranges on sketchbooks on a table in the middle of the garden. The garden is full of warm sunshine shining through the clouds. The clouds are beautiful.

프롬프트 3-21 There are three oranges on a table in the middle of the garden. The garden is full of warm sunshine shining through the clouds. The clouds are beautiful. Children are standing and drawing the oranges on sketchbooks.

프롬프트 3-22 Three oranges on a table in the middle of the garden, garden full of warm sunshine shining through the clouds, beautiful clouds, children standing and drawing oranges on sketchbooks.

프롬프트 작성 생성기로 이미지 생성

프롬프트를 구성하는 두 번째 방법은 프롬프트 구성을 돕는 프로그램을 사용하는 것으로 전체 프롬프트를 직접 입력하는 것이 아니라 이미지의 내용 외에 분위기, 스타일, 기법 등을 선택만으로 해당 키워드를 포함한 프롬프트를 자동으로 만들어 주는 방법입니다.

미드저니가 사람들의 많은 관심을 받으며 프롬프트 자동 생성 또는 생성 보조 서비스를 제공하는 웹 사이트 및 앱이 다양하게 등장하고 있습니다. 이제 여러분들은 다음과 같은 프롬프트 생성 사이트를 이용해 좀 더 편리하게 다양한 프롬프트를 생성할 수 있습니다. 멋진 이미지를 생성해 보세요!

❶ MidJourney Prompt Tool(https://prompt.noonshot.com)

주요 내용은 영문으로 직접 입력, 그 외에 스타일, 조도, 카메라, 아티스트, 색조, 재료, 크기, 깊이, 품질, 버전, 시드 등은 간단히 선택할 수 있게 서비스를 제공합니다.

예를 들어, **프롬프트 3-6**을 내용으로 입력하고 몇 가지 스타일, 화면 비율 파라미터, 아티스트 등을 선택하면 그림 3-34와 같이 복사 가능한 프롬프트가 생성됩니다.

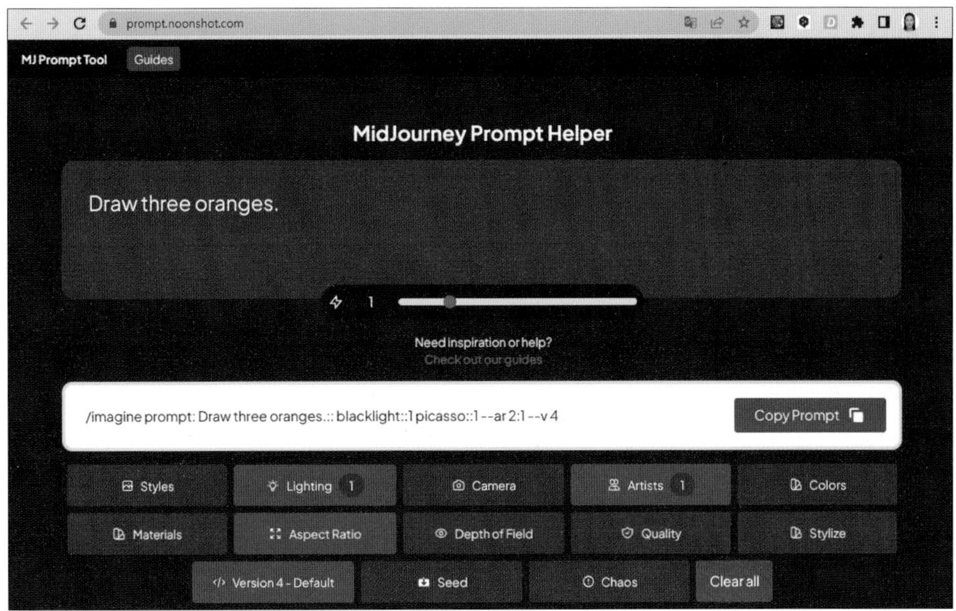

그림 3-34. MJ Prompt Tool의 화면 구성 및 프롬프트 생성 예

❷ Promptomania(https://promptomania.com/prompt-builder)

미드저니뿐만 아니라 드림스튜디오(DreamStudio), 스테이블 디퓨전(Stable Diffusion), CF 스파크(CF Spark) 전용 프롬프트 생성 서비스를 제공하며, 그 외에도 달리 2(DALL · E 2), 디스코 디퓨전(Disco Diffusion), 나이트카페(NightCafe), 드림 바이 웜보(Dream by WOMBO), 크레용(Craiyon) 등의 디퓨전 기반 이미지 생성형 AI에 일반적으로 사용 가능한 프롬프트 생성 서비스도 제공하고 있습니다.

- 화면 구성은 좀 더 직관적인 인터페이스로 구성되어 사용 편의성을 높이고 있습니다.
- 주요 내용은 영문 입력뿐만 아니라 이미지 입력도 가능합니다.
- 상세 설정에 대해 직관적으로 이해할 수 있는 예시 제시로 선택이 용이합니다.
- 미드저니만의 다양한 파라미터 설정 옵션이 다양하고 간단한 설명으로 선택이 용이합니다.
- 선택한 옵션들에 대한 비중 조절(Weight Setting)을 위한 인터페이스도 제공합니다.
- 생성한 프롬프트를 바로 실행이 가능하도록 CF 스파크와 연동하고 있습니다.

예를 들어, **프롬프트 3-6**을 내용으로 입력하고 몇 가지 스타일, 아티스트, 파라미터 등을 선택하면 그림 3-35와 같이 복사 가능한 프롬프트가 생성됩니다.

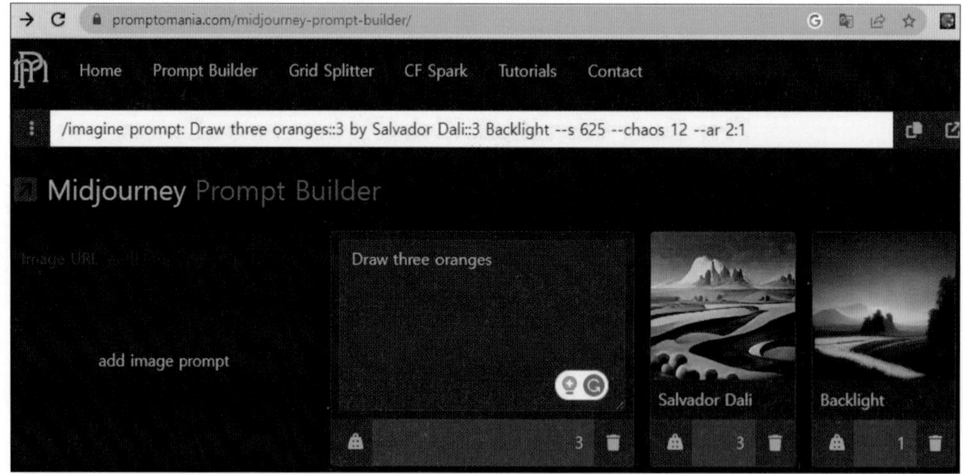

(a) 내용 입력 및 선택된 옵션들과 그 결과 생성된 프롬프트 예

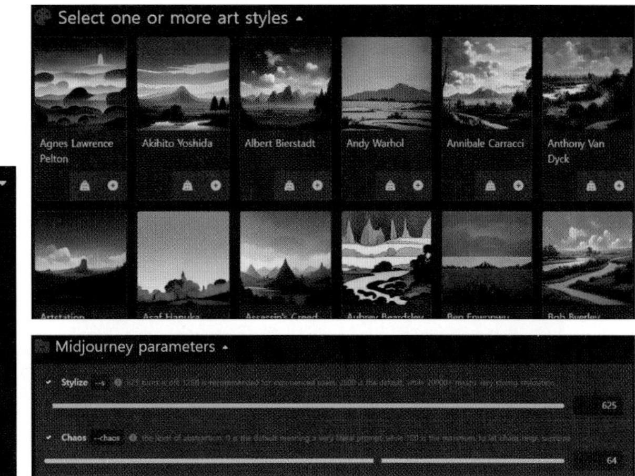

(b) 선택을 위한 카테고리 (c) 파라미터 설정 예(직관적 뷰 및 선택)

그림 3-35. Promptmania의 화면 구성 및 프롬프트 생성 예

그림 3-35와 같은 프롬프트 생성기를 이용해 획득한 프롬프트 결과는 그림 3-36과 같으며, 기본 내용만 담긴 **프롬프트 3-6**의 결과 이미지와는 완전히 다른 이미지를 생성해 줍니다.

프롬프트 3-23 `Draw three oranges.:: blacklight::1 picasso::1 --ar 2:1 --v 4`

프롬프트 3-24 `Draw three oranges::3 by Salvador Dali::3 Backlight --s 625 --chaos 12 --ar 2:1`

(a) 내용만 직접 생성

(b) MJ Prompt Tool 사용 예

(c) Promptmania 사용 예

그림 3-36. 기본 대비 프롬프트 생성 도구 기반 **프롬프트 3-23**과 **프롬프트 3-24**의 결과 예

❸ How to Leverage AI(https://www.howtoleverageai.com/midjourney-prompt-generator)

그리고 싶은 아이템, 대상, 장면의 키워드(예: dog, cat, kitten 등)와 이미지 비율(16:9, 9:16, 1:1 중에서 택 1)만 선택하면 추천 프롬프트 10개 정도를 제시합니다.

예를 들어, 귀여운 로봇이 주인공인 이미지를 그리고 싶어서 'super cute robot'을 입력하고 이미지 비율은 16:9를 선택한 경우 **프롬프트 3-25**, **프롬프트 3-26**과 같은 프롬프트 10개를 추천받습니다.

프롬프트 3-25 super cute robot, intricate, City Pop, Futago, side view, Game engine rendering, Motion blur, gameart, Bohemian colors, Grandmillenial, magic sparkles lighting, 8-bit --ar 16:9

프롬프트 3-26 super cute robot, Magnificent, City Pop, fine art, face shot, 3D rendering, Flat, props, blue colors, surrealism, moon lighting, Ultra-realistic, highly detailed, PBR materials, Unity engine, volumetric lighting, 8k --ar 16:9

이외에도 다양한 프롬프트 생성 보조 서비스가 있고 앞으로도 계속 나올 것입니다. 이러한 도구를 활용하여 여러분도 프롬프트 생성 원리를 이해하고 더 좋은 결과를 얻을 수 있도록 다양하게 시도해 보길 바랍니다.

(a) **프롬프트 3-25**의 결과 예

(b) **프롬프트 3-26**의 결과 예

그림 3-37. How to Leverage AI 기반 프롬프트 적용 예

3.4 숙련자를 위한 미드저니 프롬프트 구성

미드저니는 단순히 텍스트 프롬프트를 입력하는 것 외에도 이미지 프롬프트와 파라미터를 적용하여 이미지를 생성할 수 있습니다. 파라미터를 적용한 프롬프트는 더욱 다양한 이미지를 생성하기 때문에 좀 더 창의적인 시도를 위해서는 각 파라미터에 대한 이해를 바탕으로 다양한 프롬프트를 구성해 보고 이미지 생성을 여러 번 반복할 필요가 있습니다.

예를 들어, 그림 3-36을 통해 파라미터가 이미지 생성에 영향을 미치는 것을 한눈에 알아볼 수 있었습니다. 또한, **프롬프트 3-6**의 내용에 그림 3-36의 (c)에 포함된 chaos 값을 달리하여 이미지를 생성하면 그림 3-38과 같이 파라미터값의 차이가 커짐에 따라 생성 이미지의 차이도 커짐이 보입니다. 이와 같이 프롬프트의 파라미터 적용은 이미지 생성에 많은 영향을 줍니다.

프롬프트 3-27 `Draw three oranges --chaos 5`

프롬프트 3-28 `Draw three oranges --chaos 35`

프롬프트 3-29 `Draw three oranges --chaos 65`

프롬프트 3-30 `Draw three oranges --chaos 95`

잠깐만요 **프롬프트 작성 TIP!**

미드저니를 보다 구체적이고 효과적으로 활용하려면 생성하고자 하는 이미지의 목표와 의도를 명확하게 설정해야 합니다. 그리고 이미지 프롬프트와 다양한 파라미터의 조합으로 무게감, 세부 사항, 다양한 스타일로의 변형을 시도해 보면서 미술적 경험을 확장해 보세요. 디스코드 기반 미드저니 사용자 커뮤니티에 참여하고 작품을 공유하며 다른 작가들과 의견을 나누고 영감을 얻어보세요.

(a) chaos 5

(b) chaos 35

(c) chaos 65

(d) chaos 95

그림 3-38. 파라미터 chaos 값의 변화에 따른 **프롬프트 3-27** ~ **프롬프트 3-30**의 결과 예 비교

이에 대해 이미지 및 파라미터를 포함한 프롬프트의 구성, 파라미터 종류, 각 파라미터 값의 범위 및 의미를 살펴봅니다.

미드저니 프롬프트 구성

지금까지 우리는 **프롬프트 3-1** ~ **프롬프트 3-22**와 같이 기본적인 내용만으로 프롬프트를 구성하였으나, 미드저니의 프롬프트는 복수의 이미지와 파라미터를 포함해 구성할 수 있습니다. 이 프롬프트의 구조는 그림 3-39와 같이 '이미지 프롬프트(Image Prompts)', '텍스트 프롬프트(Text Prompt)', '파라미터(Parameters)'의 순입니다.

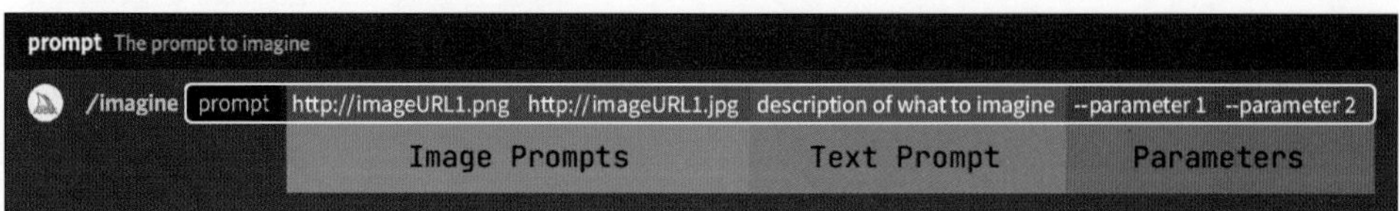

그림 3-39. 미드저니 프롬프트의 구조

이미지 프롬프트

이미지 프롬프트(Image Prompts)는 텍스트 프롬프트 앞에 이미지의 주소를 입력하여 사용할 수 있습니다. 따라서 프롬프트에 포함할 이미지가 있다면 해당 이미지의 웹 주소를 먼저 확보해야 합니다. 그럼 이제 여러분들이 직접 이미지 주소를 포함한 프롬프트를 구성하고 미드저니 봇에 메시지를 보내 이미지를 생성해 봅시다.

생성할 이미지는 '큰 헤드셋을 착용해 음악을 듣고 있는 여성'이며, 이때 대상 여성이 정해져 있다고 가정합니다. 우선 첫 번째 작업은 프롬프트에 포함할 인물 이미지의 웹 주소를 확보하는 일입니다. 웹 주소는 가지고 있는 사진이 있다면 메시지에 사진을 첨부하여 보내면 획득할 수 있고, 없다면 미드저니로 이미지를 생성하여 해당 이미지의 링크로 획득할 수 있습니다.

지금 우리는 **프롬프트 3-31**로 이미지를 생성한 후 링크를 확보하려고 합니다. 생성한 이미지의 링크 복사는 그림 3-40의 (a)와 같이 해당 이미지 위에서 마우스 오른쪽 버튼을 클릭하고 팝업 메뉴의 〔링크 복사하기〕를 선택합니다.

프롬프트 3-31
```
A female college student from South Korea with fair skin, long
black hair --v 5.1
```

이번에는 복사한 링크의 인물이 헤드셋으로 음악을 듣는 이미지를 만들어 봅시다. 이때 사용할 프롬프트는 복사한 링크를 먼저 추가하고 뒤이어 헤드셋을 착용하고 음악을 듣는 내용을 입력하여 **프롬프트 3-32**와 같이 구성합니다. 이 프롬프트로 메시지를 보내면 잠시 후 그림 3-40의 (b)와 같은 결과를 얻게 됩니다. 생성된 이미지의 인물은 이미지 프롬프트로 포함한 인물의 특징을 잘 반영하고 있습니다. 참고로 특이할 사항은 해당 인물의 꽤나 길었던 웹 주소가 **프롬프트 3-33**과 같이 자동으로 짧은 주소로 변환되어 결과 이미지와 함께 명시되었다는 것입니다. 위와 같은 방법으로 특정 이미지와 영문 내용 모두를 포함한 프롬프트를 구성해 이미지를 생성할 수 있습니다.

프롬프트 3-32
```
https://cdn.discordapp.com/attachments/1079354616417898566/1103328690210873444/A_female_college_student_from_South_Korea_with_fair_skin_lo_5392617c-c4f6-462f-b1ad-34a077787d09.png, She is listening to music on a large headset
```

프롬프트 3-33
```
https://s.mj.run/Ib4XwE5SLzQ, She is listening to music on a large headset. --v 5.1
```

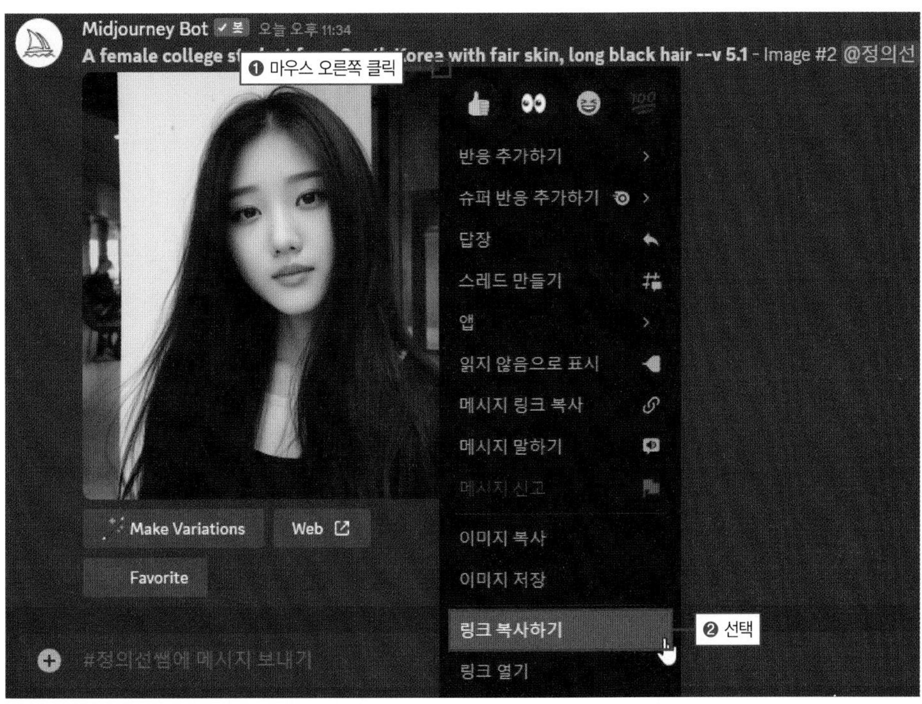

(a) 여성 이미지 생성 및 링크 복사

(b) 이미지 프롬프트를 포함한 결과 예

그림 3-40. **프롬프트 3-33**으로 생성한 이미지의 주소 복사

파라미터

파라미터(Parameters)는 그리려는 이미지의 영문 내용 입력에 이어 프롬프트의 후반 부분에 추가할 수 있습니다. 이 파라미터는 크게 미드저니 모델의 버전 설정, 이미지 생성과 관련한 설정, 속도와 관련한 모드 선택의 세 부분으로 나눠 볼 수 있으며, 차례대로 살펴보면 다음과 같습니다.

● 미드저니 모델 버전 설정을 위한 파라미터

미드저니는 2023년 7월 기준으로 모델 버전 5.2까지 출시되었으나 모델 버전 파라미터를 입력시키지 않으면 기본적으로 모델 버전 4를 기준으로 이미지를 출력합니다. 모델 버전이 올라갈수록 많은 데이터가 학습되어 정교하고 실제와 가까운 이미지가 출력됩니다. 모델의 적용은 텍스트 명령어 뒤에 '--v 숫자'를 입력하여 실행할 수도 있고 입력창에 명령어 '/settings'를 입력하여 그림 3-41과 같이 나타나는 버튼 중에서 원하는 버전을 선택할 수도 있습니다.

그림 3-41. 미드저니 봇의 명령어 '/settings'를 입력하면 나타나는 선택 가능한 모드 버튼들

여기서 〈MJ version 5〉 버튼을 클릭하면 직접 입력하지 않아도 모델에 대한 파라미터 '--v 5'가 적용됩니다. 애니메이션 일러스트 그리기를 전문으로 하는 모델인 Niji Journey를 사용하고자 한다면 빨간 사과 모양의 아이콘이 표시된 〈Niji version 5〉 버튼을 클릭하여 '--niji 5'를 적용할 수 있습니다. 이렇게 모델 파라미터에 대해 서로 다른 모델 및 값을 적용한 이미지는 그림 3-42와 같이 **프롬프트 3-31**에 적용하여 화풍 차이를 살펴볼 수 있습니다.

프롬프트 3-34 `A female college student from South Korea with fair skin, long black hair --v 5`

프롬프트 3-35 `A female college student from South Korea with fair skin, long black hair --niji 4`

프롬프트 3-36 `A female college student from South Korea with fair skin, long black hair --niji 5`

(a) MJ version 4

(b) MJ version 5

(c) Niji version 4

(d) Niji version 5

그림 3-42. **프롬프트 3-31**(--v 4)에 대해 다른 모델 버전을 적용한 **프롬프트 3-34** ~ **프롬프트 3-36**의 생성 결과

표 3-1은 모델 버전과 관련한 파라미터의 매개변수 및 값의 범위를 정리한 것이며, 이를 참고로 그림 3-42와 같이 모델에 대한 파라미터를 지정하여 이미지를 생성할 수 있습니다.

표 3-1. 모델 버전에 대한 파라미터

매개변수	기능 및 옵션	기본값	값 범위	적용 예
Niji	일본 아니메 스타일 중점의 모델	미지정	4, 5	--niji
Version	미드저니의 모델 지정	4	1, 2, 3, 4, 5, 5.1, 5.2	--v 5.2
Style	모델 버전 내 스타일 변경	버전 5.1 이상	raw	--style raw
		버전 4	4a,4b,4c	--style 4b
		니지저니 버전 5	cute, expressive, original, scenic	--style cute

● 결과 생성 및 출력을 위한 파라미터

이미지 생성 및 출력 등에 관여하는 파라미터는 모델 및 처리 속도 외의 대부분 파라미터로 표 3-2와 같습니다.

표 3-2. 결과 생성 및 출력에 대한 파라미터

매개변수	기능 및 옵션	기본값	값 범위	적용 예
Aspect Ratio	생성 이미지의 가로세로 비율	1:1	모든 비율	--ar 16:9
Chaos	출력 이미지에 대한 불확실성임 값이 클수록 결과를 예상하기 어려움	0	0~100	--chaos 45
Image Weight	텍스트 프롬프트에 비해 결과에 대한 이미지 프롬프트의 영향력 지수(적용 비율) 설정	1	0.5~2	--iw 2
No	이미지에서 제거할 대상 지정	없음	아무 대상	--no plants
Quality	이미지 렌더링의 품질을 높이는데 소요되는 시간 설정	1	.25 .5 1	--q .5
Repeat	단일 프롬프트 실행의 반복 회수 설정	1	1~40	--r 2
Seed	이미지 생성 시작 시에 사용할 초기 이미지 값 지정(기본은 지정 없이 무작위 생성 값)	무작위	0~4294967295	--seed 3284
Stop	이미지의 흐림 정도 또는 세밀함 정도를 조정하기 위한 이미지 생성 시간의 지정	100	10~100	--stop 25
Stylize	미드저니의 기본 미적 스타일을 이미지에 얼마나 강하게 적용할지를 위한 값 지정	100	0~1000	--s 243
Tile	매끄럽게 반복되는 타일 스타일의 이미지를 생성함	미설정	설정	--tile
Weird	실험적인 이미지 스타일 번호 지정 색다른 미학을 지닌 이미지를 생성함	0	0~3000	--weird 711

이 중에서 사용 빈도가 높은 가로세로 비율(Aspect Ratio), 이미지 가중치(Image Weight), 시드(Seed)에 대한 파라미터 사용법을 알아보겠습니다.

❶ 가로세로 비율

이미지의 기본 가로세로 비율(Aspect Ratio)은 1:1이며, v 4는 1:2나 2:1 이내, v 5는 모든 비율 허용합니다. 적용할 매개변수는 '--ar 비율'이며, 프롬프트의 파라미터 부분에 입력하여 사용합니다.

예를 들어, **프롬프트 3-31**에 비율을 달리 적용한 **프롬프트 3-37** ~ **프롬프트 3-39**를 입력하면 그림 3-43과 같은 결과를 살펴볼 수 있습니다.

프롬프트 3-37
```
A female college student from South Korea with fair skin, long
black hair --v 5.1 --ar 16:9
```

프롬프트 3-38
```
A female college student from South Korea with fair skin, long
black hair --v 5.1 --ar 2:1
```

프롬프트 3-39 `A female college student from South Korea with fair skin, long black hair --v 5.1 --ar 3:1`

(a) --v 5.1 --ar 16:9

(b) --v 5.1 --ar 2:1

(c) --v 5.1 --ar 3:1

그림 3-43. **프롬프트 3-31**에 대해 다른 비율을 적용한 **프롬프트 3-37** ~ **프롬프트 3-39**의 생성 결과

❷ 이미지 가중치

프롬프트의 앞부분에 이미지 주소 또는 화풍의 이미지 프롬프트가 포함된 경우는 결과 생성에 대해 이미지 프롬프트 영향력을 텍스트 프롬프트 대비 비율로 조정 가능합니다.이미지 프롬프트 대비 텍스트 프롬프트의 기본 반영 비율은 1:1입니다.

적용을 위한 매개변수는 '--iw 이미지 가중치'이며, iw 값은 0.5~2 범위에서 지정합니다. iw 값이 낮아질수록 이미지의 영향력은 낮아지고 텍스트의 영향력이 높아지며, iw 값이 높아질수록 이미지의 영향력이 높아지고 텍스트의 영향력이 낮아집니다.

예를 들어, 그림 3-40의 (a) 이미지에 대한 웹 주소를 포함한 **프롬프트 3-33**의 결과 이미지 중 하나(seed 1059237107)인 그림 3-44의 (a)에 대하여 비율을 달리 적용한 **프롬프트 3-40** ~ **프롬프트 3-42**로 그림 3-44와 같은 결과를 살펴볼 수 있으며, iw 0.5인 경우 텍스트 내용이 더 반영되고 그림 3-40의 (a) 이미지와는 다소 멀어진 것을 볼 수 있고, iw 2인 경우 텍스트의 내용보다는 이미지에 더 가까움(유사함)을 볼 수 있습니다.

프롬프트 3-40
```
https://s.mj.run/Ib4XwE5SLzQ She is listening to music on a
large headset --seed 1059237107 --iw 0.5 --v 5
```

프롬프트 3-41
```
https://s.mj.run/Ib4XwE5SLzQ She is listening to music on a
large headset --seed 1059237107 --iw 1.5 --v 5
```

프롬프트 3-42
```
https://s.mj.run/Ib4XwE5SLzQ She is listening to music on a
large headset --seed 1059237107 --iw 2 --v 5
```

(a) 기본 iw 1

(b) iw 0.5

(c) iw 1.5

(d) iw 2

그림 3-44. 3-33 대비 이미지 프롬프트의 가중치 변화(**3-40 ~ 3-42**)에 따른 생성 결과 비교

❸ 시드

미드저니 봇은 이미지 생성을 시작할 때 초기 이미지(진행률 0% 상태)를 무작위로 생성한 값으로 채운 임의의 상태에서 시작하는데, 시드(Seed) 번호는 이때 시작한 무작위 값입니다.

시드 번호가 동일하고 추가 프롬프트 내용이 없다면 거의 동일한 이미지를 생성합니다. 따라서 임의 시작이 아닌 원하는 이미지에서부터 시작하고 싶다면 그 이미지의 시드 번호를 확인하여 입력하려는 프롬프트에 해당 시드 번호를 지정할 수 있고, 그 결과 일관성 있는 이미지를 생성할 수 있습니다. 시드 번호 지정을 적용하기 위한 매개변수는 '--seed 시드 번호'입니다.

예를 들어, 그림 3-44와 같이 시드(Seed) 사용으로 이미지의 유사성 또는 일관성이 보입니다. 구체적인 활용 사례는 본 책의 〈9장〉과 〈10장〉에서 계속 이어서 살펴볼 수 있습니다.

❹ 타일 스타일

생성된 이미지를 반복 배치해도 하나의 큰 이미지로 매끈하게 연결되도록 이미지를 생성하는 방법을 지정합니다. 적용을 위한 매개변수는 '--tile'이며, 별도의 기본 값은 없습니다.

예를 들어, 그림 3-45 및 그림 3-46과 같이 파라미터 타일(tile)을 사용하여 생성한 이미지들은 (b)와 같이 반복 배치해도 매끄럽게 이어져 하나의 큰 이미지를 구성할 수 있도록 상하좌우가 맞춰져 있음을 알 수 있습니다.

프롬프트 3-43 paper rainbow city --v 5 --tile

(a) 생성 후 U3

(b) 업스케일링 이미지를 반복 배치해 큰 이미지 형성 예

그림 3-45. **프롬프트 3-43**의 생성 결과 중 세 번째 이미지 업스케일 후 반복 배치 예

프롬프트 3-44 `butterfly pastel --v 5 --tile`

(a) 생성 후 U3

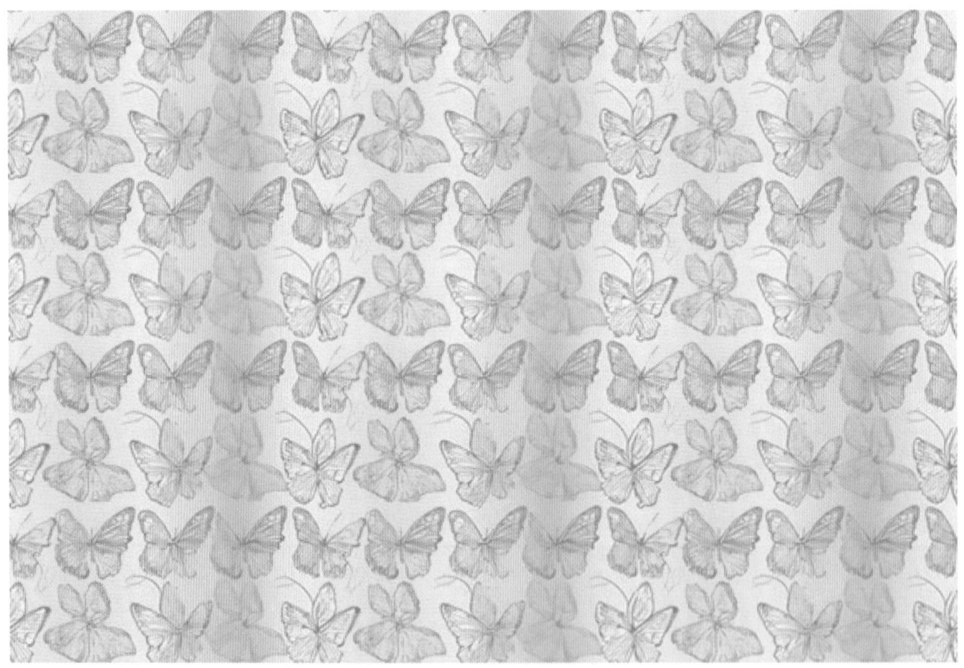

(b) 업스케일링 이미지를 반복 배치해 큰 이미지 형성 예

그림 3-46. 프롬프트 3-44의 생성 결과 중 세 번째 이미지 업스케일 후 반복 배치 예

프롬프트 3-45 ~ **프롬프트 3-49**를 이용하여 다양한 프롬프트에 타일(tile)을 적용해 볼 수 있습니다.

프롬프트 3-45 `paper rainbow pastel --v 5 --tile`

프롬프트 3-46 `paper butterfly pastel --v 5 --tile`

프롬프트 3-47 `yarn butterlfy pastel --v 5 --tile`

프롬프트 3-48 `chiffon butterfly pastel --v 5 --tile`

프롬프트 3-49 `chiffon butterfly pastel photor ealistic --v 5 --tile`

● 속도와 관련한 실행 모드에 관한 파라미터

이미지 생성 속도를 좌우하는 실행 모드 파라미터는 표 3-3과 같습니다.

미드저니는 유료 구독 여부, 구독 멤버십 단계 등에 따라 이미지 생성 활동에 필요한 시간이 제한됩니다. 유료 구독하였을 때 기본적으로 패스트 모드를 사용할 수 있는데, 이 모드는 주어진 시간을 모두 소비하여 시간 제한량에 도달하면 더 이상 이미지를 생성하기가 힘들어집니다. 주어진 시간을 소비하지 않고 천천히 작업하려면 릴렉스 모드를, 주어진 시간을 소비하고 빠르게 작업하려면 패스트 모드로, 시간 제한량을 많이 소비하고 최고 속도로 작업하려면 터보 모드를 선택합니다.

표 3-3. 결과 생성 및 출력에 대한 파라미터

매개변수	기능 및 옵션	기본값	값 범위	적용 예
Relax	릴렉스 모드로 작업 실행 시간 제한량 소비 없이 천천히 작업	미설정	설정/미설정	--relax
Fast	패스트 모드로 작업 실행 시한제한량 소비하며 빠르게 작업 유료 구독시 기본 모드로 적용	구독 시 설정	설정/미설정	--fast
Turbo	터보 모드로 작업을 실행 시간 제한량 소비가 높으나 최고 속도로 작업 가능함	미설정	설정/미설정	--turbo

블루윌로우 시작

블루윌로우(BlueWillow)는 무료로 사용할 수 있는 이미지 생성 AI 모델로 미드저니와 마찬가지로 디스코드(Discord)에서 실행되며, 미드저니와 사용법 및 프롬프트 입력 방식(입력 명령어)이 동일합니다. 현재는 베타 기간으로 무료 운영 중이어서 미드저니의 무료 버전이라 불립니다. 물론, 추후 개발 회사의 정책에 따라 구독 종류가 무료 버전 외 유료 버전이 등장할 수 있습니다.

블루윌로우는 여러 알고리즘을 적용하여 사용자에게 가능한 최상의 결과를 제공하려고 하지만, 적용된 정확한 모델 및 알고리즘은 비공개 상태입니다. AI로 이미지를 생성하는 과정을 무료로 경험하고 싶은 사람들을 비롯하여 화가, 디자이너, 그리고 고품질의 AI 아트 작업에 관심이 있는 모든 사람들에게는 미드저니의 대안으로 충분한 옵션이 될 수 있습니다.

무엇보다도 블루윌로우는 한글도 인지하여 한글로 구성한 프롬프트로도 어느 정도 수준의 이미지를 생성합니다. 하지만 더 다양하고 고퀄리티의 이미지 생성을 위해서는 영어로 작성된 프롬프트를 입력하기를 권합니다.

블루윌로우 시작 전체 단계

❶ 디스코드 계정 생성(디스코드 회원가입)

❷ 블루윌로우 웹 사이트로 이동

❸ 〈무료 베타 참여하기〉 버튼 클릭

❹ 왼쪽 사이드바에 있는 시작 가이드, 규칙 참고

❺ 이미지 생성 작업을 수행할 채널인 루키 서버 채널에 접근

❻ 프롬프트 입력 및 1분 이내 이미지 획득

블루윌로우 단계별 진행

❶ 디스코드 계정 생성

〈3장〉의 미드저니 시작하기에서 〈Discord 가입하기〉를 참조하거나 이미 계정이 있다고 가정하고 과정을 생략합니다.

❷ 블루윌로우

웹 브라우저 주소 입력창에 블루윌로우의 주소(https://www.bluewillow.ai)를 입력하거나, '블루윌로우'를 검색해 이동합니다.

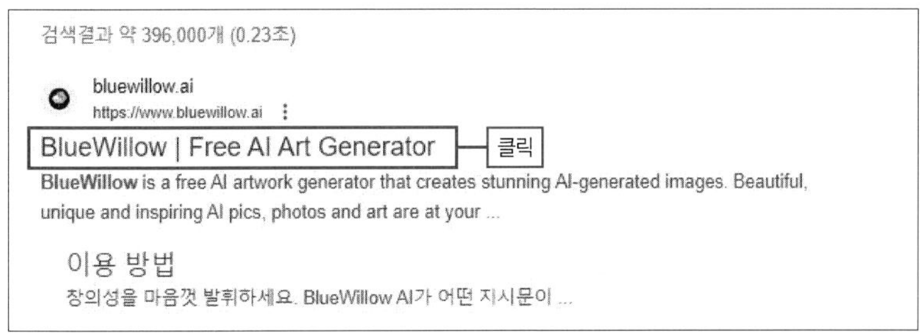

그림 3-47. 블루윌로우 BlueWillow 검색 결과

❸ 무료 베타 참여하기 버튼으로 회원가입 및 규정 확인

웹 페이지 중앙에 표시되어 있는 〈Join the Free Beta〉 버튼을 클릭합니다. 디스코드의 블루윌로우 커뮤니티에 입장하면 왼쪽 채널 메뉴 부분 상단에 위치한 '서버 가이드'를 클릭하여 세부 내용을 확인합니다.

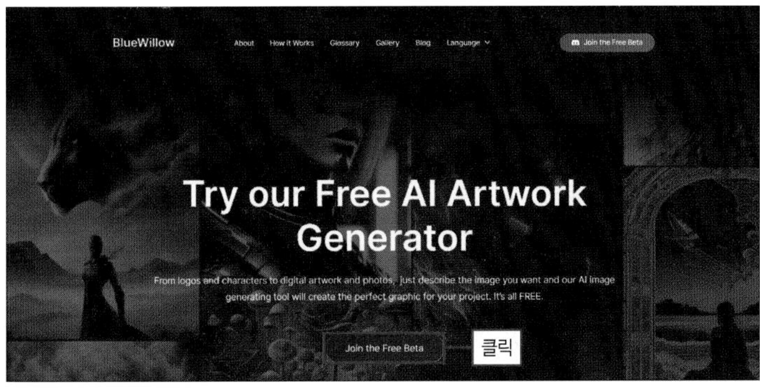

그림 3-48. 블루윌로우 메인 화면

❹ 블루윌로우로 이미지 생성 시작

신규 회원이 이미지를 그릴 수 있는 채널인 루키 'rookie-숫자'를 선택해 입장합니다. 이미지 생성 명령은 그림 3-49의 (b)와 같이 '/imagine'로 미드저니와 동일하게 입력하고, 대화 입력 창에 **프롬프트 3-50**과 같은 프롬프트를 입력하면 (c)와 같이 이미지가 생성됩니다.

프롬프트 3-50 Draw a city in the sea of the future. Cities are interconnected and shining brightly.

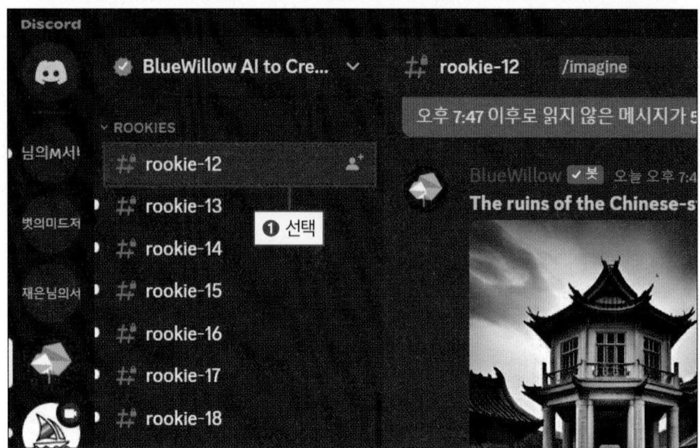

(a) 신입회원들이 입장 가능한 채널

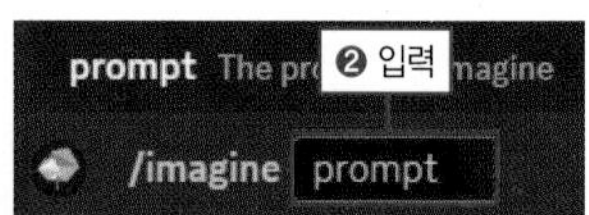

(b) 이미지 생성을 위한 명령어

(c) 이미지 생성 결과 예

그림 3-49. 블루윌로우 채널 루키에 입장 및 이미지 생성

블루윌로우의 프롬프트 기술

최신 버전 V3(2023년 7월 기준)

이미지 내 텍스트를 이해하는 기능과 다국어를 이해하는 기능을 제공합니다. 프롬프트에 사용 가능한 파라미터의 매개변수는 다음 표 3-4와 같습니다.

표 3-4. 블로윌로우의 파라미터

매개변수	기능 및 옵션	적용 예
--ar 종횡비	생성 이미지의 종횡비(가로세로 비율)를 제어함 옵션 1:1(정사각형), 2:3, 3:2	--ar 2:3
--no	포함하지 않을 사항들을 명시함	
--model	사용할 AI 모델 버전을 지정	--model V3
--as-is	영어 최적화를 해제함 영어가 아닌 다른 언어로 프롬프트 최적화	--as-is

이미지 내 텍스트

이미지에 포함시키려는 단어에 큰따옴표를 붙여 "포함할 단어"와 같은 형식으로 프롬프트에 입력합니다. 짧은 텍스트가 큰 텍스트보다 더 잘 적용되며, 문장으로 쓰기는 힘들고 몇 단어만 가능합니다.

예를 들어, 103p에서 **프롬프트 3-60**으로 생성한 그림 3-50의 (d)는 "Love"를 잘 포함하고 있습니다.

• 사용 사례 : 표지판, 간판, 영화 포스터, 로고 이미지

다국어 이해

로마자 이외의 문자 세트 및 언어를 지원합니다. 기본으로 영어에 최적화된 상태지만 매개변수 --as-is를 사용하면 해제됩니다.

3.6 블루윌로우로 이미지 생성

이제 여러분은 다음 미드저니의 무료 버전이라 불리는 블루윌로우로 이미지를 생성합니다. 이때 사용 가능한 프롬프트 몇 가지 예를 들어보면 **프롬프트 3-51** ~ **프롬프트 3-60**과 같습니다. 이외에도 다양하게 구성하여 이미지를 생성하고 멋진 본인만의 이미지를 만들어 보세요. 또한, 미드저니를 비롯하여 다른 이미지 생성형 AI와는 어떻게 다른지 살펴보길 바랍니다.

프롬프트 3-51 Create a portrait of Angelina Jolie(안젤리나 졸리의 초상화 만들기)

프롬프트 3-52 Generate an image of Spiderman fighting Electro(일렉트로와 싸우는 스파이더맨 이미지 생성)

프롬프트 3-53 Create an image of Spiderman(스파이더맨 이미지 생성)

프롬프트 3-54 Generate a portrait of Christian Bale(크리스찬 베일의 초상화 생성)

프롬프트 3-55 Create an image of the Futuristic Space Scene(미래 도시의 이미지 생성)

프롬프트 3-56 a busy day in 1820s London. the streets are busy and it is raining. It is cloudy. There are horse carriages and street vendors selling vegetables and fruit. It is already dark and you can see gloomy lights. chaotic background -s 2500 -chaos 40 unreal, volumetric light, intricate details, -ar 3:2

프롬프트 3-57 paper, rainbow, pastel, city, somber, Cyberpop, Oil Pastel Drawing, wide shot, 3D modeling, Soft focus, Interactive, loud colors, Weirdcore, Aurora borealis lighting, Highly detailed --ar 1:1

프롬프트 3-58 paper, rainbow, pastel, city, sad, Bastardcore, illustration, long shot, 2d platformer, Contrasty, Tapestry, jazzy colors, Grifes, incandescent lighting, High quality --ar 1:1

프롬프트 3-59 `kitten, chaotic, Clockpunk, Furry, face shot, Environment modeling, Grainy, Interactive, bright colors, Dejavu, moody lighting, Studio quality --ar 1:1`

프롬프트 3-60 `a panda holding a sign with written " LOVE " in it`

(a) **프롬프트 3-52** + MJ version 4

(b) **프롬프트 3-58** + MJ version 5

(c) **프롬프트 3-59** + Niji version 4

(d) **프롬프트 3-60** + Niji version 5

그림 3-50. 프롬프트에 다른 모델 버전을 적용한 블루윌로우 이미지 생성 결과 예

4 장

글로 이미지 생성하는 AI (2)

학 습 목 표

스테이블 디퓨전과 플레이그라운드 AI는 프롬프트를 입력하여 그림을 생성하는 AI 생성 모델 중 하나입니다. 스테이블 디퓨전의 공식 웹 사이트와 플레이그라운드 AI에서 그림을 생성해 보고, 스테이블 디퓨전과 파이썬 한글로 이미지를 생성하는 앱을 만들어 보겠습니다.

4.1

AI ART

스테이블 디퓨전 시작

스테이블 디퓨전(Stable Diffusion)은 Stability AI 사에서 오픈 소스 라이선스로 배포한 영문 기반 이미지 생성(Text-to-image) 인공지능 모델로 2022년 8월 22일에 처음 출시했습니다. 이 스테이블 디퓨전 모델은 다른 이미지 생성 모델처럼 한 번에 이미지를 생성하는 것이 아닌, 이미지 생성 과정을 확률적인 관점에서 바라보며 이미지를 조금씩 생성하고 각 단계에서 수정하여 최종 이미지를 만들어 갑니다. 이에 스테이블 디퓨전 모델은 OpenAI의 달리(Dall · e 2)나 구글의 Imagen과 같은 기존 이미지 생성 AI 모델들과는 다르게 컴퓨터 사용 리소스를 대폭 줄여 4GB 이하의 RAM을 가진 컴퓨터에서도 실행시킬 수 있기 때문에 사용자는 몇 문자의 텍스트 입력만으로 비교적 큰 해상도의 고품질 이미지를 신속하게 얻을 수 있습니다.

또한, 개발 비용이 클 것임에도 불구하고 오픈 소스로 공개되어 무료로 제한 없이 이미지를 만들 수 있으며 상업적으로도 이용이 가능하다는 장점이 있습니다. 이외에도 개인 정보, 입력한 프롬프트, 결과 이미지를 수집 · 저장 · 이용하지 않아 개인 정보 보안에 안전하고, 입력할 수 있는 항목에 제한이 없다는 특징이 있습니다. 다만 디테일이 떨어지거나 생성된 이미지의 품질이 고품질과 저품질이 섞여 있어 선별작업이 필요하다는 단점이 있습니다.

스테이블 디퓨전의 공식 홈페이지(stablediffusionweb.com)는 누구나 이미지를 생성하기 쉽도록 간단하고 편리한 사용자 인터페이스를 제공합니다. 이번 절에서는 스테이블 디퓨전 웹 사이트로 이동하여 텍스트로 이미지를 생성하는 체험을 해 보겠습니다.

스테이블 디퓨전 접속 방법

스테이블 디퓨전의 홈페이지 접속은 그림 4-1과 같이 크롬 브라우저의 주소 검색창에 'stable diffusion'을 입력하여 표시되는 결과 페이지에서 'Stable Diffusion Online'을 클릭하거나, 스테이블 디퓨전 웹 사이트 주소 'stablediffusionweb.com'을 입력해 접속합니다.

그림 4-1. 스테이블 디퓨전 접근 방법 : (a) 주소 입력 (b) 검색 (c) 검색 결과 이용

홈페이지로 이동하면 그림 4-2의 (a)와 같이 Stable Diffusion Online이라 표시되어 있는 첫 페이지의 시작 부분을 만나게 됩니다. 이 홈 화면에서 〈Get Started for Free〉 버튼을 클릭하거나 오른쪽의 화면 스크롤 바(혹은 마우스 휠)를 아래로 드래그하여 첫 페이지의 하단에 위치한 Stable Diffusion Playground 화면으로 이동합니다.

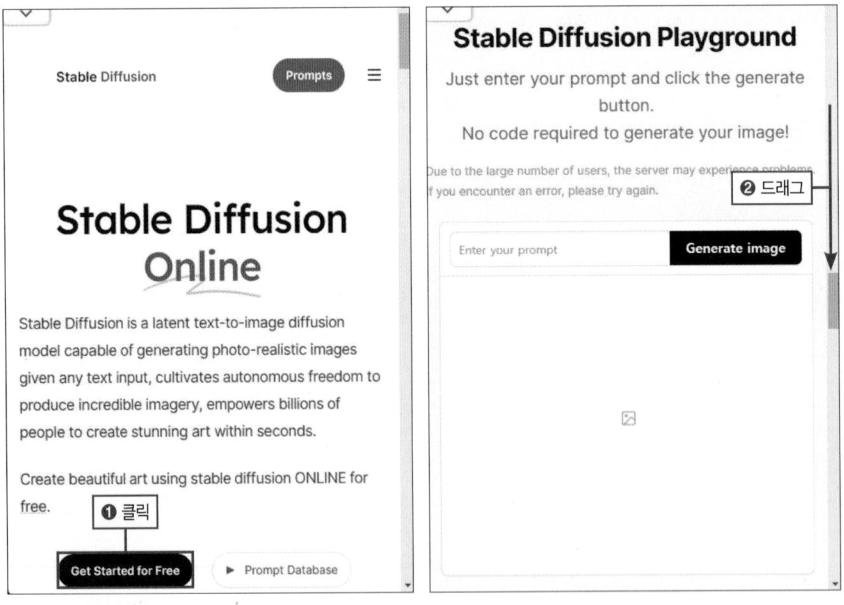

그림 4-2. 스테이블 디퓨전 홈페이지로 이동

스테이블 디퓨전 사용 방법

스테이블 디퓨전 공식 홈페이지에서 플레이그라운드의 이미지 생성은 그림 4-3과 같은 프롬프트 입력창에 **프롬프트 4-1** ~ **프롬프트 4-4**와 같이 그리고자 하는 내용을 영문으로 작성하고 바로 오른쪽에 있는 〈Generate image〉 버튼을 클릭(혹은 Enter)하면 그림 4-4와 같은 이미지를 생성해 줍니다. 이 버튼을 클릭할 때마다 입력되어 있는 프롬프트에 대해 다시 새로운 이미지가 생성되며, 이전 이미지와 동일하지는 않지만 조금씩 달라진 이미지들이 생성됩니다.

프롬프트 4-1 `paper, rainbow, pastel, city`

프롬프트 4-2 `designe, super cute robot`

프롬프트 4-3 `A digital illustration of a medieval town, 4k, detailed, trending in artstation, fantasy`

프롬프트 4-4 `Cute and adorable ferret wizard, wearing coat and suit, steampunk, lantern, anthromorphic, Jean paptiste monge, oil painting`

(a) 프롬프트 입력 예 (1)

(b) 프롬프트 입력 예 (2)

그림 4-3. 스테이블 디퓨전 이미지 생성

(a) **프롬프트 4-1** 결과 예

(b) **프롬프트 4-2** 결과 예

(c) **프롬프트 4-3** 결과 예

(d) **프롬프트 4-4** 결과 예

그림 4-4. **프롬프트 4-1** ~ **프롬프트 4-4**로 생성된 이미지의 예

스테이블 디퓨전 프롬프트 구성

프롬프트를 입력할 때에는 단순히 사물 이름만 입력하기보다는 생성하려는 내용을 구체적으로 묘사하고, 이미지 스타일, 혹은 재료, 배경 등을 함께 입력하면 내가 표현하고자 하는 이미지를 더욱 쉽게 얻을 수 있습니다. 어렵다면 챗GPT나 프롬프트 생성 도구 등을 활용하여 생성하려는 내용의 프롬프트를 추천받아 이미지를 그릴 수 있습니다.

스테이블 디퓨전에서 사용하는 프롬프트는 표 4-1과 같이 **프롬프트 4-5**로 살펴보면 '이미지의 스타일', '이미지의 내용', '상황 또는 장면', '이미지의 배경' 등의 요소로 구성됩니다. 그 외 프롬프트의 구성요소는 이 프롬프트에는 포함되지 않았지만 '색상 또는 텍스처', '출력 포맷' 등의 요소입니다. 동일한 구성요소의 프롬프트는 동일한 결과를 보장하지는 않으며, 실험과 반복을 통해 최적화될 수 있습니다. 여러분은 다양한 프롬프트를 시도하고, 그 결과를 비교하여 가장 좋은 결과를 얻는 스테이블 디퓨전만의 프롬프트를 찾아보길 바랍니다.

프롬프트 4-5

```
Claude Monet style, a tree frog is sitting on one lotus leaf,
many lotuses and lotus leaves are floating on the pond, by the
pond after the rain has stopped.
```

표 4-1. 프롬프트 4-5로 살펴보는 프롬프트 구성요소

번호	내용	구성요소
①	Claude Monet style	이미지의 스타일
②	a tree frog is sitting on one lotus leaf	이미지의 내용(객체 지정, 상황 설명)
③	many lotuses and lotus leaves are floating on the pond,	상황 또는 장면(객체 지정, 상황 설명)
④	by the pond after the rain has stopped.	이미지의 배경(상황 설명)

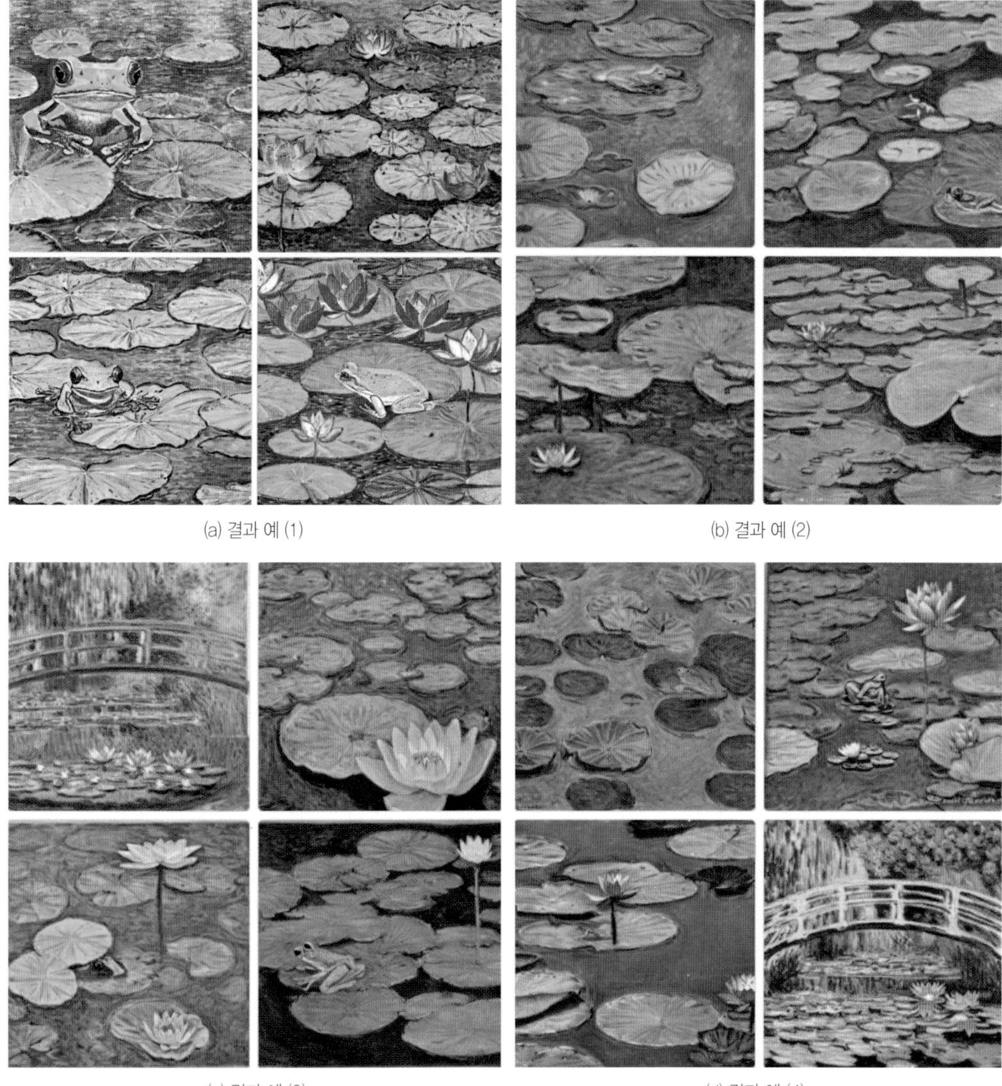

(a) 결과 예 (1) (b) 결과 예 (2)

(c) 결과 예 (3) (d) 결과 예 (4)

그림 4-5. 프롬프트 4-5로 반복 생성한 이미지의 예

4.2 스테이블 디퓨전+파이썬 한글로 이미지 생성 앱 만들기

스테이블 디퓨전(Stable Diffusion)은 오픈 소스로 배포되어 누구나 활용할 수 있으며, 파이썬의 케라스(Keras)를 확장한 모듈식 빌딩 블록 KerasCV를 사용하여 다양한 목적의 앱을 만들 수 있습니다. 본 절에서는 파이썬을 이용하여 AI 생성 모델 사용 시 영문으로만 입력해야 했던 불편함을 해결하여 한글 입력이 가능한 이미지 생성 AI 앱을 구현하려고 합니다. 코드가 어렵지 않아 파이썬 기초를 배웠다면 제시된 코드를 쉽게 이해할 수 있으며, 코드를 입력하다 보면 금방 한글로 이미지를 생성하는 앱을 만들 수 있습니다. AI 엔진을 이용할 때마다 번역기를 사용하는 번거로움이 있었는데 이를 해소하여 편하게 자신의 휴대폰에서 직접 이미지를 생성할 수 있다는 장점에 학생들의 만족도 또한 높았습니다.

이 한글 입력의 이미지 생성 앱은 두 가지 소프트웨어를 활용하여 구현합니다.

첫 번째로 스테이블 디퓨전은 앞에서 이미 소개한 바 있는 Stability AI 사에서 오픈 소스 라이선스로 배포한 이미지 생성 AI 모델입니다.

두 번째 소프트웨어는 Gradio로 머신러닝 모델을 웹 앱 형태로 만들어 배포할 수 있도록 돕는 파이선 라이브러리입니다. 실제로 코드 몇 줄이면 누구나 접근 가능한 공개 링크가 생성되어 머신러닝 모델을 사용할 수 있다는 특징이 있습니다. Gradio를 활용하여 인터넷으로 공유할 수 있는 url 생성 시 해당 링크는 72시간 동안 유효하다고 설명되어 있습니다.

그러나, 구글 코랩은 기본적으로 무료 버전의 경우 12시간의 런타임이 제공되고, 이마저도 90분 이내에 입력이 없으면 해당 연결이 끊어져 앱에서도 이미지 생성이 실행되지 않습니다. 작성한 코드가 자동으로 구글 드라이브에 ipynb(파이썬 노트북 파일 형태)로 저장되므로 추후 다시 실행하고 싶다면 PC 혹은 스마트폰으로 코드들을 다시 실행하여 새로운 url을 생성 받아 이용하면 됩니다.

ipynb 새 노트는 다음과 같이 구글에서 로그인한 다음 드라이브에서 구글 코랩을 실행하여 생성 및 파이썬 코딩을 시작합니다.

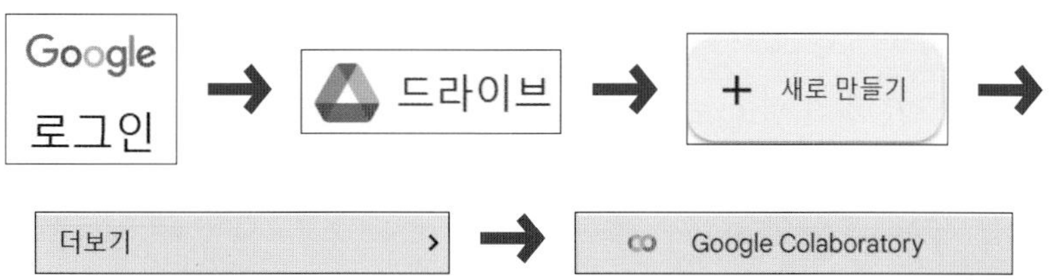

구글 노트북으로 환경 구축

❶ 그래픽 카드 설정

이미지를 그리는 모델은 계산량이 많아 출력에 오랜 시간이 소요되므로 구글에서 제공하는 그래픽 저장 카드인 GPU를 사용하여 빠르게 계산할 수 있도록 설정합니다. 구글 노트북 메뉴에서 〔수정〕 → 〔노트 설정〕을 실행하고 노트 설정 창이 표시되면 하드웨어 가속기를 'GPU'로 지정하여 변경한 다음 〈저장〉 버튼을 클릭합니다.

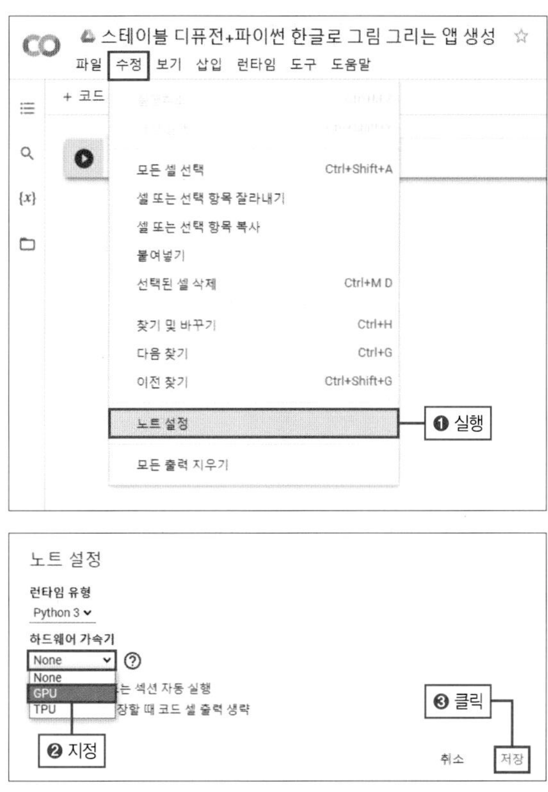

그림 4-6. 그래픽 카드 설정

❷ GPU 리소스 상황 확인

잘 저장되었는지 확인하기 위해 코드 셀에 '!nvidia-smi'를 입력하고 실행하여 GPU 리소스 상황을 확인해 봅니다.

<입력 코드>

```
!nvidia-smi
```

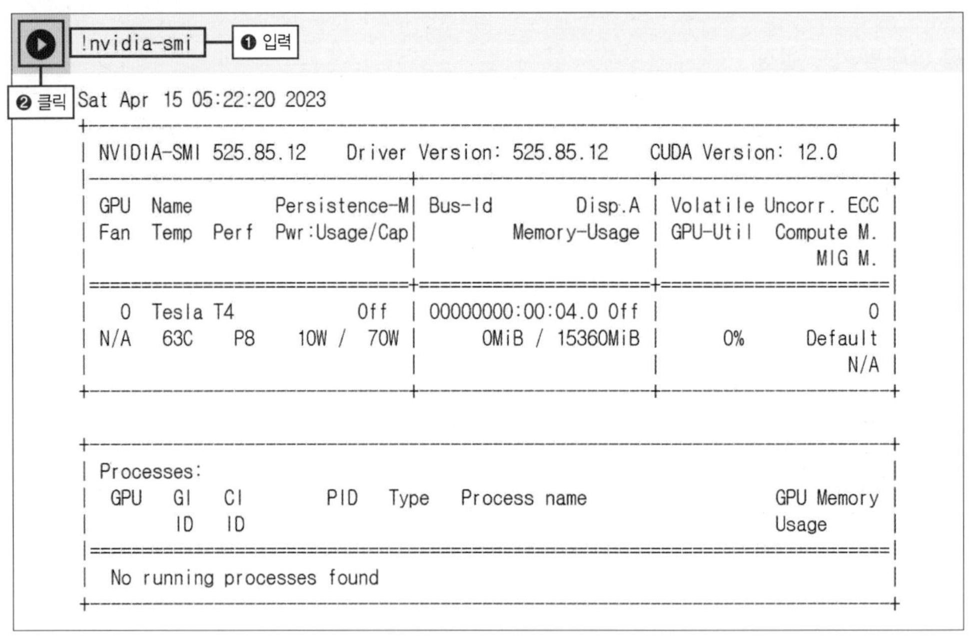

그림 4-7. !nvidia-smi 코드 실행 결과

코드를 실행할 때는 Shift+Enter를 누르거나 '실행' 아이콘(▶)을 클릭합니다.

한글로 이미지 생성 앱 프로그래밍

❶ 스테이블 디퓨전 모델을 사용하여 영어로 이미지 생성

이미지 생성하는 모델 사용을 위해 머신러닝을 위한 오픈 소스 소프트웨어인 tensorflow를 설치합니다.

〈입력 코드〉

```
!pip install --upgrade tensorflow
```

다음은 스테이블 디퓨전 모델을 제공하는 keras–cv 모듈을 설치합니다.

〈입력 코드〉

```
!pip install --upgrade keras-cv
```


설치한 keras–cv 모듈과 keras–cv 모듈 중에서도 이미지를 보여 주기 위한 모듈(별명 plt)을 import 함수를 사용하여 불러옵니다. 그리고 keras–cv 모듈로부터 스테이블 디퓨전 모델을 로딩시키기 위한 변수 model을 설정합니다.

〈입력 코드〉

```
import keras_cv                  # 스테이블 디퓨전 모델 사용을 위한 모듈을 불러옴
import matplotlib.pyplot as plt  # 이미지를 보여 주기 위한 모듈을 불러옴(별명은 plt)
```

이하의 내용은 코드 실행에 영향을 주지 않는 내용으로 코드에 대한 설명을 적을 때 쓰입니다. 코드 실행에 영향을 주지 않으므로 입력하지 않아도 됩니다.

다음은 하나의 이미지를 보여 주는 함수를 설정합니다. def 함수 설정 시 첫 문장 끝에 콜론, 아랫줄에는 들여쓰기 네 칸에 유의하기 바랍니다.

```
def plot_image(image):     # 보여 줄 이미지를 전달받아 변수 image에 저장
    plt.figure(figsize=(8,8)) # 이미지의 크기 설정(단위 : 인치. 1 inch == 2.54 cm)
    plt.imshow(image[0])   # 전달받은 한 개의 이미지(image에 0번으로 저장된 이미지) 배치
    plt.axis("off")        # x축 및 y축의 좌표축이 보이지 않게 처리
    plt.show()             # 준비가 끝난 이미지 보여 주기
```

영문을 입력하여 이미지를 생성하겠습니다. 따옴표 안의 영어 문장을 이미지로 출력하도록 'img' 변수를 지정하고 'plot_image(img)'를 입력하여 실행합니다.

```
# 문자(영문)로 하나의 이미지 생성
# 따옴표 안의 영어 문장을 자신이 원하는 이미지를 설명하는 영문으로 변경하여 입력
img = model.text_to_image("the appearance of a spring day with petals
flying around", batch_size = 1)
plot_image(img)
```

그림 4-8. 코드 실행으로 생성된 이미지

❷ 영어로 한글 번역

번역을 위한 모듈을 설치하고 설치한 번역 모듈을 불러옵니다. 그리고 번역 대상 언어(한국어)와 번역할 언어(영어)를 지정한 번역기 Mytranslator를 생성합니다.

```
!pip install translate                    # 번역을 위한 모듈 설치
from translate import Translator          # 번역(한글 -> 영어)에 필요한 모듈 불러오기
# 번역 대상 언어(한국어 ko)와 번역할 언어(영어 en)를 지정한 번역기 Mytranslator 생성
Mytranslator = Translator(from_lang="ko", to_lang="en")
```

번역할 한글 문장을 번역 함수 translate에 입력하여 번역하고 그 결과를 출력합니다.

```
# 번역할 한글 문장을 번역 함수 translate에 입력하여 번역
# 번역한 결과를 변수 translationResult 저장
translationResult = Mytranslator.translate("왕관을 쓴 토끼")
translationResult   # 결과 출력
```

'Rabbit with a crown'

그림 4-9. 영문 번역 출력 결과

❸ 한글로 이미지 생성

한글로 된 문장을 전달받아서 이미지를 생성하는 함수를 설정하고 따옴표 안의 문장에 자신이 원하는 이미지의 내용을 넣어 이미지를 출력해 봅니다. 다음은 큰따옴표 안에 "벚꽃 나무 아래 있는 토끼"를 입력하여 출력한 이미지입니다.

```
# 한글로 된 문장을 전달받아서 이미지를 생성하는 함수 설정
def generate_image(text):
    translation = Mytranslator.translate(text)          # 번역(한글->영어)
    gen_img = model.text_to_image(translation, batch_size=1) # 이미지 생성(영어)
    return gen_img
# 한글로 이미지 생성
# 따옴표 안의 문장을 자신이 원하는 이미지의 내용으로 바꾸어 입력
img = generate_image("벚꽃 나무 아래 있는 토끼")
plot_image(img)
```

그림 4-10. 한글 입력으로 출력한 이미지

❹ 앱 구성

이미지 생성 앱을 구성하기 위해서 앱을 생성하고 링크를 만들기 위한 gradio 모듈을 설치하여 불러옵니다.

〈입력 코드〉

```
# 앱 생성하고 링크 만들기 위한 gradio 모듈 설치
!pip install gradio
# 한글로 이미지를 생성하는 함수를 앱으로 사용할 gradio 모듈 불러오기
import gradio
```

텍스트 박스에 입력된 문장으로 이미지를 생성하는 함수를 설정하고, 생성된 이미지를 output으로 나타내기 위한 코드를 입력합니다. 함수 설정 시 첫째 줄 마지막에 콜론, 둘째 줄 네 칸 들여쓰기에 유의합니다.

〈입력 코드〉

```
# 텍스트 박스에 입력된 문장으로 이미지를 생성하는 함수 설정
def inference(text):
    image = generate_image(text).squeeze()
    return image
# 생성된 이미지를 output으로 나타내기
demo = gradio.Interface(fn=inference, inputs="text", outputs="image")
```

마지막으로 인터넷으로 공유할 수 있도록 공개 인터넷 주소를 가지고 앱을 실행시키기 위한 코드를 입력하면 그림 4-11과 같은 창이 표시됩니다. 텍스트(text) 입력창에 한글 입력 시 이미지가 생성되며, 공개 인터넷 주소 url을 복사하여 휴대폰에서 실행하면 휴대폰에서도 한글 입력 시 이미지 생성되는 앱이 구현되는 것을 확인할 수 있습니다.

〈입력 코드〉

```
# 인터넷으로 공유할 수 있도록 공개 인터넷 주소를 가지고 앱 실행
demo.launch(share=True)
```

# 인터넷으로 공유할 수 있도록 공개 인터넷 주소를 가지고 앱 실행하기
demo.launch(share=True)
Colab notebook detected. To show errors in colab notebook, set debug=True in launch()
Running on public URL: https://7e49b8dd544c1d8385.gradio.live
This share link expires in 72 hours. For free permanent hosting and GPU upgrades (NEW!), check out Spaces: https://huggingface.co/spaces
text
output
클리어
제출하기
플래그

그림 4-11. demo.launch(share=True) 코드 입력 실행 결과

text
클리어
제출하기
output
플래그

text
사막 위의 웅장한 피라미드
클리어
제출하기
output
플래그

그림 4-12. 인터넷 주소로 휴대폰에서 앱 실행 및 한글로 이미지를 생성한 결과

4

글로 이미지 생성하는 AI (2)

4.3

AI ART

스테이블 디퓨전+파이썬 한글 앱으로 이미지 생성

2절에서 얻은 공개 url을 친구나 나의 휴대폰에 전송하면 휴대폰에 스테이블 디퓨전+파이썬의 한글로 이미지 생성하는 웹 앱이 생성되어 휴대폰에서 편하게 이미지를 생성할 수 있습니다. 내가 만든 스테이블 디퓨전+파이썬의 한글로 이미지 생성하는 앱의 공개 url을 가족이나 친구에게 공유하여 만든 웹 앱을 자랑도 하고 한글로 이미지를 생성하며 즐거운 시간을 가져봅시다.

스테이블 디퓨전+파이썬의 한글로 이미지 생성하는 앱을 활용하여 이미지를 생성한 결과, 인공지능 모델답게 유명 화가의 스타일로 이미지를 그릴 때 그 화가의 이미지의 특징을 잘 살려 이미지를 생성하는 것을 확인할 수 있습니다.

그림 4-13. 구현된 앱에서 한글로 이미지를 생성한 결과 화면 (1)

내 머릿속에 그려지는 이미지를 앱을 활용하여 이미지를 생성하려고 할 때, 막연히 그림 4-14의 (a)처럼 "여름 이미지 일러스트"라는 프롬프트보다는 그림 4-14의 (b)처럼 "바다 위의 요트와 그 뒤에 석양 이미지"라고 구체적으로 프롬프트를 입력해야 내가 원하는 이미지를 얻을 수 있습니다.

(a) 여름 이미지 일러스트

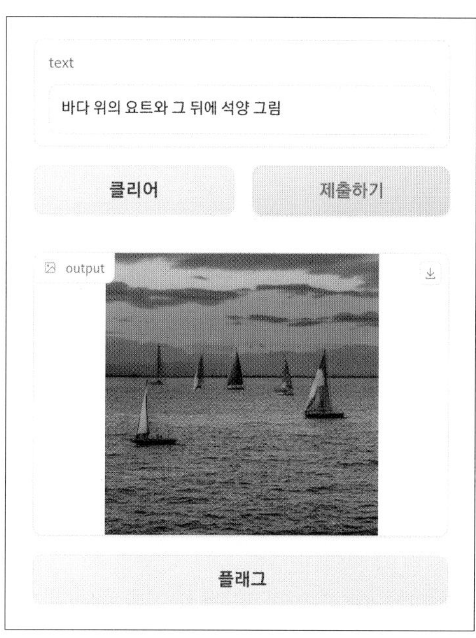

(b) 바다 위의 요트와 그 뒤에 석양 이미지

그림 4-14. 구현된 앱에서 한글로 이미지를 생성한 결과 화면 (2)

4.4 플레이그라운드 AI 시작

플레이그라운드 AI(Playground AI)는 프롬프트 입력으로 이미지를 생성하는 무료 횟수가 1000개나 되는 생성형 AI 도구이며, 스테이블 디퓨전 모델을 기반으로 구성한 도구입니다.

물론 스테이블 디퓨전의 공식 홈페이지에서도 로그인 및 횟수 제한이 없이 이미지를 생성할 수 있으나, 공식 홈페이지에서는 프롬프트 입력란에 직접 텍스트를 모두 입력해야 이미지를 생성할 수 있습니다.

반면에 플레이그라운드 AI는 스테이블 디퓨전 모델 외의 모델도 제공하고 주요한 스타일 키워드 및 옵션을 마우스 클릭의 선택만으로 프롬프트 입력란이 자동으로 채워지며, 이미지 생성뿐만 아니라 다양한 AI 기반 이미지 편집 기능도 제공합니다. 이에 플레이그라운드 AI는 가볍게 텍스트로 이미지를 생성 · 편집하는 AI를 경험하기에 유용한 도구입니다.

다만 플레이그라운드 AI는 스테이블 디퓨전의 공식 홈페이지에서와 달리 디스코드의 플레이그라운드 AI 서버와 https://playgroundai.com에 접속해서 회원가입 및 로그인을 진행해야 사용할 수 있으며, 이미지 생성 서비스는 홈페이지에서 운영하며, 다양한 정보를 공유할 수 있는 커뮤니티는 미드저니 및 블루윌로우처럼 디스코드로 운영합니다.

플레이그라운드 AI 접속 방법

홈페이지 주소 'https://playgroundai.com'을 입력하거나 검색 키워드 '플레이그라운드 AI' 또는 'playground ai'를 검색하여 홈페이지에 들어갑니다.

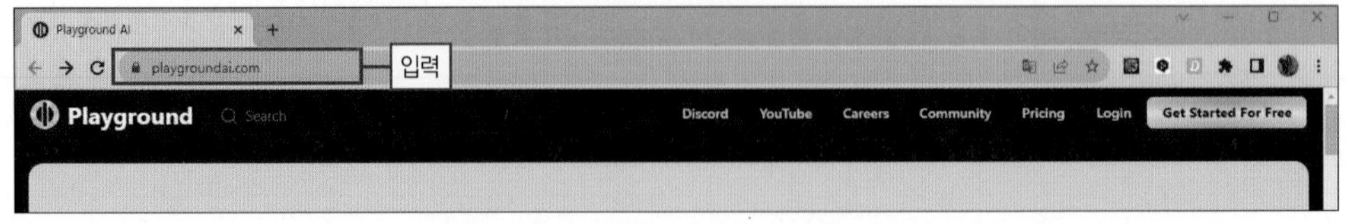

그림 4-15. 플레이그라운드 AI의 홈페이지

홈페이지의 상단 메뉴 중 가장 오른쪽에 있는 〈Get Started For Free〉 버튼을 클릭하면 구글 계정으로 회원가입을 계속 진행할지 확인하는 작은 창이 그림 4-16의 (a)와 같이 나타납니다. 확인 버튼인 〈Continue with Google〉 버튼을 클릭하면 사용할 구글 계정을 선택하는 작은 창이 그림 4-16의 (b)와 같이 나타납니다. 만약 하나가 아니라 여러 개의 구글 계정을 가지고 있다면 그중에서 계정 하나를 선택합니다. 이후 그림 4-16의 (c)와 같이 서비스 사용 시작을 위한 〈Start creating〉 버튼이 나타나면 클릭하고 플레이그라운드 AI 사용을 시작합니다.

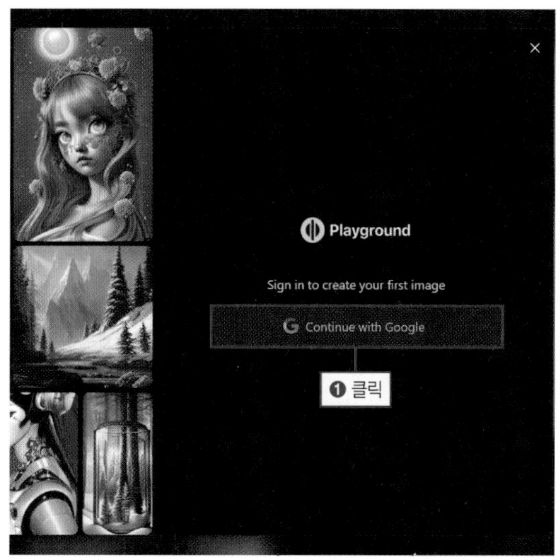

(a) 구글 계정으로 회원가입 계속 진행 확인

Google 계정으로 로그인

계정 선택

Playground AI(으)로 이동

다른 계정 사용

❷ 선택

계속 진행하기 위해 Google에서 내 이름, 이메일 주소, 언어 환경설정, 프로필 사진을 Playground AI과(와) 공유합니다. 앱을 사용하기 전에 Playground AI의 개인정보처리방침 및 서비스 약관을 검토하세요.

한국어 도움말 개인정보처리방침 약관

(b) 회원가입을 위한 구글 계정 선택

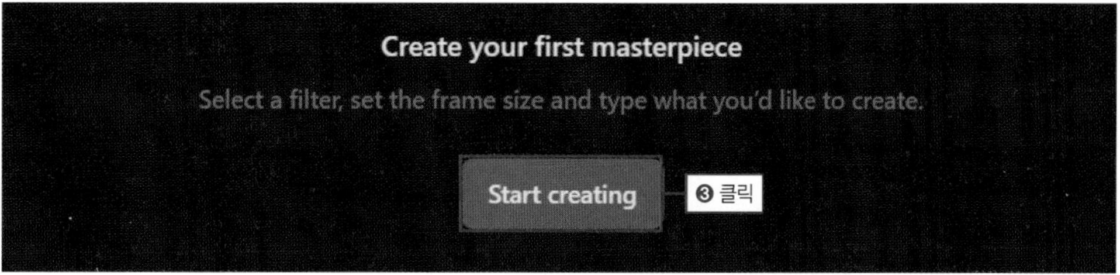

(c) 시작을 위한 버튼 〈Start Creating〉

그림 4-16. 플레이그라운드 AI의 회원가입

플레이그라운드 AI 사용 방법

❶ 플레이그라운드 AI 화면

플레이그라운드 AI 사이트의 상단 메뉴 오른쪽에 있는 〈login〉 버튼을 클릭합니다. 그러면 로그인을 위한 구글 계정을 선택하는 화면 또는 그림 4-16의 (a)와 같은 웹브라우저에 로그인되어 있는 구글 계정으로 계속할지를 묻는 창과 〈Continue with Google〉 버튼이 나타납니다. 이 버튼을 클릭하면 그림 4-17과 같이 이미지를 프롬프트로 생성하거나 편집할 수 있는 화면이 나타납니다. 화면 가운데 파란색 정사각형 부분은 〔Generation frame〕으로 512×512 크기의 이미지를 생성하기 위한 영역을 나타냅니다. 화면의 좌우에는 이미지 생성 시 적용 가능한 메뉴들이 제공되며, 각 메뉴를 간단히 명시하면 다음과 같습니다.

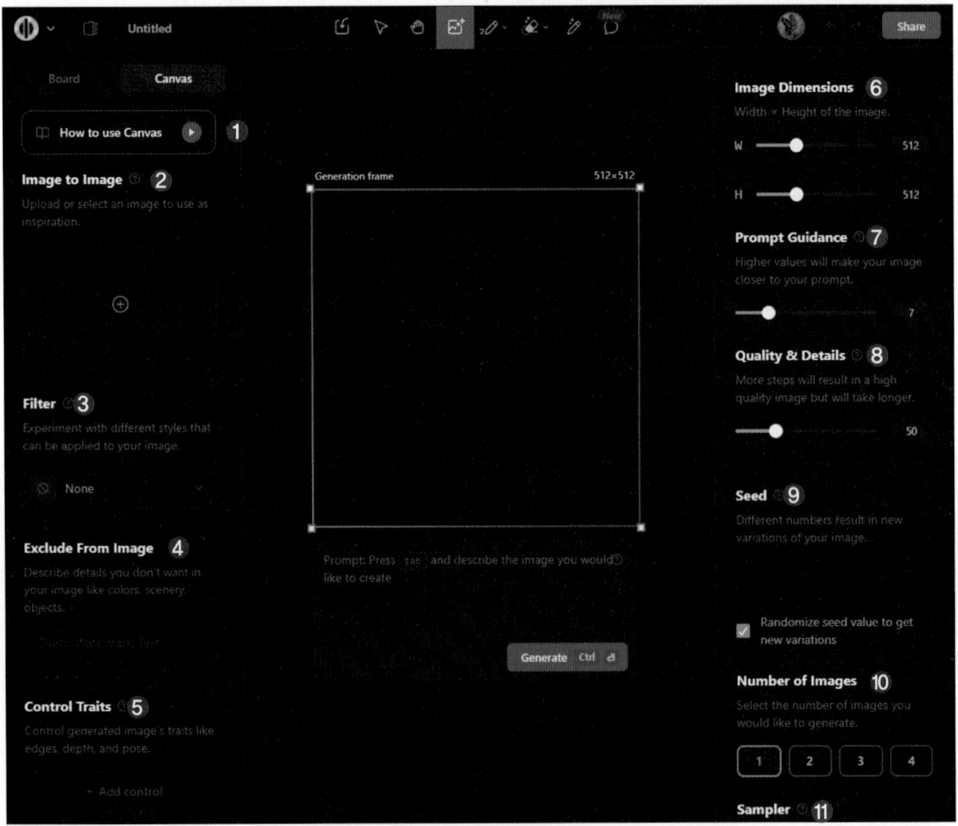

그림 4-17. 플레이그라운드 AI의 이미지 생성 및 편집을 위한 화면 예시

❶ How to user Canvas : 플레이그라운드 AI의 Canvas 사용법을 설명하는 링크입니다.

❷ Image to Image : 프롬프트를 텍스트가 아닌 원하는 이미지 선택으로 입력합니다.

❸ Filter : 다양한 이미지 스타일을 선택합니다.

❹ Exclude From Image : 생성 시 제외를 원하는 색상, 장면, 객체 등을 명시합니다.

❺ Control Traits : 이미지의 윤곽선, 깊이, 자세 등에 대한 세부사항을 조절합니다.

❻ Image Dimensions : 이미지의 크기를 설정합니다(너비 : W, 높이 : H, 기본 : 512×512).

❼ Prompt Guidance : 큰 값일수록 입력한 프롬프트에 더 가까운 이미지를 생성합니다.

❽ Quallity & Detatils : 이미지 생성 단계 수를 더 높이면 더 고품질 이미지를 생성합니다.

❾ Seed : 이미 생성된 이미지의 고유 번호(시드 번호)를 입력해 변형 이미지를 생성합니다.

❿ Number of Images : 생성하는 이미지의 개수를 지정합니다.

⓫ Sampler : 심도 있는 조절을 위한 디퓨전 샘플링 기법을 선택합니다.

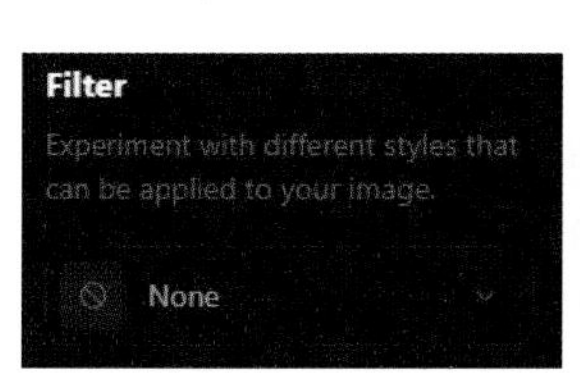

(a) 필터(기본설정: None)

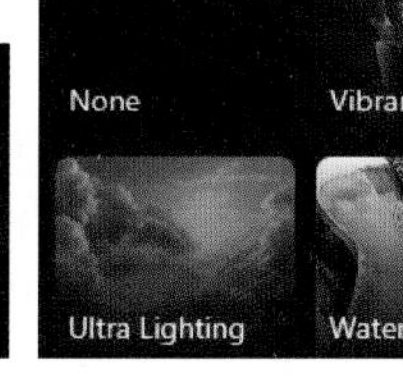

(b) 이미지 스타일 필터 예

(c) 필터 선택 예

그림 4-18. 플레이그라운드 AI의 필터 메뉴 및 다양한 이미지 스타일 필터

❷ 필터(Filter, 이미지 스타일) 선택

다양한 스타일의 필터가 그림 4-18의 (b)와 같이 직관적으로 알아볼 수 있는 예시 이미지와 해당 이름으로 제공되고 있어서 하나를 선택하여 적용 가능합니다. 기본 설정은 그림 4-18의 (a)와 같이 None이며, 다른 필터 중 하나를 선택하면 해당 필터 이미지 및 이름으로 바뀝니다. 그림 4-18의 (c)는 〔Bella's Dreamy Stickers〕를 선택한 예입니다.

❸ 프롬프트 작성 및 〈Generate〉 버튼 클릭

〔Generation frame〕을 클릭하면 그림 4-19의 (a)와 같이 프롬프트 입력란과 이미지 생성 버튼 〈Generate〉가 나타납니다. 여기에 생성하고 싶은 이미지를 영문(또는 한글 및 번역기를 이용)으로 묘사하고, 〈Generate〉 버튼을 클릭하여 입력한 프롬프트에 따른 이미지를 생성합니다. 예를 들어, 〔Bella's Dreamy Stickers〕 필터가 선택된 상태에서 **프롬프트 4-6**을 입력하면 그림 4-19의

(b)와 같은 스티커 스타일의 이미지가 입력한 프롬프트의 내용으로 생성됩니다. (c)와 (d)는 다른 필터를 적용한 예입니다.

프롬프트 4-6 `Butterfly on a flower`

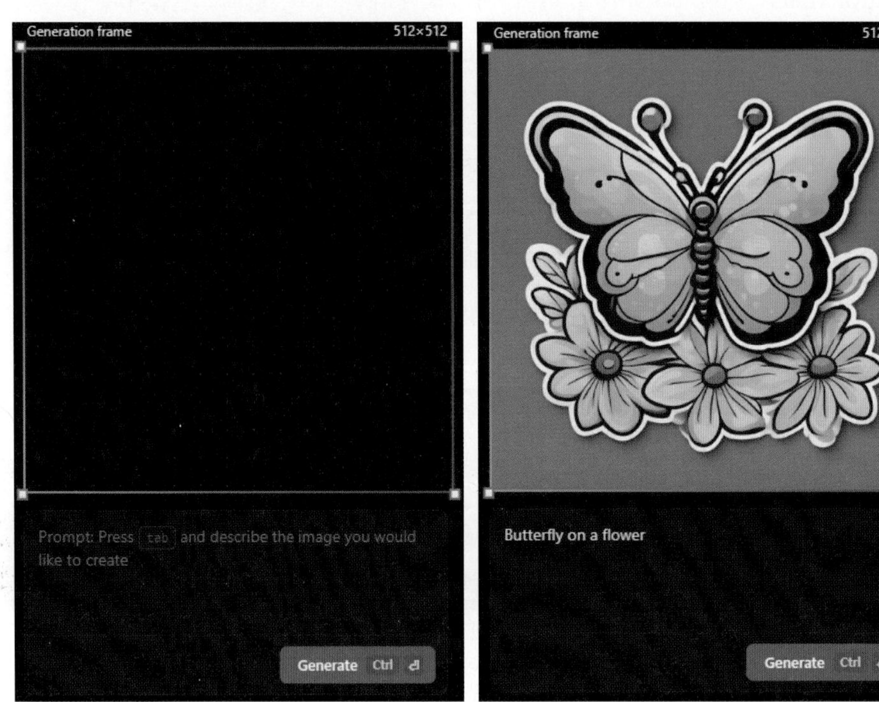

(a) [Generation frame]과 프롬프트 입력란

(b) 프롬프트 입력 및 생성 이미지 예

(c) [Storybook] 필터 적용 예

(d) 프롬프트 입력 및 생성 이미지 예

그림 4-19. 플레이그라운드 AI의 프롬프트 입력 및 이미지 생성

5 장

글로 이미지 생성하는 AI (3)

학 습 목 표

달리와 챗GPT는 OpenAI 사가 인공지능 연구를 위해서 만든 AI 생성 모델 및 대화형 인공지능 챗봇입니다. 챗GPT를 활용하여 프롬프트를 구체화하고 달리에 입력하여 원하는 이미지를 생성할 수 있습니다. 이를 활용하여 달리나 달리가 탑재된 마이크로소프트 사의 빙과 카카오 채널 AskUp에서 이미지를 생성하는 방법을 알아보겠습니다.

5.1 달리 시작

OpenAI 사는 인공지능을 연구하고 배포하는 회사로서 범용인공지능(Artificial General Intelligence, AGI)으로 전 인류에게 혜택을 주는 것을 목표로 내세우고 있습니다. 범용인공지능은 컴퓨터로 사람과 같은 또는 그 이상의 지능을 구현하는 것을 의미합니다. 알파고(AlphaGo)처럼 특정 문제만을 해결하는 좁은 인공지능(Artificial Narrow Intelligence, ANI)에 대비되는 개념입니다. 이런 범용인공지능의 공용화를 위해 챗GPT 및 달리에는 불법 활동, 성인용 콘텐츠, 경제적 피해가 높은 활동, 타인의 사생활을 침해하는 활동, 정치 캠페인, 사기 등의 프롬프트를 사용할 수 없습니다. OpenAI 사에서 제공하는 이미지 생성 모델 달리에 대해서 알아보겠습니다.

달리 특징

달리는 텍스트 명령어(Prompt) 또는 텍스트 명령어와 저장된 이미지를 입력하였을 때 새로운 이미지를 출력하는 인공지능 모델입니다. 달리는 멀티모달(Multimodal) 생성 모델 기능을 갖추고 있으며, 이러한 기능과 그 광범위한 활용을 이해하기 위해 OpenAI의 연구원들이 개발했습니다.

달리는 만 13세 이상 연령대가 사용 가능하고, 18세 이하인 경우 보호자의 허락을 얻도록 할 것을 약관에 명시하고 있습니다. 달리를 이용하여 이미지를 생성한 후에 이미지를 확장하거나 덧씌우기와 같은 수정을 할 수 있습니다. OpenAI는 사용자가 달리를 이용하여 다양한 창의적 표현을 구현하는데 도움되는 인공지능을 만드는 것을 목표로 달리를 개발하였습니다. 따라서 인공지능 윤리에 어긋나는 이미지 생성을 제한하였으며 오남용을 막기 위해 모니터링 시스템을 운영하고 있습니다.

달리 접속 방법

❶ 크롬 웹 브라우저 주소 입력창에 'https://openai.com/product/dall-e-2' 주소를 입력하거나 검색창에 '달리 2'를 검색하여 홈페이지에 접속한 다음 〈Try DALL · E〉 버튼을 클릭합니다. 로그인을 클릭하여 챗GPT에서 사용한 아이디와 비밀번호를 입력합니다.

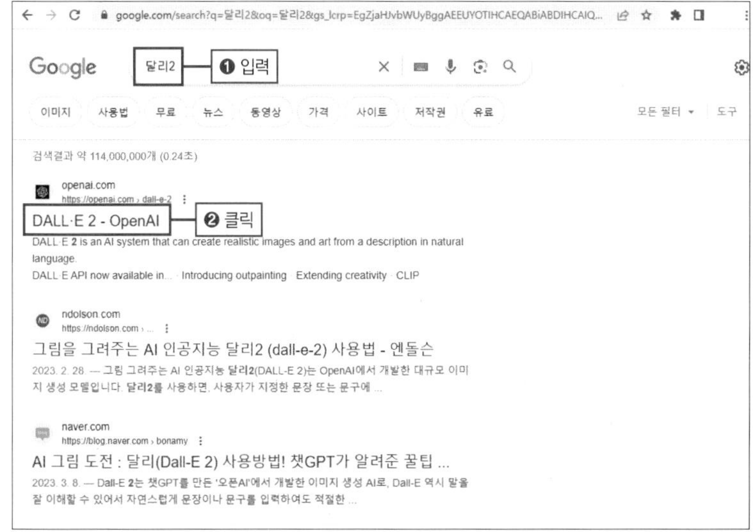

(a) '달리 2' 검색

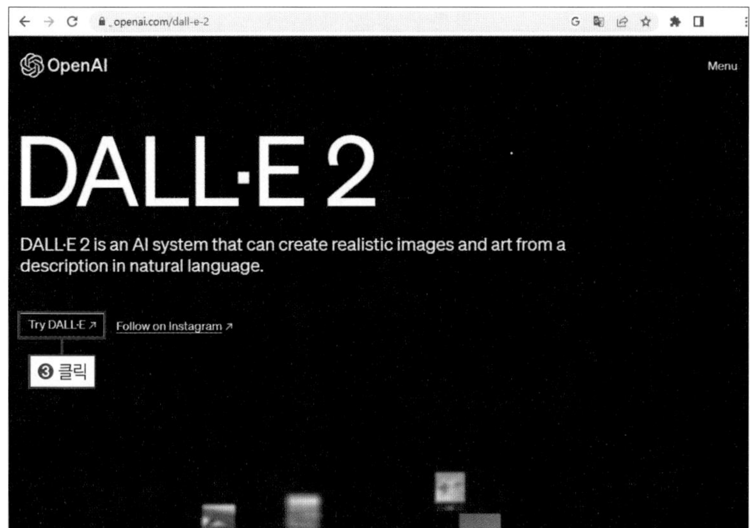

(b) 달리 2 메인 화면

그림 5-1. 달리 2 검색 및 접속

달리 화면 구성

달리의 화면을 살펴보고 각 화면의 기능들을 알아봅시다.

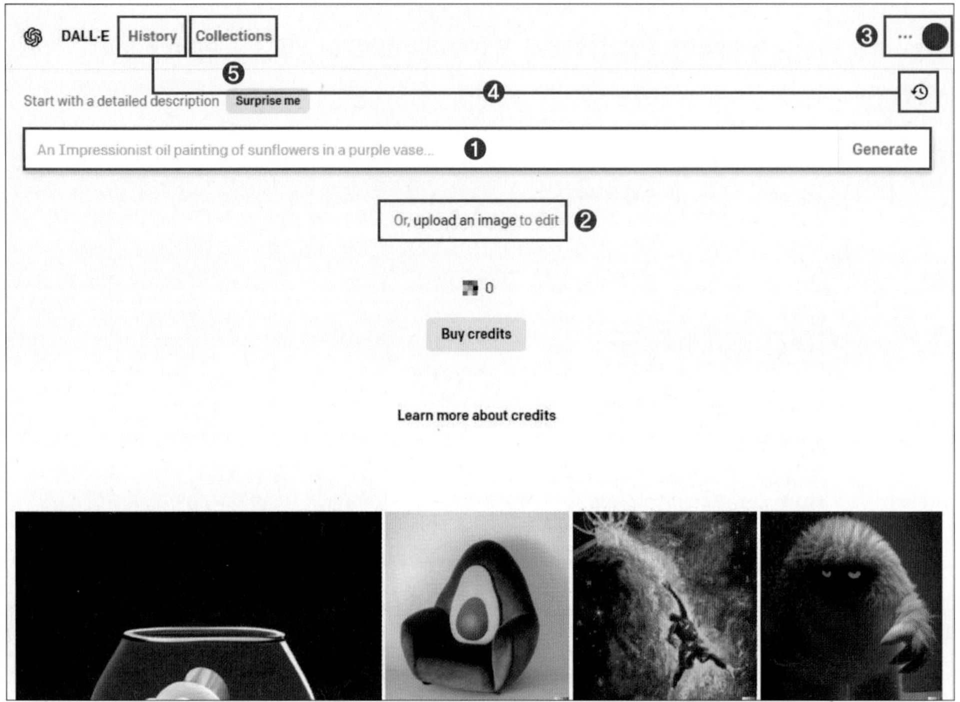

그림 5-2. 달리2 시작 화면

❶ **텍스트 입력창** : 생성하고자 하는 이미지에 대한 묘사(프롬프트)를 입력하는 창입니다. 구글 번역기나 파파고를 활용하여 번역하여 입력하면 편리합니다.

❷ **이미지 업로드** : 클릭 후 이미지를 선택하면 컴퓨터에 저장된 이미지를 편집(캔버스 확장, 요소 제거, 덧씌우기)하거나 변형(Variation)할 수 있습니다.

❸ **회원정보** : 클릭하면 가입 이메일, 크레딧(Credit), 공지사항 등이 표시됩니다.

❹ **기록** : History를 클릭하면 큰 크기로, 시계 모양 아이콘을 누르면 작은 크기로 이전에 본인이 생성한 이미지들을 볼 수 있습니다.

❺ **컬렉션** : 본인이 만든 이미지 중에서 맘에 드는 이미지를 선별하여 별도로 저장할 수 있고 이를 타인과 공유할 수 있습니다.

달리 사용 방법

❶ 이미지 생성(Image generation)

달리 2는 묘사된 글을 통해 독창적이고 현실적인 이미지 및 작품을 만들 수 있습니다. 이때 속성, 특성, 양식들과 결합할 수 있습니다.

'거실에 앉아 체스를 두는 고양이'를 입력하여 이미지를 생성해 보겠습니다. 구글 번역기를 이용하여 '거실에 앉아 체스를 두는 고양이'를 번역하고 달리의 텍스트 입력창에 번역된 **프롬프트 5-1**을 입력한 후 〈Generate〉 버튼을 클릭하거나 Enter를 누릅니다.

프롬프트 5-1 `A cat playing chess in the living room`

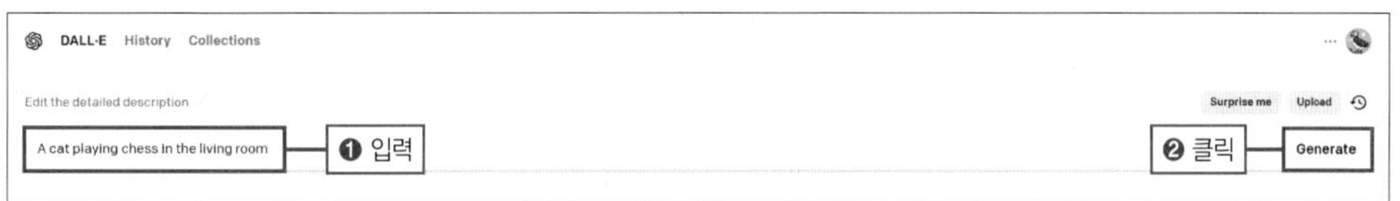

(a) 프롬프트 입력 후 〈Generate〉 클릭

(b) 생성된 이미지

그림 5-3. 프롬프트 5-1을 입력하여 거실에 앉아 체스를 두는 고양이 이미지 생성

생성된 4장의 이미지 중에 마음에 드는 이미지 위에 마우스 커서를 위치하고 '…' 아이콘을 클릭한 다음 〔Download〕를 실행합니다. 크롬에서 지정한 다운로드 폴더에 PNG 확장자로 이미지가 저장됩니다.

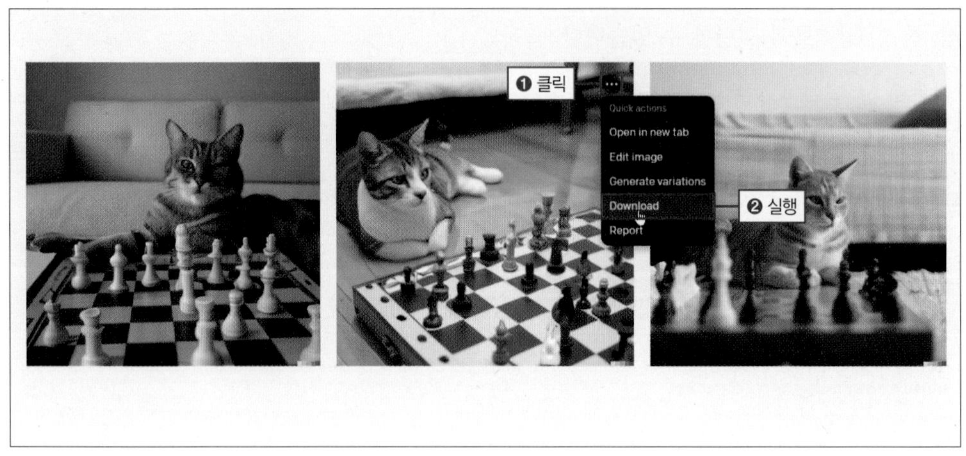

그림 5-4. 마음에 드는 이미지 저장하는 법

❷ 이미지 변형(Variation)

달리 2는 원본 이미지에서 영감을 받아 다양한 변형을 할 수 있습니다. ❶에서 변형하려는 이미지로 마우스 커서를 위치시키면 이미지의 상단 오른쪽에 '…' 아이콘이 생깁니다. '…' 아이콘 클릭하고 〔Generate variations〕를 실행합니다.

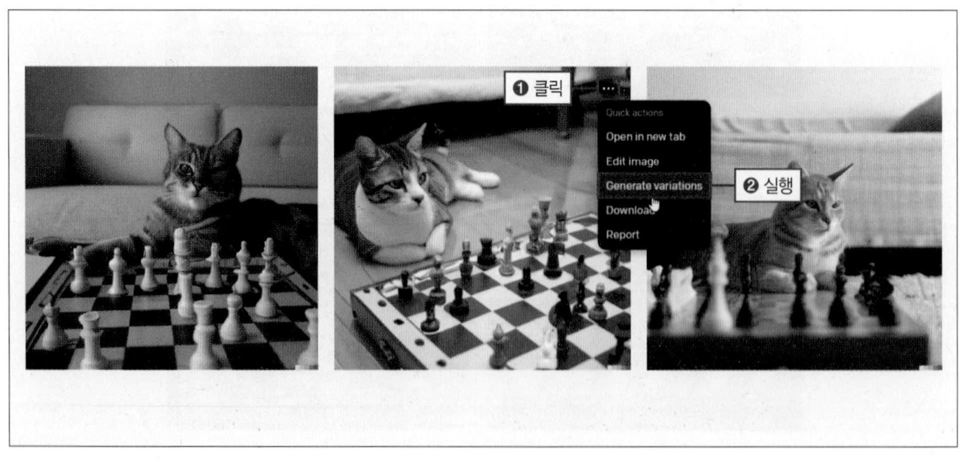

그림 5-5. 이미지 변형 실행

변형하기를 실행하여 나타난 이미지 중에서 맘에 드는 이미지를 다운로드합니다. 변형된 이미지가 맘에 들지 않아 이전의 작업물로 돌아가려면 상단 오른쪽의 '시계 모양' 아이콘(⟲)을 클릭하여 이전의 작업물로 돌아갈 수 있습니다.

그림 5-6. 변형한 이미지 결과물

❸ 이미지 덧씌우기(Inpainting)

달리 2는 기존의 이미지에 실감 나는 편집을 할 수 있습니다. 이미지자, 반사, 화소를 고려하면서 요소들을 더하거나 뺄 수 있습니다. 편집하고자 하는 이미지를 선택하고 이미지에 마우스 커서를 위치한 다음 '…' 아이콘 클릭한 다음 〔Edit image〕를 실행합니다.

(a) 편집할 이미지 선택

5

글로 이미지 생성하는 AI (3)

(b) [Edit image] 실행

그림 5-7. 이미지 편집 실행

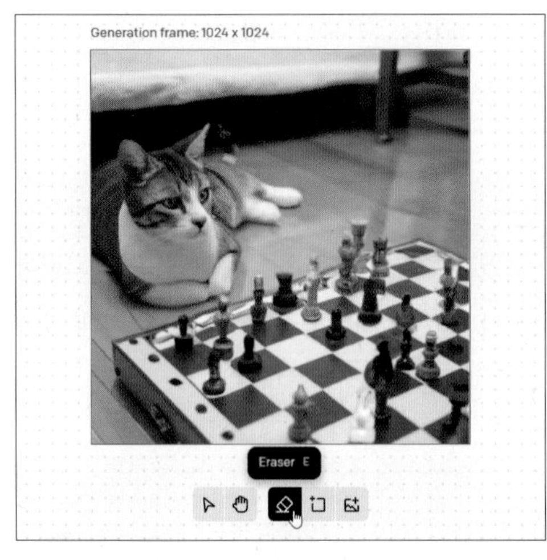

(a) 일부 이미지 지우기 'Eraser' 아이콘

(b) 일부 이미지 지우기 실행 결과

그림 5-8. Edit image 실행 및 결과

다음으로 텍스트 창에 새롭게 덧씌우고자 **프롬프트 5-2**와 같이 이미지에 대한 설명('개가 고양이에게 치근덕 거리고 있다.'의 번역문)을 입력하고 Enter를 누르면 그림 5-9와 같은 이미지가 생성됩니다.

프롬프트 5-2 `The dog is flirting with the cat`

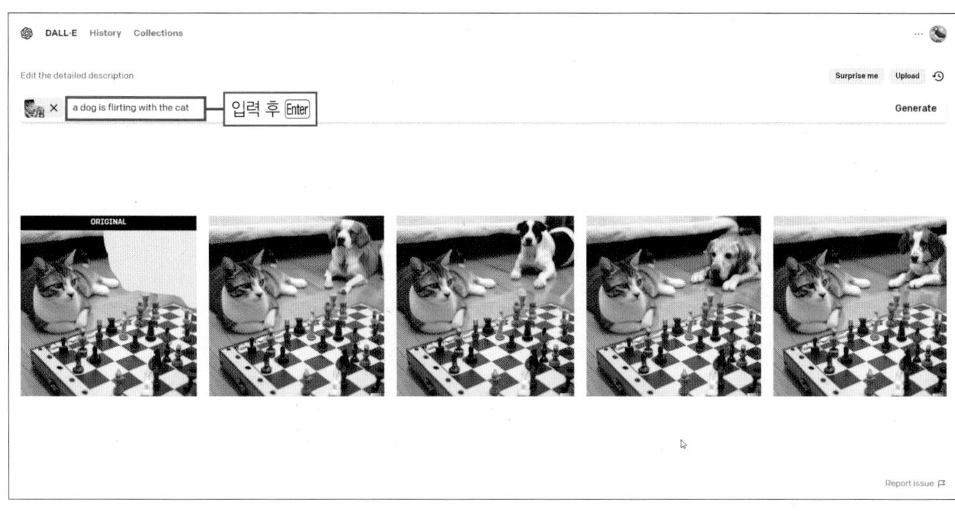

그림 5-9. **프롬프트 5-2**를 입력하여 고양이에게 치근덕거리는 개 이미지 생성

❹ 이미지 확장(Outpainting)

달리 2는 원본 이미지를 확장시켜 새 요소를 만들 수 있습니다. 편집할 이미지에 마우스 커서를 위치하고 '…' 아이콘 클릭한 다음 〔Edit image〕를 실행합니다. 하단에 표시되는 도구 중에 'Add generation frame' 아이콘(◰)을 클릭하고 확장하려는 위치에 프레임을 배치한 후 클릭합니다. 이때 프레임은 반드시 기존 이미지와 겹쳐서 배치해야 합니다. 겹치지 않게 배치하면 기존의 화풍 및 요소와는 무관한 이미지가 생성됩니다.

그림 5-10. Add generation frame 실행

기존 이미지에서 이미지를 좀 더 확장하여 생성하기 위해 다시 나타난 텍스트 창에 **프롬프트 5-3**과 같이 이미지에 대한 설명('개는 고양이와 거실에서 체스를 두고 있다.'의 번역)을 입력하여 이미지를 생성하면 그림 5-11과 같이 겹쳐진 부분을 기준으로 이미지가 확장되어 생성됩니다.

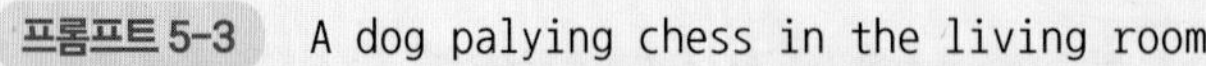

프롬프트 5-3 `A dog palying chess in the living room`

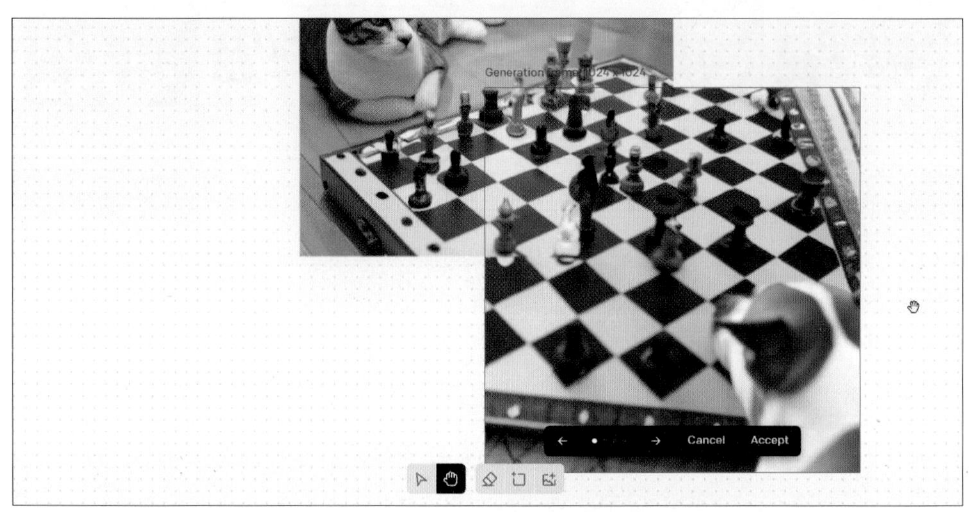

그림 5-11. **프롬프트 5-3**을 입력하여 확장된 틀에서 고양이와 체스 두는 강아지 이미지 생성

→, ←을 눌러 원하는 이미지를 선택하려면 〈Accept〉를 클릭하고, 이전의 작업으로 돌아가려면 〈Cancel〉을 클릭합니다. 〈Accept〉를 클릭한 사진을 저장하려면 상단 오른쪽의 '다운로드' 아이콘(⤓)을 클릭합니다.

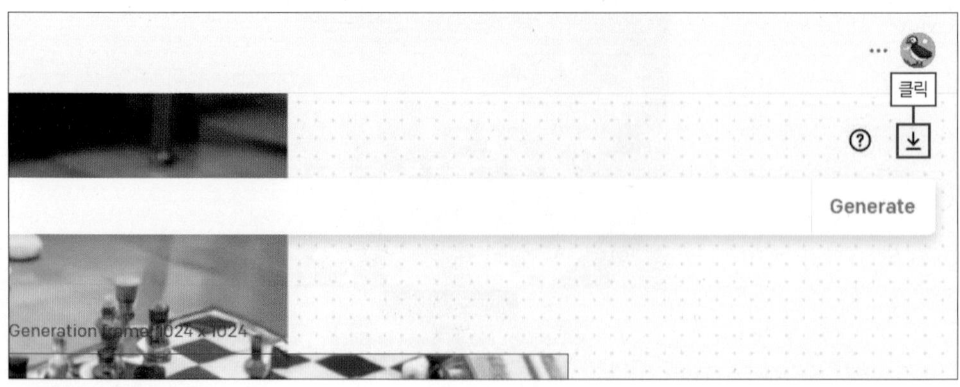

그림 5-12. 〈Accept〉를 클릭한 사진 저장

5.2 빙 Image Creator 시작

빙은 마이크로소프트(Microsoft)가 개발한 검색엔진으로 마이크로소프트가 투자한 OpenAI 사의 GPT 모델을 활용한 프로메테우스 모델을 빙에 탑재하여 웹용 코파일럿(Copilot)이라는 부제를 달고 나타났습니다. 코파일럿은 마이크로소프트 365 앱에 내장될 차세대 AI 기술로 단순 검색 서비스는 크롬으로도 사용 가능하나 새로운 빙의 핵심 기능인 '채팅'과 '작성'을 사용하기 위해서는 PC용 엣지(Edge) 브라우저를 사용해야 합니다.

마이크로소프트 가입

AI 검색엔진 빙을 사용하기 위해서는 마이크로소프트 계정 사용은 필수입니다. 회원가입 방법은 다음과 같습니다.

❶ 주소창에 'signup.live.com'을 입력하여 홈페이지에 접속합니다.

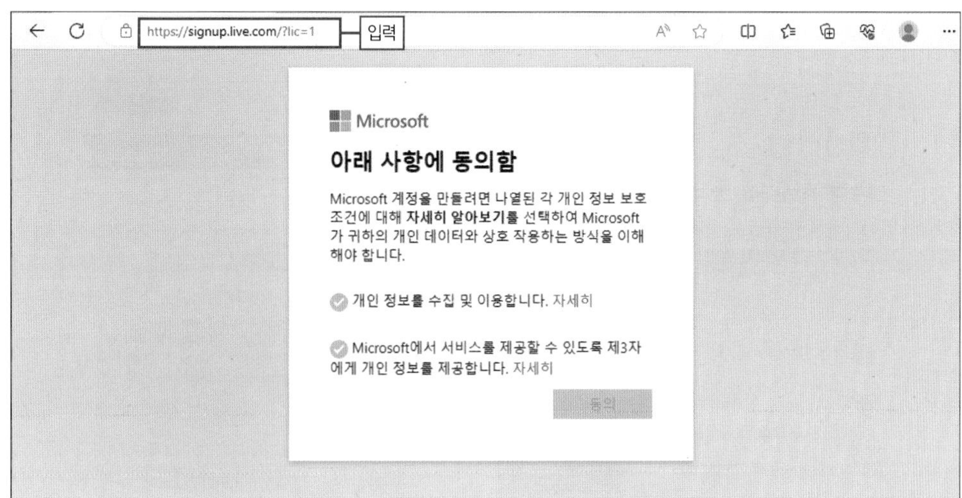

그림 5-13. 'signup.live.com' 접속

❷ '개인 정보를 수집 및 이용합니다.' 오른쪽에 있는 '자세히'를 클릭하여 개인정보의 수집 및 이용 약관을 확인하고 〈뒤로〉 버튼을 클릭한 다음 '개인 정보를 수집 및 이용합니다.'를 체크 표시합니다.

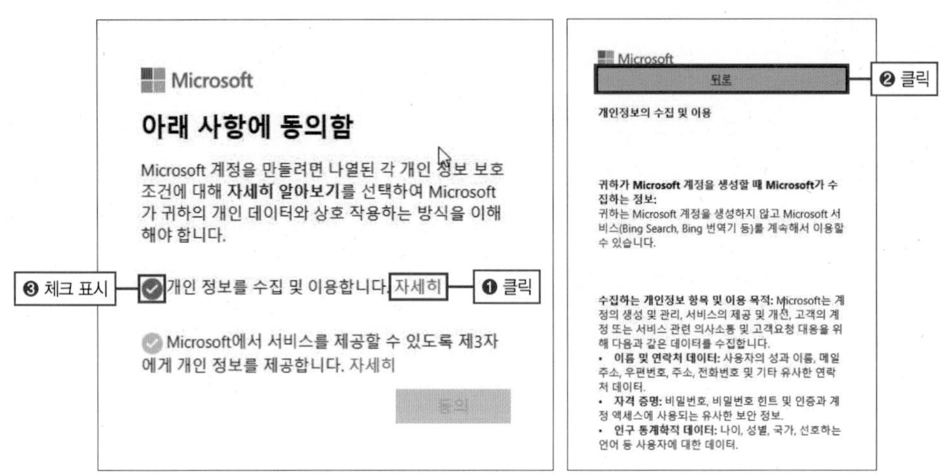

그림 5-14. 개인정보 수집 약관에 동의

❸ 같은 방법으로 'Microsoft에서 서비스를 제공할 수 있도록 제3자에게 개인정보를 제공합니다.' 오른쪽에 있는 '자세히'를 클릭하여 개인정보의 제공 약관을 확인하고 〈뒤로〉 버튼을 클릭한 다음 'Microsoft에서 서비스를 제공할 수 있도록 제3자에게 개인정보를 제공합니다.'를 체크 표시합니다. 활성화된 〈동의〉 버튼을 클릭합니다.

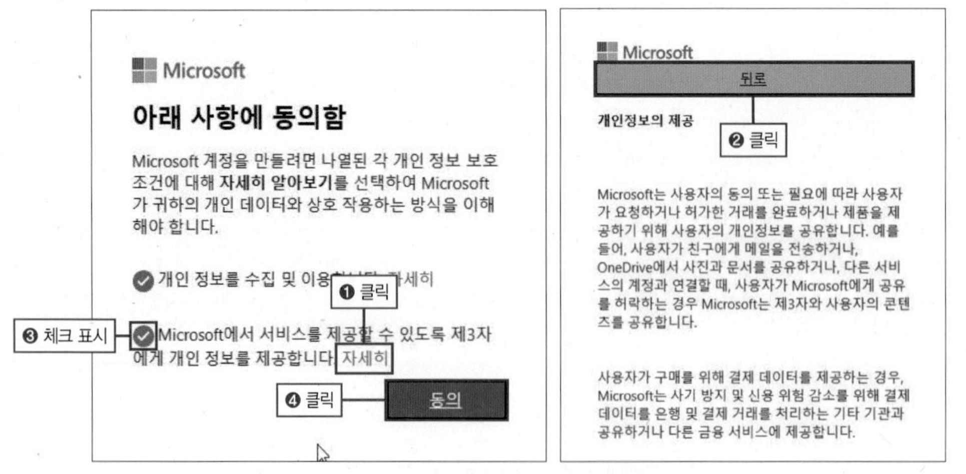

그림 5-15. 제3자에게 개인 정보 제공에 동의

❹ 사용할 계정과 암호를 순서대로 입력한 후 〈다음〉 버튼을 클릭합니다. 이때 메일 주소는 학교, 회사 이메일이 아닌 개인 이메일(네이버, 구글 등)만 가능합니다.

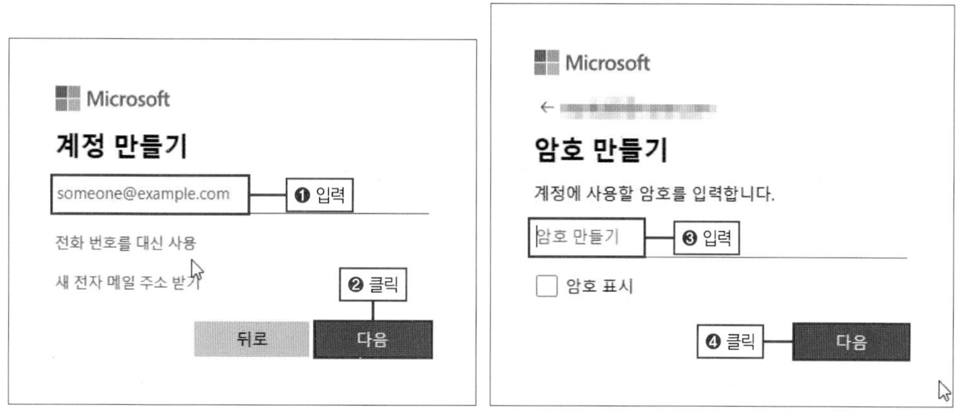

그림 5-16. 계정과 암호 생성

❺ 이름을 입력하세요. 화면에서 성과 이름을 입력하고 〈다음〉 버튼을 클릭합니다. 생년월일을 입력하세요. 화면에서는 국가/지역과 생년월일을 지정하고 〈다음〉 버튼을 클릭합니다.

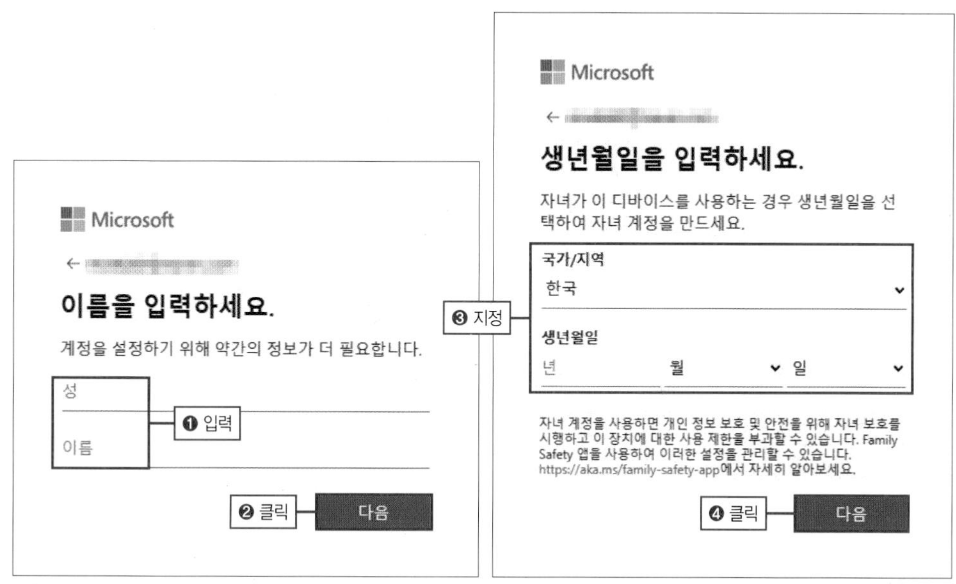

그림 5-17. 개인정보(이름, 국가, 생년월일) 입력

❻ 가입한 전자 메일로 전송된 보안 코드를 확인하여 입력하고 〈동의하고 계정 만들기〉 버튼을 클릭하여 회원가입 절차를 마무리합니다.

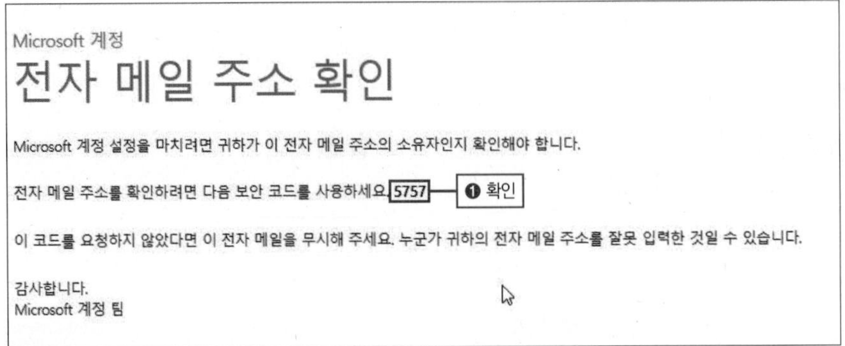

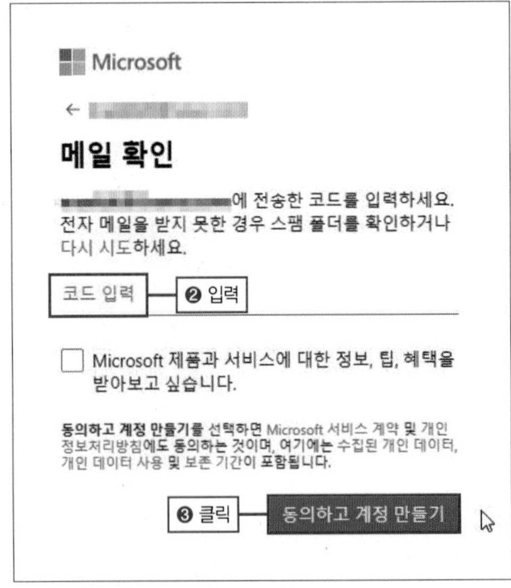

그림 5-18. 메일 확인 후 보안 코드 입력

빙 채팅 사용 준비

빙의 응답 톤은 상세, 균형, 정확으로 나누어져 있습니다. 상세는 창의적인 답변이 필요할 때, 정확은 기존의 검색엔진과 마찬가지로 단순 정보만 필요할 때, 균형은 상세와 정확의 중간형으로 적절히 균형 잡힌 답변이 필요할 때 사용합니다. 선택에 어려움이 있다면 우선 〔균형〕을 선택합니다.

빙의 채팅 기능은 오른쪽의 사이드바와 기본 화면 모두에서 사용할 수 있습니다. 사이드바에서 사용하는 방법은 파란색의 '검색' 아이콘(Ⓑ)을 클릭하는 것입니다.

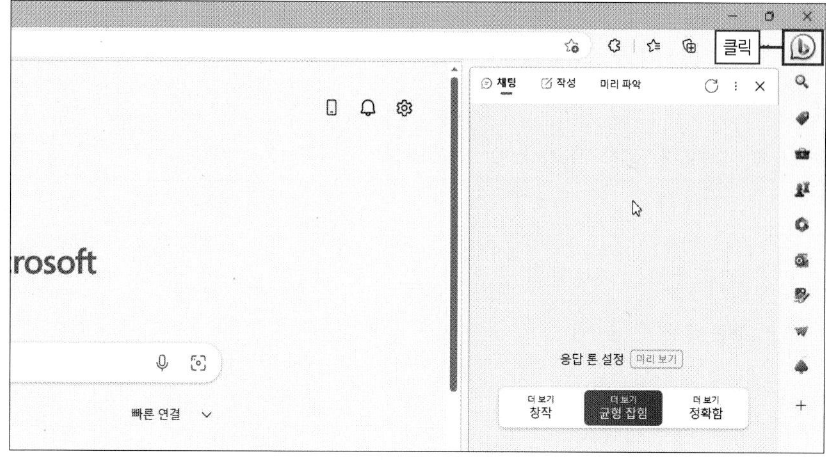

그림 5-19. 사이드바에서 빙의 채팅 기능 사용

또는 빙의 기본 화면의 상단에서 '채팅'을 클릭하여 사용합니다.

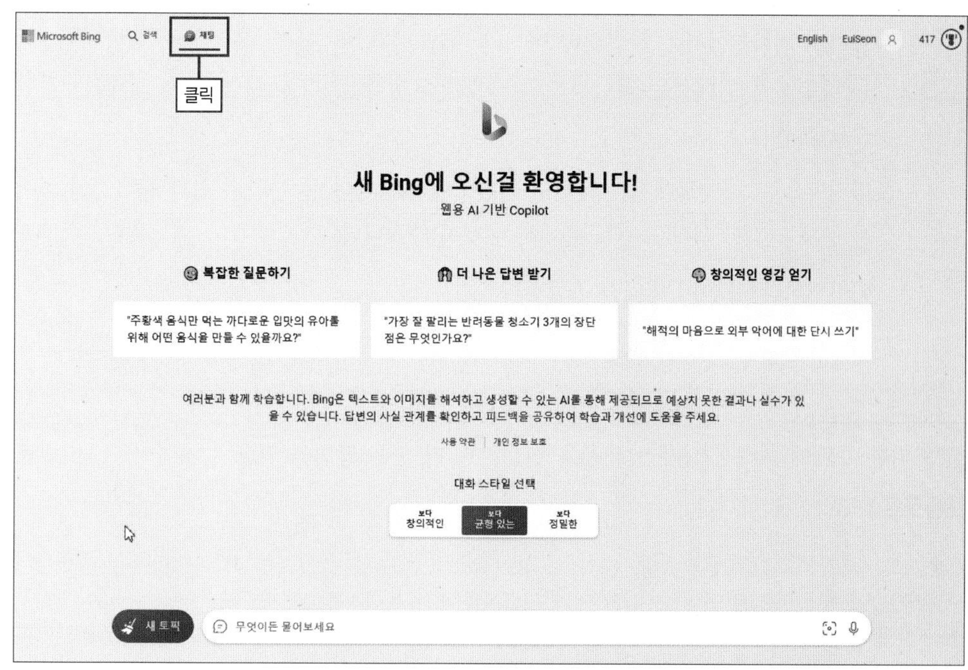

그림 5-20. 기본 화면에서 빙의 채팅 기능 사용

빙 채팅 기능 시작

화면 하단에 '무엇이든 물어보세요'라고 적힌 입력창을 클릭하여 검색하고자 하는 내용을 입력합니다. 입력 내용은 문장형으로도 가능합니다.

입력 결과를 얻기 위해 제시된 **프롬프트 5-4**를 입력합니다.

프롬프트 5-4 대학교 새내기가 해야 할 일을 알려줘.

BING

✓ "대학교 새내기가 해야 할 일" 검색 중

✓ 답변을 생성하는 중…

대학교 새내기가 해야 할 일에 대해서는 여러가지가 있겠지만, 대학생활을 즐기기 위해서는 먼저 대학교에서의 생활에 대한 이해가 필요합니다. 대학교에서는 수업뿐만 아니라 동아리, 학회 등 다양한 활동이 있습니다. 이를 통해 자신이 원하는 분야에 대한 지식을 쌓을 수 있고 좋은 인맥도 만들 수 있습니다1. 또한, 대학교에서는 학습과 병행하여 직접적인 경험을 통해 자신의 능력을 키울 수 있는 기회도 많습니다2.

그리고 대학교에서는 학업뿐만 아니라 여러 가지 문제들이 발생할 수 있습니다. 이를 해결하기 위해서는 적극적으로 도움을 요청하고, 다른 사람들과 소통하는 것이 중요합니다.

마지막으로, 대학교에서는 자신의 건강도 중요합니다. 충분한 수면과 규칙적인 식사를 통해 건강한 생활 습관을 유지하는 것이 좋습니다3.

이상입니다. 도움이 되었길 바랍니다.

자세한 정보 : 1. post.naver.com 2. chemidram.com 3. blog.naver.com

한번 다룬 주제에 대해서 상세한 내용을 질문하면 더 좋은 답변을 얻을 수 있습니다. 이번엔 **프롬프트 5-5**를 입력합니다.

프롬프트 5-5 운동을 좋아하는 새내기가 가입하면 좋은 동아리를 추천해 줘.

✓ "대학교 운동 동아리 추천" 검색 중

✓ 답변을 생성하는 중…

대학교에서 운동을 좋아하는 새내기가 가입하면 좋은 동아리를 추천해 드릴게요.

대학교에서는 다양한 운동 동아리가 있습니다. 예를 들어, 축구, 농구, 배드민턴, 테니스 등의 스포츠 동아리가 있고, 요가 필라테스 등의 헬스 동아리도 있습니다. 또한, 등산 동아리나 수영 동아리도 있습니다.

동아리를 선택할 때는 자신이 좋아하는 운동을 하면서 즐길 수 있는 동아리를 선택하는 것이 좋습니다. 또한, 동아리 활동을 하면서 새로운 친구들을 만들 수도 있습니다.

네이버 포스트에는 대학교 동아리 추천 정보가 많이 있으니 참고하시면 좋을 것 같습니다.123

추천해 드린 정보가 도움이 되었는지요?

자세한 정보 : 1. post.naver.com 2. blog.naver.com 3. blog.naver.com

그림 5-21의 결과에서 알 수 있는 빙의 장점은 정보의 출처나 관련 외부 링크를 제공한다는 것입니다. 또 다른 장점을 알아보기 위해 〈새 토픽〉 버튼을 클릭하여 기존의 내용을 지운 후 최신 정보에 대한 내용을 알아보기 위해 **프롬프트 5-6**을 입력합니다.

프롬프트 5-6 2022 월드컵 우승팀 알려줘.

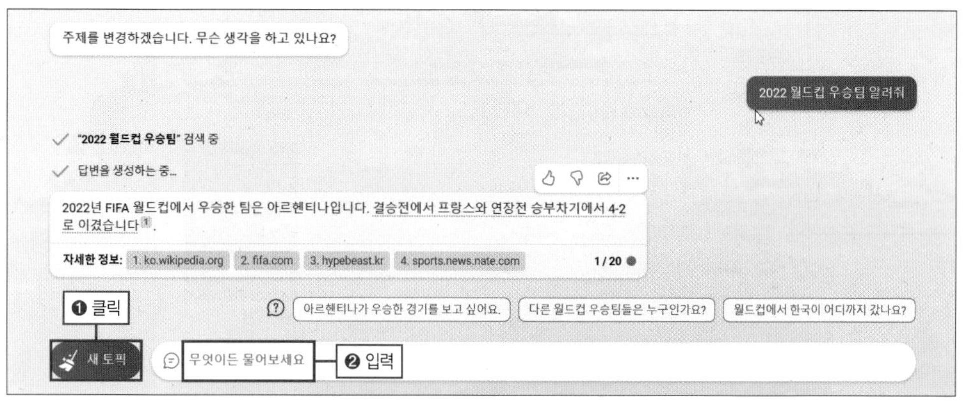

그림 5-21. 프롬프트 5-6 입력 결과

빙은 최신 정보를 반영한 답변이 가능하다는 장점이 있습니다.

빙의 요약 기능

빙은 웹 사이트와 PDF에 대한 번역된 요약을 제공합니다. Deep Learning 위키피디아 문서를 번역하고 요약하겠습니다.

먼저, 브라우저 주소 입력창에 'deep learning wikipedia'를 입력합니다.

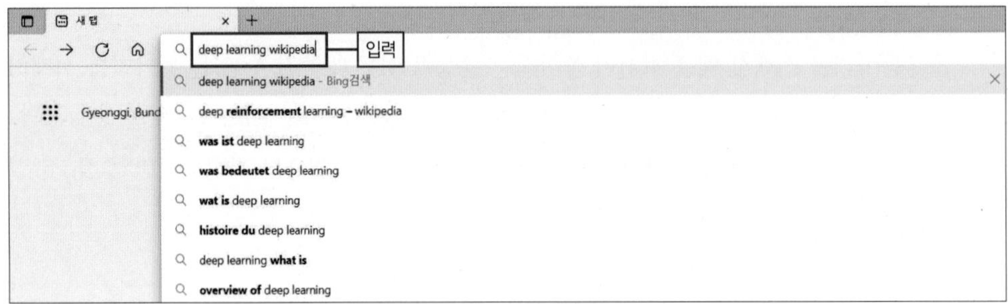

그림 5-22. 브라우저 상단에 'deep learning wikipedia' 입력

검색하여 표시된 페이지에서 'Deep learning – Wikipedia'를 클릭하여 위키피디아 홈페이지에 접속합니다.

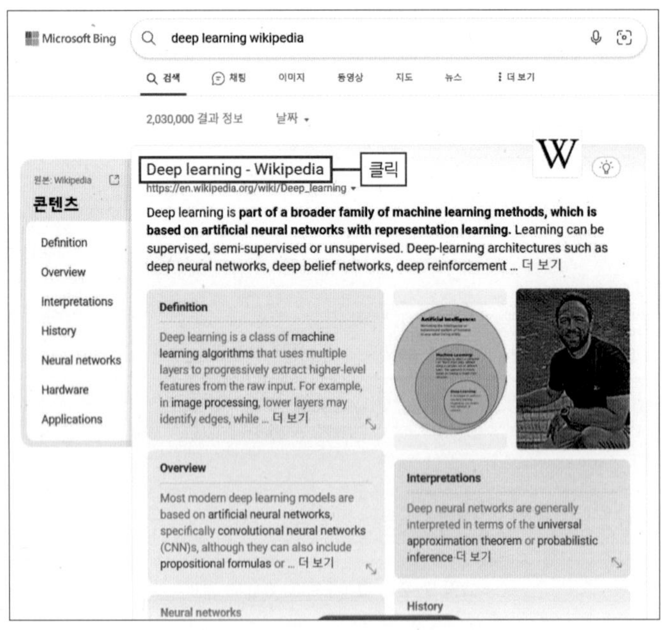

그림 5-23. 'deep learning wikipedia' 검색 결과

상단 오른쪽의 '검색' 아이콘(Ⓑ)을 클릭하여 사이드바의 채팅하기를 활성화합니다.

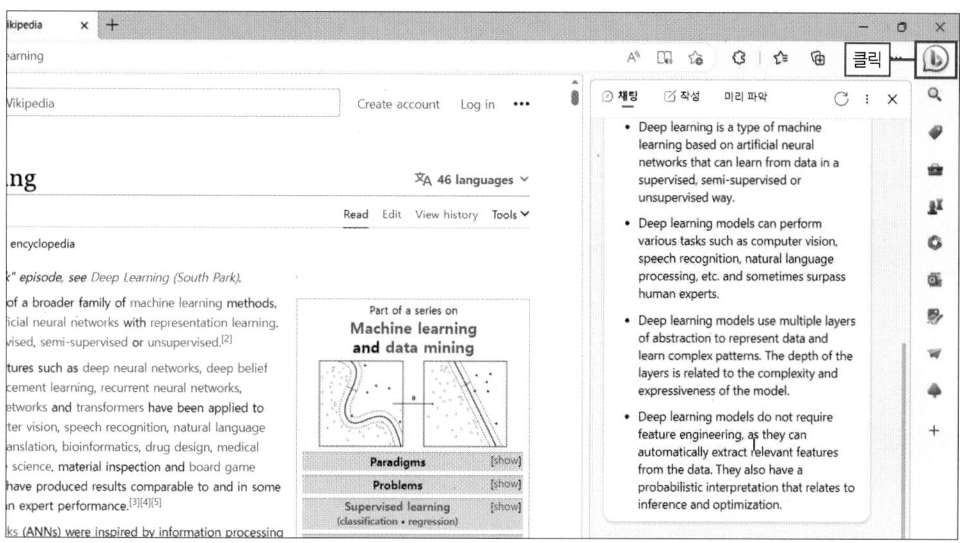

그림 5-24. 위키피디아 문서에서 채팅하기 사이드바 활성화

사이드바에 채팅이 활성화되면 딥러닝에 대한 영문 요약이 나타납니다. 한글 요약을 위해 채팅 입력창에 '요약해 줘.'를 입력합니다. 브라우저로 PDF 파일을 열어 사이드바의 채팅에서 '요약해 줘.'를 입력하면 PDF 파일도 번역된 요약이 가능합니다.

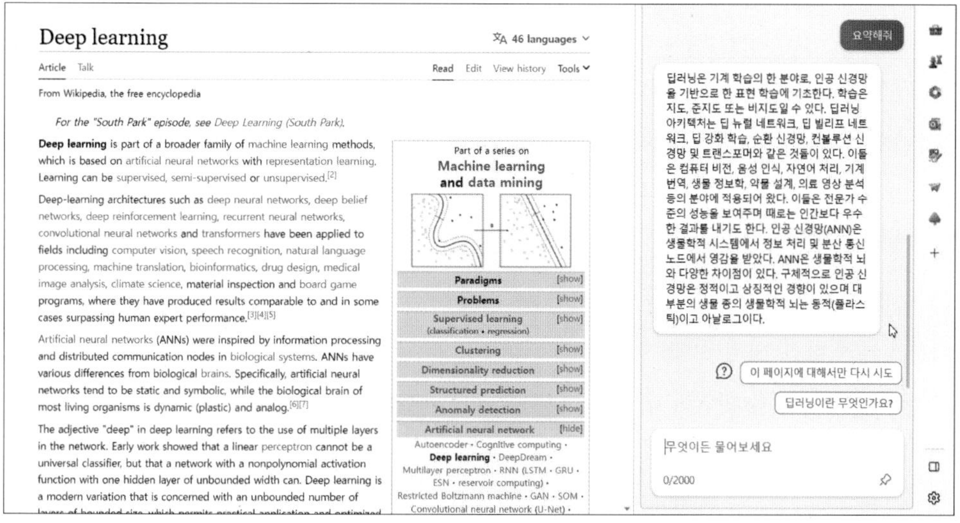

그림 5-25. 사이드바의 채팅하기에 '요약해 줘.' 입력 결과

빙의 작성 기능

빙은 문서의 초안을 작성할 때 〔작성〕 탭을 이용하여 작성할 수 있습니다. 이 기능은 사이드바에서 사용 가능합니다. 예시로 여자친구와의 기념일을 잊어버려 여자친구에게 사과하는 글을 작성하겠습니다.

사이드바 채팅 상단의 〔작성〕 탭을 선택하고 작성 주제에 '여자친구와의 기념일을 잊은 것을 사과'를 입력합니다. 일상적인 사과문이므로 톤을 '캐주얼', 형식을 '단락', 길이를 '보통'으로 선택한 후 〈초안 생성〉 버튼을 클릭하면 미리 보기 형태로 글이 작성된 것을 확인할 수 있습니다.

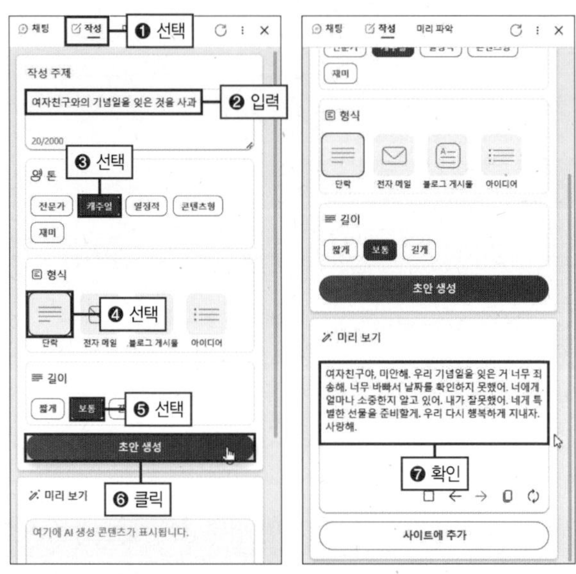

그림 5-26. '여자친구와의 기념일을 잊은 것을 사과' 초안 생성과 결과

제품을 소개하는 블로그의 게시물도 작성할 수 있습니다. 예시로 갤럭시 S23을 소개하는 글을 작성하도록 하겠습니다. 주제에 '갤럭시 S23 소개'를 입력하고 톤을 '전문가', 형식을 '블로그 게시물', 길이를 '길게'로 선택한 후 〈초안 생성〉 버튼을 클릭하면 미리 보기 형태로 글이 작성된 것을 확인할 수 있습니다.

그림 5-27. '갤럭시 S23 소개' 초안 생성과 결과

Image Creator 사용

빙은 달리와 같은 이미지 생성 결과가 출력되는 Image Creator를 제공합니다. 이 기능은 출력된 이미지를 편집할 수는 없지만, 무료 크레딧이 많이 제공되어 이미지를 편리하게 생성할 수 있다는 점에서 유용합니다.

❶ 사이트 접속

엣지 브라우저 주소 입력창에 'https://bing.com/create'를 입력하거나, 검색창에서 'image creator'를 검색하여 사이트에 접속합니다.

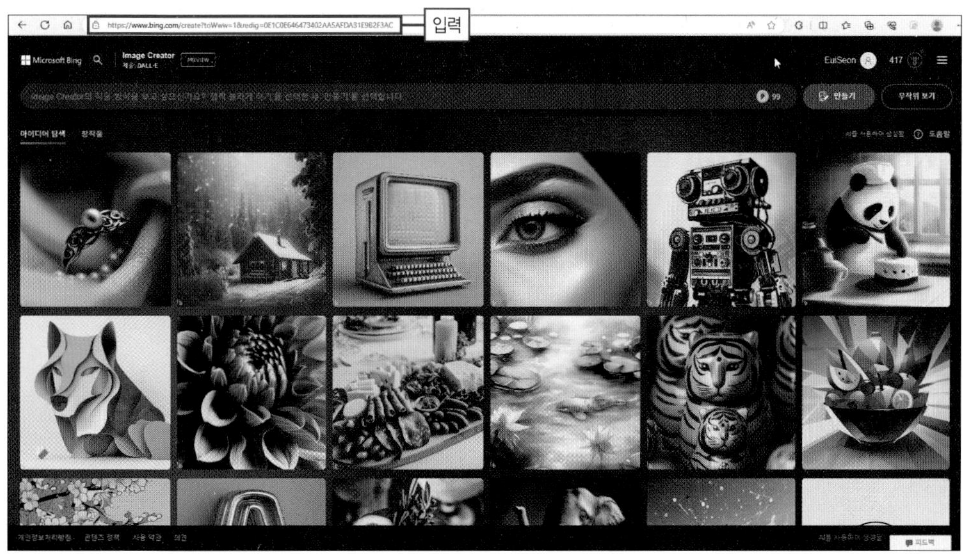

그림 5-28. Image Creator 접속

❷ 프롬프트 입력

달리와 엔진을 공유하지만 단순한 형식으로 사용 가능할 뿐만 아니라, 한글 프롬프트가 사용 가능하여 별도의 번역기 사용이 필요 없습니다. 공식적으로 권장하는 형식은 '형용사+명사+동사+스타일'입니다. 디지털 아트 형식의 체스 두는 귀여운 고양이에 대한 이미지를 생성한 후 다운로드합니다.

프롬프트 5-7 귀여운 고양이가 거실에서 체스를 두고 있다, 디지털 아트.

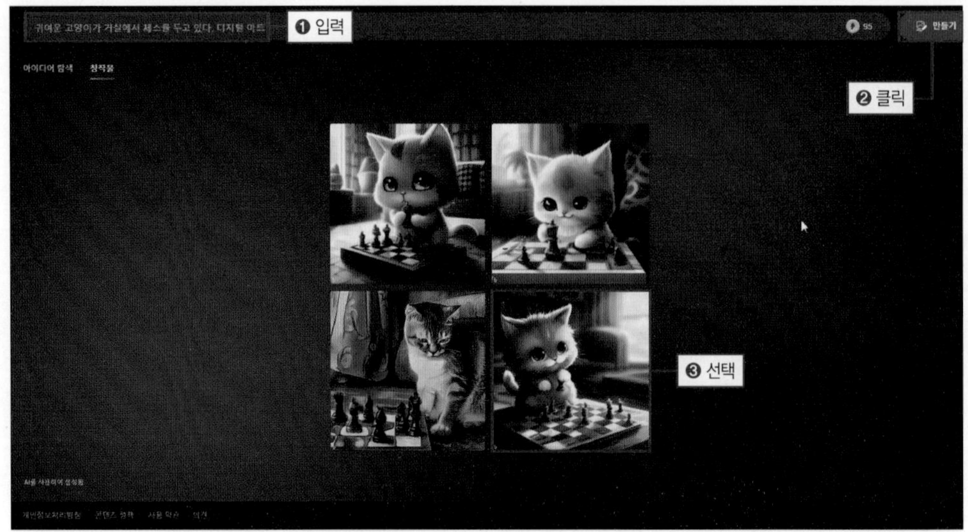

그림 5-29. 입력창에 **프롬프트 5-7** 입력 후 〈만들기〉 버튼 클릭

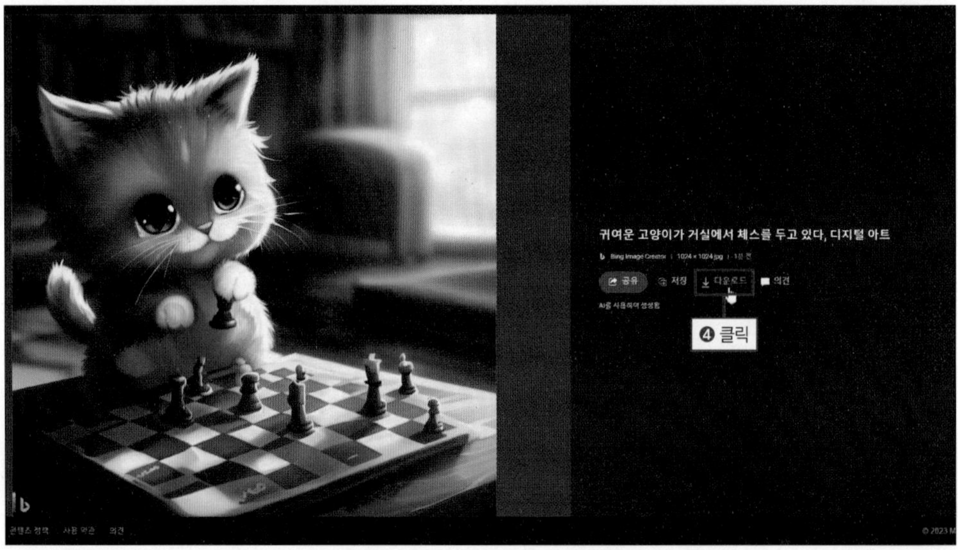

그림 5-30. 마음에 드는 이미지를 선택하여 〈다운로드〉 버튼 클릭

5.3 카카오톡 채널 AskUp 시작

카카오톡 채널 AskUp은 국내 AI 스타트업 기업 Upstage 사가 개발한 카카오톡 기반의 AI 챗봇 서비스로 자사의 OCR(Optical Character Recognition), 이미지 생성 모델과 OpenAI 사의 챗GPT API를 활용하여 사용자에게 챗봇을 제공하고 있습니다. 주요 기능으로는 대화하기, 블로그 추천하기, 이미지 인식하기, 이미지 생성하기가 있습니다. 국민 메신저 카카오톡에서 대화 형식으로 사용할 수 있어 PC 환경뿐만 아니라 모바일에서 접근성도 높습니다.

AskUp 준비

웹 브라우저에서 '카카오톡'을 검색하여 홈페이지에 접속하고 '다운로드'를 클릭하여 표시되는 'Windows'를 선택하여 PC용 카카오톡을 설치합니다.

그림 5-31. 카카오톡 설치

PC 카카오톡을 실행하여 로그인하고 상단의 '친구 추가' 아이콘()을 클릭합니다. 친구 추가 창이 표시되면 〔ID로 추가〕 탭을 선택하고 'askup'을 입력한 다음 Enter를 누르면 AskUp이 검색됩니다. 〈채널 추가〉 버튼을 클릭하여 친구 추가하면 대화하는 방식으로 AskUp 서비스를 이용할 수 있습니다.

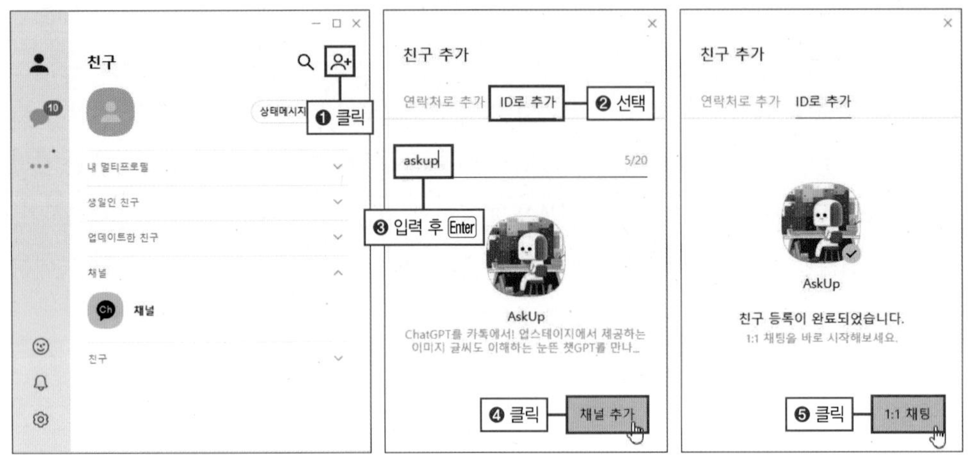

그림 5-32. AskUp 친구 추가

AskUp 주요 기능

AskUp은 기본적으로 GPT-3.5 모델을 사용하여, 2021년 10월 이전까지의 데이터에 대해서만 답변 가능합니다. GPT-4를 활용한 대화는 앞에 느낌표 '!'를 붙여 GPT-4 크레딧을 1개 소진하여 사용할 수 있습니다. 대화할 때마다 크레딧이 1개씩 소진되며, 기본적으로 하루에 크레딧 100개, GPT-4 크레딧 10개를 제공하고 있습니다. 남은 크레딧의 개수를 확인하는 명령어는 '크레딧확인!'입니다.

❶ 대화 기반 내용 생성 기능

챗GPT와 마찬가지로 대화가 가능합니다. 예를 들어, '부자가 되는 방법에 대해 알려줘'라고 입력하면 5~10초 정도 지난 후 결과가 출력됩니다. 또한, 더 대화하고 싶은 내용에 대해서 입력하는 방식으로 대화를 이어나갈 수 있습니다.

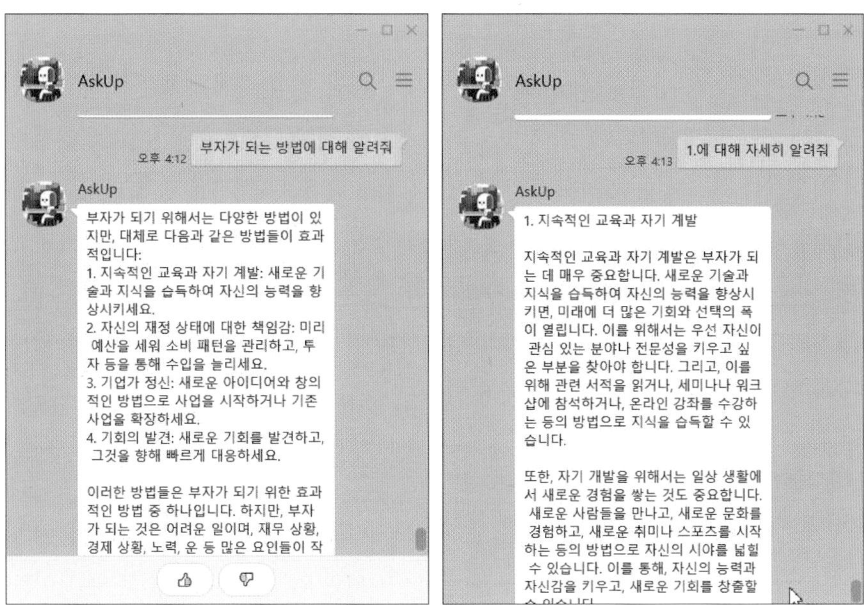

그림 5-33. AskUp과 대화

새로운 주제로 대화하고 싶을 때는 '새로운대화시작'을 입력하거나, 팝업창에 있는 '새로운대화시작'을 클릭합니다.

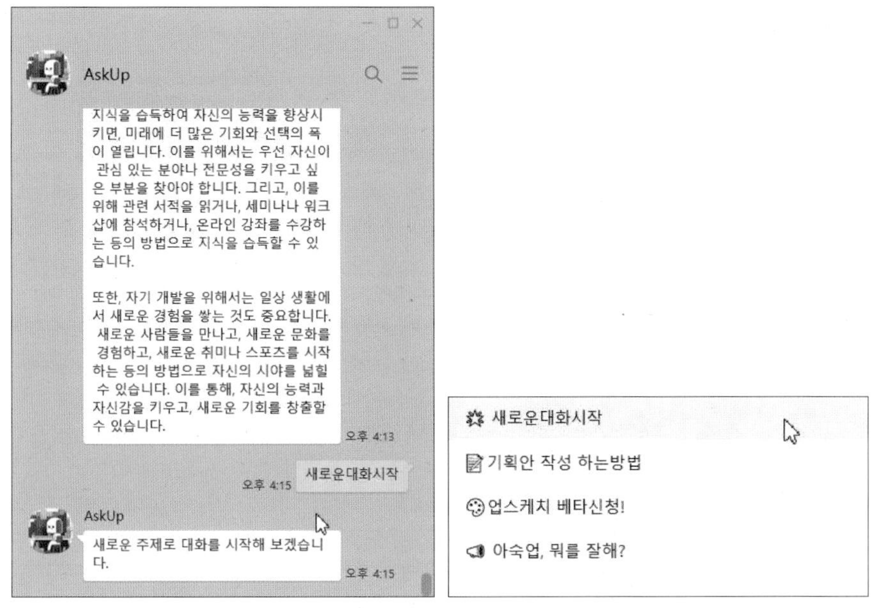

그림 5-34. 새로운 대화 시작

❷ 검색 기능

AskUp은 근거없이 허위 정보를 생성하는 챗GPT의 환각 현상 문제를 보완하기 위해 실시간 인터넷 검색 기능을 제공합니다. 이 기능은 최신 정보를 찾아 답변할 수 있는 검색엔진을 GPT 모델에 접목하여 제공하며, 카카오톡 채널 채팅창에서 물음표 '?' 뒤에 검색 단어를 입력하여 사용합니다. 검색 결과는 요약 내용, 출처, 링크와 함께 제공되므로, 이 기능은 2021년 이후의 최신 정보를 검색하고 싶을 때, 창장 및 생성이 아닌 인터넷 검색 기능이 필요할 때, 챗GPT의 환각 현상이 우려될 때, 출처 또는 근거가 있는 정보를 얻고 싶을 때 사용하면 됩니다. 예를 들어, 채팅창에 '? 홍대맛집'을 입력해 전송하면 검색 결과를 그림 5-35와 같이 제공합니다.

❸ 웹 사이트 요약 기능

'http://' 또는 'https://' 문구로 시작되는 웹 사이트 주소를 입력하면 해당 웹 사이트의 내용을 요약합니다. 또한, 영어로 된 웹 사이트는 한글로, 그 외의 외국어로 되어 있는 웹 사이트는 영어로 번역하여 요약합니다. 예를 들어, 'https://openai.com/blog/chatgpt'(챗GPT 영문 웹 사이트)를 입력하면 챗GPT 웹 사이트에 있는 내용을 요약한 후 한국어로 번역합니다.

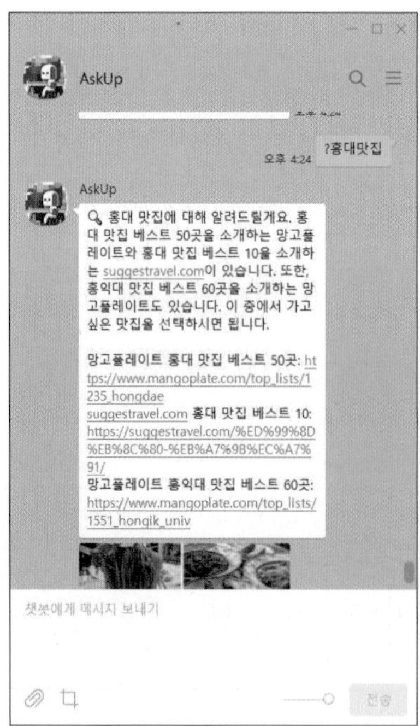

그림 5-35. AskUp 검색 및 검색 결과

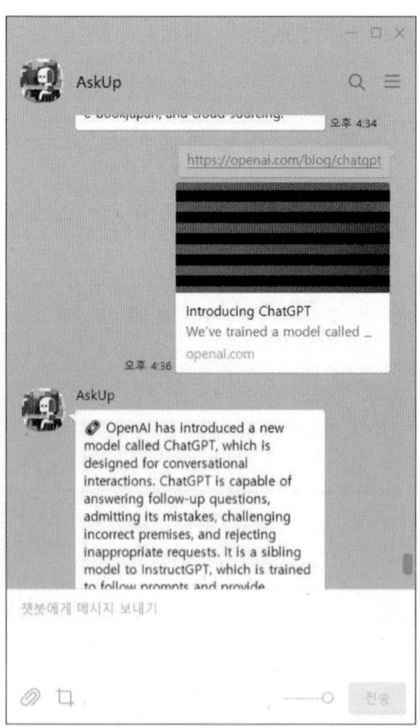

그림 5-36. 요약 및 번역

❹ 텍스트가 포함된 이미지 인식

텍스트가 포함된 이미지를 입력하면 해당 이미지에 있는 텍스트를 인식하여 요약하거나, 번역합니다. 예를 들어, '모두의 딥러닝(조태호 지음)' 책의 표지를 촬영하고 대화창 하단의 '파일전송' 아이콘(📎)(모바일은 + 모양)을 클릭하여 이미지 파일을 전송한 후 팝업창에 있는 〈이미지 내용 요약해줘〉 버튼을 클릭하면 이미지에 있는 모든 텍스트를 인식하여 텍스트를 요약한 결과를 얻을 수 있습니다.

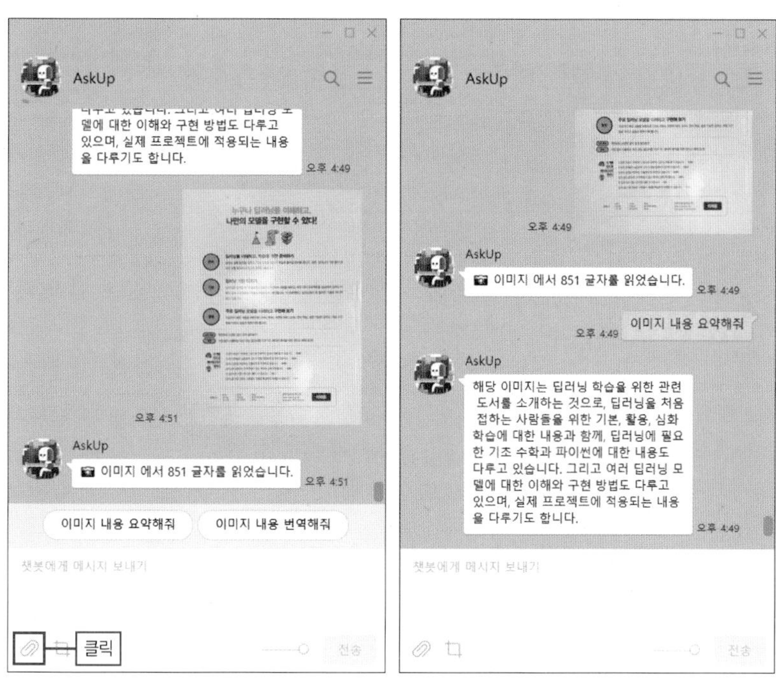

그림 5-37. 이미지 인식 및 요약

❺ 업스케치 기능

AskUp은 자체 엔진을 통해 '이미지 변환'과 '이미지 생성' 기능을 제공합니다.

• 이미지 변환

사람 얼굴이 포함된 이미지(3인 이내)를 입력하면 해당 이미지를 보정한(성전환, 멋있게, 젊게) 이미지를 출력합니다. 예를 들어, 대화창 하단의 '파일전송' 아이콘(📎)(모바일은 + 모양)을 클릭하여 멋있게 만들고 싶은 사진 파일을 대화창에 전송한 후 팝업창에 있는 성별 버튼과 주제를 클릭하면 내용에 맞게 변환된 사진이 출력됩니다.

그림 5-38. 이미지 변환

• 이미지 생성

우주, 사물, 풍경을 그리는데 특화되어 있는 업스케치는 '~ 그려줘'와 같은 형식을 입력하면 해당 대상을 생성합니다. 예를 들어, 입력창에 '우주에서 빛나는 달을 그려줘.'를 입력하면 해당 이미지를 생성합니다.

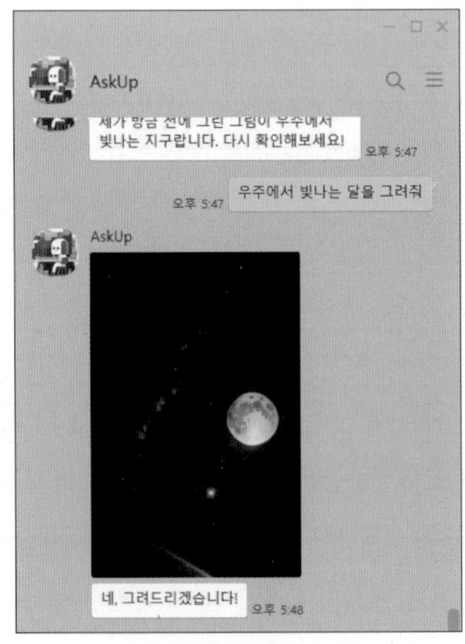

그림 5-39. 이미지 생성

5.4

챗GPT 시작

챗GPT 회원가입

본 회원가입 절차는 구글(Google) 계정이 있다는 가정하에 진행합니다.

❶ 크롬 웹 브라우저 주소 입력창에 'https://chat.openai.com/'를 입력하거나, 검색창에 'chatgpt'를 검색하여 홈페이지에 접속한 후 〈Try ChatGPT〉 버튼을 클릭합니다.

(a) 챗GPT 검색

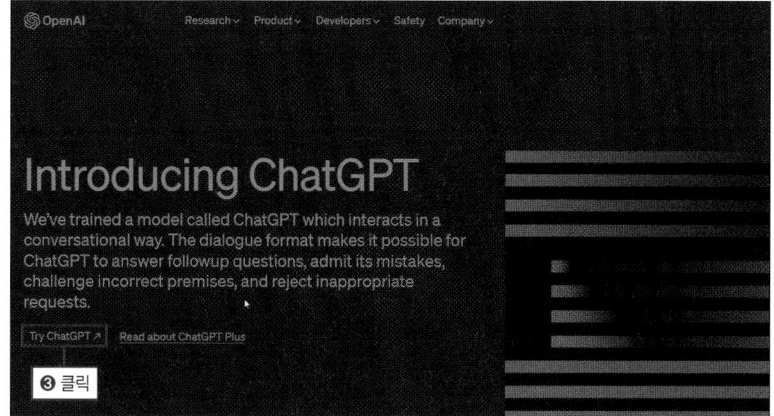

(b) 챗GPT 시작 화면

그림 5-40. 챗GPT 검색 및 접속

❷ Welcom to ChatGPT 화면이 표시되면 〈Sign Up〉 버튼을 클릭하고, 구글 계정을 사용하기 위해 〈Continue with Google〉 버튼을 클릭합니다. 로그인 된 본인의 계정이 표시되면 해당 계정을 선택하고, 그렇지 않다면 '다른 계정 사용'을 클릭하고 비밀번호를 입력합니다.

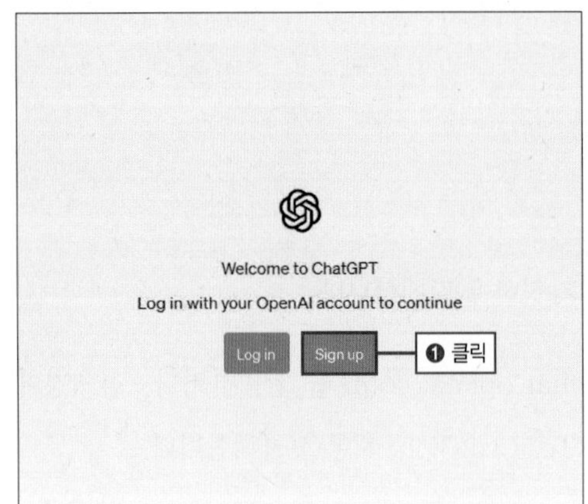

(a) Sign Up

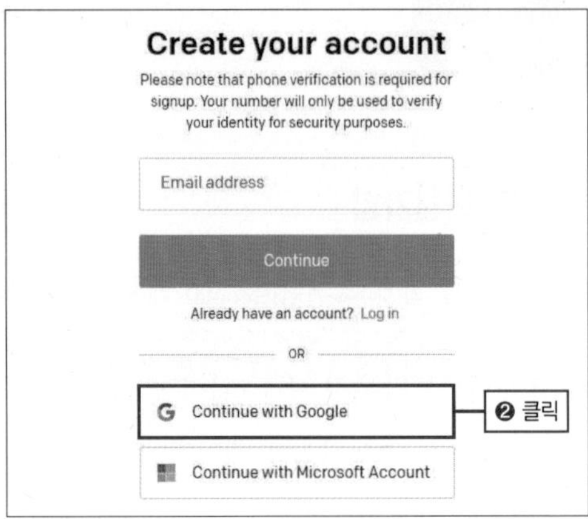

(b) 구글 계정 입력

(c) 계정 선택

그림 5-41. 〈Sign Up〉 버튼 클릭 후 구글 계정 선택

❸ 사람인지 확인하기 위해 '사람인지 확인하십시오'를 체크 표시하고, Tell us about you 화면에서 본인의 이름, 성, 생일(First Name, Last Name, Birthday)을 입력한 다음 휴대전화 문자인증을 받아 회원가입 절차를 마무리합니다.

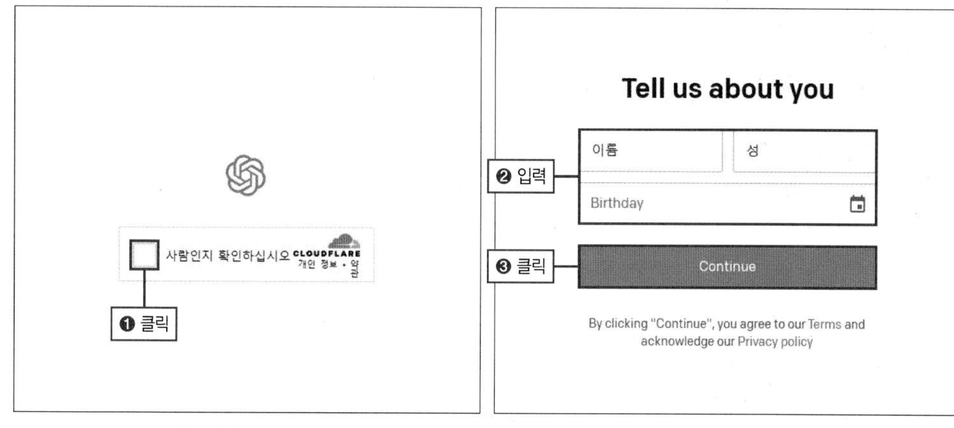

(a) 사람인지 확인

(b) 성, 이름, 생일 입력

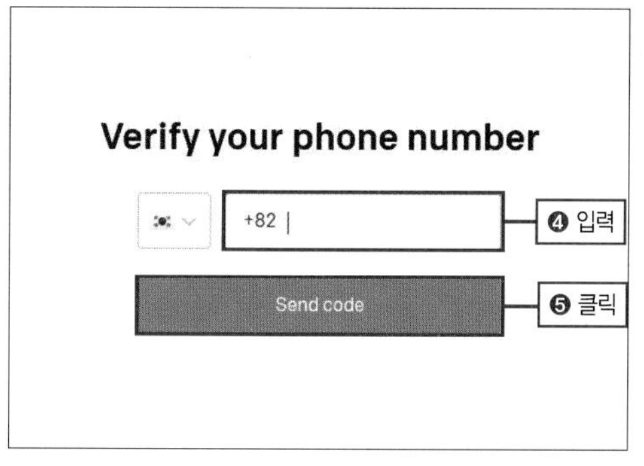

(c) 휴대전화 문자인증

그림 5-42. 추가 인증 단계 실행

한 강의실에서 여러 명이 동시에 문자인증을 받으면 디도스(DDos) 공격으로 간주하여 회원가입 절차가 진행되지 않는 경우가 있습니다. 이 경우에는 PC가 아닌 휴대전화를 통해 회원가입하는 것을 추천합니다.

❹ 로그인 시 〈Continue with Google〉 버튼을 클릭하여 본인의 계정을 선택하면 구글과 연동된 OpenAI 계정에 로그인할 수 있습니다.

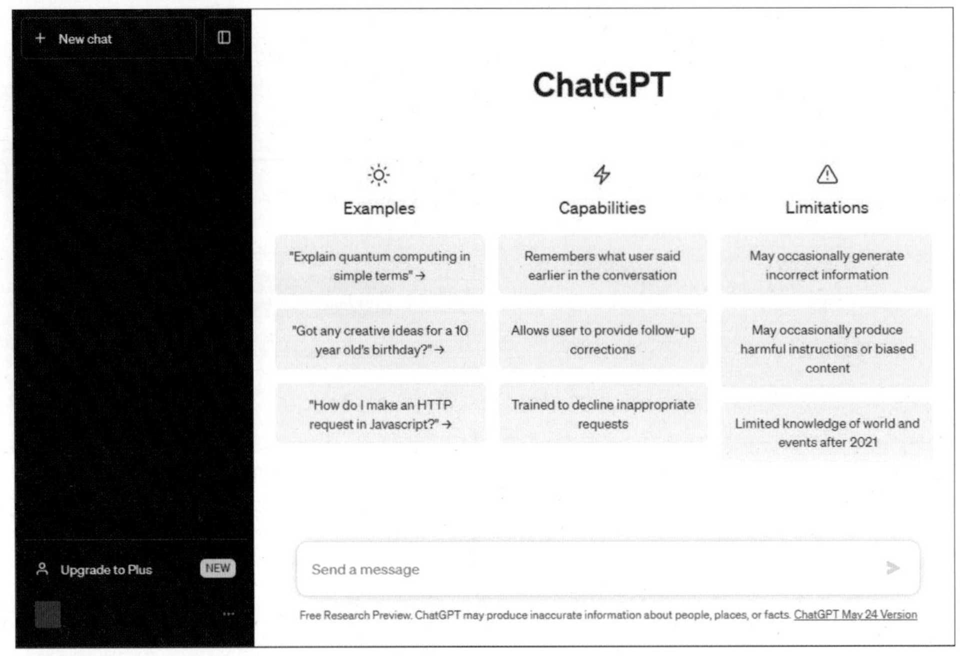

그림 5-43. 챗GPT 로그인 화면

챗GPT가 잘쓰는 글 종류

챗GPT는 기존의 사실에 대한 질문을 하는 검색엔진의 기능도 수행하지만, 최신 데이터가 반영되어 있지 않아 종종 틀린 답변을 합니다. 따라서 챗GPT는 검색보다는 창작의 기능에 중점을 두고 사용하는 것을 추천합니다. 챗GPT에게 본인이 잘 쓰는 글을 질문했을 때 다음과 같은 결과를 얻었습니다.

❶ **뉴스 기사** : 현재 이슈와 관련된 뉴스 기사를 작성할 수 있습니다.

❷ **에세이** : 주제에 대한 분석과 해석, 자신의 견해를 밝히는 글을 작성할 수 있습니다.

❸ **기술 문서** : 기술적인 정보와 지침을 설명하는 문서를 작성할 수 있습니다.

❹ **광고/마케팅 콘텐츠** : 제품, 서비스 또는 브랜드를 홍보하는 광고 캠페인 또는 마케팅 콘텐츠를 작성할 수 있습니다.

❺ **소설/시/희곡 등** : 창작물인 소설, 시, 희곡 등 다양한 장르의 글을 작성할 수 있습니다.

❻ **블로그 게시물** : 특정 주제에 대한 정보나 자신의 생각, 경험을 공유하는 블로그 게시물을 작성할 수 있습니다.

❼ **학술 논문** : 연구 주제에 대한 분석과 결과를 제시하는 학술 논문을 작성할 수 있습니다.

❽ **편지/이메일** : 다른 사람에게 편지나 이메일을 작성하는 데도 도움을 줄 수 있습니다.

이 중에서 챗GPT는 에세이를 작성하는 것에 가장 큰 자신감을 보였습니다. 본 책에서는 챗GPT를 이용하여 에세이, 이야기 만드는 예시를 진행하겠습니다.

에세이 작성

챗GPT가 작성한 글은 자세히 읽지 않으면 사람이 쓴 것처럼 보일 만큼 높은 완성도를 보입니다. 또한, 더 높은 완성도를 위해 글의 목적을 밝히면 더 좋은 글을 작성해 줍니다.

먼저 챗GPT에게 블로그에 포스팅할 에세이를 작성할 것이라고 알려주는 프롬프트를 입력합니다.

프롬프트 5-8 너를 사용해서 블로그에 포스팅할 에세이를 쓰려고 해. 잘 써줄 수 있지?

챗GPT

네, 제가 최대한 도움을 드리도록 노력하겠습니다. 에세이의 주제와 목적에 대해 좀 더 자세히 알려주시겠어요? 그렇게 되면 더욱 정확하고 유용한 정보를 제공할 수 있습니다.

그런 다음 본인이 쓰고하는 글의 주제에 대한 글을 작성 요청하는 프롬프트를 입력합니다.

프롬프트 5-9 토요일 아침에 커피 한잔을 마시며 느끼는 여유에 대한 에세이를 작성해 줘.

챗GPT

토요일 아침, 맑은 하늘과 함께 따사로운 햇살이 내리쬐는 그 순간, 당신은 아마도 커피 한잔을 마시며 마음의 여유를 느끼고 있을 것입니다. 그렇게 느껴지는 이 순간은 소중하고 값진 것입니다. 이번 에세이에서는 그런 토요일 아침에 마시는 커피 한 잔이 당신에게 주는 여유와 의미에 대해 이야기해 보려고 합니다.

커피 한잔을 마시면서 산들바람을 맞으며, 고요한 아침의 시간을 즐길 수 있습니다. 평소에는 바쁘게 살아가면서 쉽게 놓치기 쉬운 이 순간을, 커피 한잔의 여유로 인해 더욱 깊이 느낄 수 있습니다. 시간을 느리게 보내고, 세상의 소음을 멀리하며, 당신 자신과 대화하며 내면의 평화를 찾아보세요. 이러한 시간을 가지는 것은 우리에게 큰 힘이 됩니다.

응답이 맘에 들지 않는 경우에는 새로운 응답을 요청할 수 있습니다. 다시 묻고자 하는 대화 질문의 오른쪽에 마우스 커서를 위치하면 '연필' 아이콘(✎)이 표시됩니다. 이 아이콘을 클릭하고 텍스트를 클릭하여 프롬프트를 수정할 수 있고, 수정 없이 〈Save&Submit〉 버튼을 클릭하여 새로운 응답을 얻을 수도 있습니다.

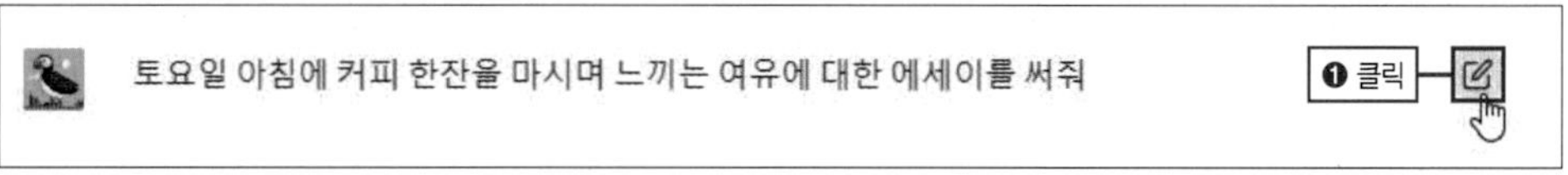

그림 5-44. 새로운 응답을 요청하는 아이콘 클릭

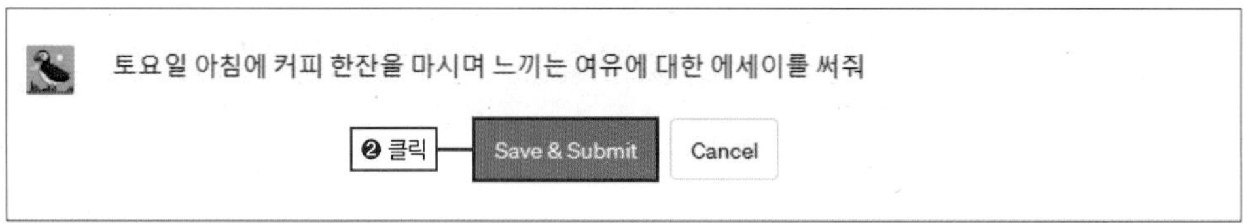

그림 5-45. 〈Save&Submit〉 버튼을 클릭하여 새로운 응답 얻기

대화 왼쪽에 2/2가 표시되면서 새롭게 대답을 해 줍니다. 기존의 답변이 더 좋아서 되돌리고 싶다면 2/2 왼쪽에 있는 왼쪽 방향 화살표(〈)를 클릭하면 1/2로 변경되면서 이전의 답변을 보여 줍니다.

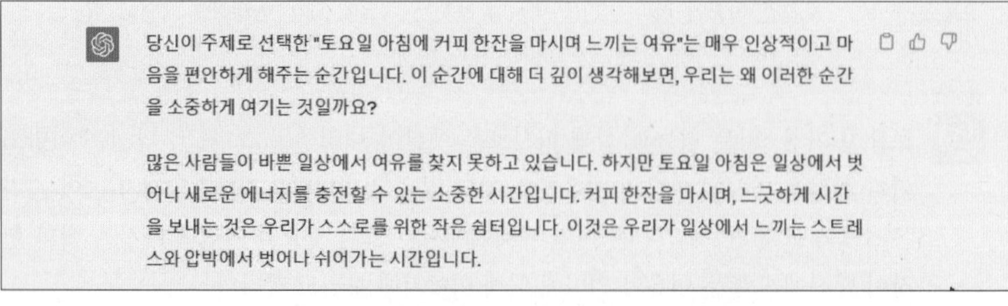

그림 5-46. 같은 명령어에 대해 다르게 나타나는 응답 결과

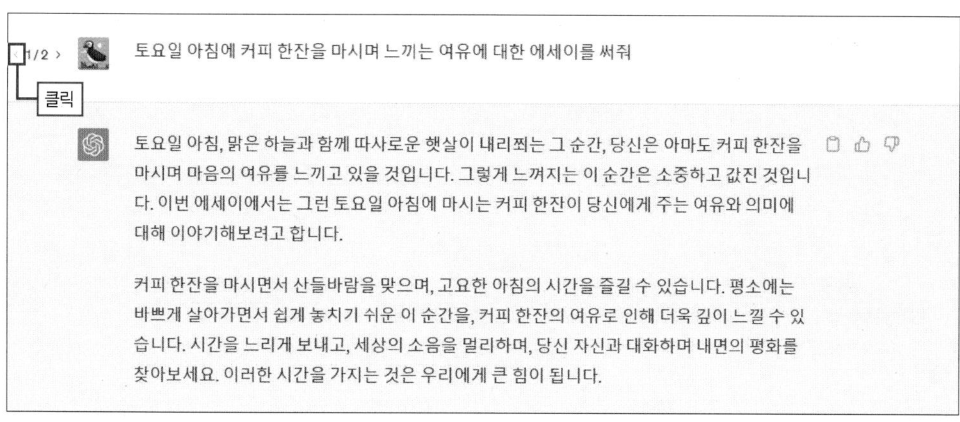

그림 5-47. 이전 응답으로 돌아가기 위한 '‹' 아이콘 클릭

이번엔 이렇게 블로그에 포스팅한 글을 인스타그램에 짧게 올려 봅시다. 챗GPT가 인스타그램에 맞게 작성하도록 **프롬프트 5-10**을 입력합니다.

이모지와 해시태그가 곁들여지면서도 만족할 만한 글이 나올 때까지 응답을 계속 요청하여 원하는 응답을 얻어봅시다.

프롬프트 5-10 인스타그램에 올릴 수 있을 정도로 간단하게 작성해 줘.

챗GPT

"토요일 아침, 커피 한잔으로 여유를 느껴봐☕💭 커피는 뇌를 자극하여 집중력과 기억을 높여주고, 외부 환경에서 벗어나 내면의 평화를 찾는 시간을 만들어줘. 내면의 안정과 평화를 찾아보자✨ #여유 #토요일아침 #커피"

챗GPT

"토요일 아침, 나만의 소중한 시간을 찾아 커피 한 잔을 마시며 여유를 느껴봅니다. 창가로 나가 바람을 맞으며 주변 풍경을 감상하고, 내면의 소리를 듣는 순간. 이 작은 순간들이 나에게는 큰 힘과 평화를 선물해 줍니다. ✨ #토요일아침 #커피와여유 #소중한시간"

챗GPT

"토요일 아침, 나만의 소중한 시간☕💭 커피 한 잔과 함께하는 여유로운 순간. 창가로 나가면 세상과의 조용한 대화, 마음 속 아이디어와의 만남이 펼쳐집니다. 시간을 느리게 흘리며, 내면을 탐색하며, 주말의 시작을 환영합니다. ✨ #토요일아침 #커피한잔의여유 #소중한시간 #주말의시작"

웹소설 작성

챗GPT를 이용하여 웹소설을 작성해 봅시다.

왼쪽 메뉴에서 〈+ NewChat〉 버튼을 클릭하여 새로운 채팅창을 생성하고 **프롬프트 5-11**을 입력합니다.

프롬프트 5-11 웹소설을 쓰려고 해. 어떤 내용을 준비해야 하는지 알려줘.

챗GPT

웹소설을 쓰고자 하시는 것은 멋진 시도입니다! 웹소설은 일반적으로 인터넷을 통해 공개되는 소설로, 흥미로운 이야기와 흥미로운 등장인물을 가지고 있는 것인 중요합니다. 이제 몇 가지 팁을 드리겠습니다:

1. 아이디어 구체화 : 웹소설 작성을 시작하기 전에, 자신이 쓸 이야기에 대해 구체적인 계획을 세워보세요. 등장인물, 설정, 플롯 등에 대한 기본 아이디어를 생각해 봅시다.
2. 등장인물 : 이야기에는 주인공뿐만 아니라 다양한 등장인물들이 필요합니다. 다양한 인물들을 만들어서, 인물의 과거와 현재, 그리고 그들의 목표와 갈등을 잘 설정해 봅시다.
3. 플롯 : 이야기를 구성하는 플롯은 중요합니다. 이야기의 시작, 중간, 그리고 결말이 있어야 하며, 이야기가 전개될 때 갈등과 전개가 일어나는 변화가 필요합니다.
4. 서술 : 작가는 이야기를 어떻게 서술할지 고민해야 합니다. 언어와 문장의 선택, 이야기를 전달하는 방법 등이 중요합니다. 읽는 사람이 이야기에 몰입할 수 있도록 노력해 봅시다.
5. 수정과 편집 : 이야기를 완성한 후에는 꼼꼼한 수정과 편집이 필요합니다. 오탈자, 문법 오류, 흐름이 이상한 부분들을 찾아내고 수정해 봅시다.
6. 연재 계획 : 이야기를 어떻게 연재할 것인지 계획해야 합니다. 연재 일정, 챕터의 분량, 업데이트 주기 등을 정하고 독자들과의 상호작용을 고려해 보세요. 일정을 준수하면 독자들의 관심을 끌 수 있습니다.

이러한 팁들을 토대로, 흥미로운 이야기와 등장인물, 그리고 몰입감 있는 서술을 가진 웹소설을 쓸 수 있을 것입니다. 행운을 빕니다!

대답에서 알 수 있듯이 챗GPT는 등장인물, 배경, 상황 등을 기술하면 좋은 이야기를 작성합니다. 이 중에서도 가장 중요한 것은 등장인물입니다. 생각나는 대로 입력창에 웹소설의 설정을 입력해 봅시다.

프롬프트 5-12 우연히 오디션에 합격하게 되어 세계적인 케이팝 스타에 등극하는 고등학생의 이야기를 작성해 줘.

챗GPT

제목 : 빛나는 스타의 탄생

장면 1 : 우연한 만남

서울의 한 작은 동네에 사는 고등학생 지민은 음악을 사랑하는 평범한 소년이었다. 어느 날, 학교에서 우연히 오디션 공고를 보게 되었다. 지민은 별 다른 생각 없이 그냥 지나쳤지만, 친구들이 "왜 안 해봐?"라며 권해주자 궁금증에 동참하기로 결심했다.

장면 2 : 뜻밖의 발견

오디션 준비는 바쁘고 힘들었지만, 지민은 끈기를 가지고 연습했다. 그의 노래 실력은 예상치 못한 수준이었고, 오디션 날이 다가올수록 더 긴장되기 시작했다. 오디션 날, 스태프들의 카메라와 강한 라이트가 눈부셨지만, 지민은 마음을 다잡고 무대에 올랐다.

장면 3 : 성공의 순간

지민의 노래와 무대 퍼포먼스는 심판들을 감동시켰다. 무엇보다도 그의 열정과 진심이 느껴졌다. 오디션 결과를 기다리는 동안 지민은 긴장으로 잠을 설치며 기다렸다. 그리고 어느 날, 그는 기쁨에 가슴이 뛰는 소식을 들었다. 그는 오디션에서 합격하게 되었다!

장면 4 : 변화의 시작

지민은 데뷔를 앞둔 신인 아이돌 그룹의 멤버로 선발되었다. 처음에는 모든 게 어색하고 낯설었지만, 멤버들과 함께하는 시간이 길어짐에 따라 친구들과 하나될수록 무대 위 미소도 자연스러워졌다. 연습과 노력은 아무래도 결실을 맺었고, 그룹은 점차 더 많은 사람들에게 인정받는 스타로 성장하였다.

등장인물의 구체적인 대화 내용(각본)이 필요하다면 해당 부분에 대해 대화 내용을 요청할 수 있습니다. 챗GPT가 작성해 준 부분을 살펴보고 원하는 부분의 내용을 좀 더 구체적으로 요청해 봅시다.

프롬프트 5-13 장면 2에서 일어날 법한 대화 내용을 작성해 줘.

챗GPT

장면 2 : 뜻밖의 발견

[무대 뒷면, 오디션 대기실]

지민은 심호흡을 하며 무대를 기다리고 있다. 불안한 마음을 가볍게 하려고 자신의 노래를 속으로 부르며 다짐한다.

지민 : (속으로) "나는 할 수 있어, 지금까지 연습한 것을 다 보여 줄게."

[무대에서 나와 다양한 감정을 표현하며 노래를 부르는 지민]

심사위원 1 : (웃으며) "와, 이 친구 노래 실력이 정말 뛰어나네요."

심사위원 2 : "맞아, 그리고 그의 무대 퍼포먼스도 매우 매력적이야."

심사위원 3 : "하지만 그 뿐만이 아니야, 그의 열정이 느껴져요. 진심으로 음악을 사랑하고 있는 모습이 보여요."

[지민은 무대를 내려와 대기실로 돌아온다. 친구들이 환호하며 기다리고 있다.]

지민의 친구 1 : "와, 진짜 대박이었어! 너 정말 멋있게 무대 올랐다!"

지민 : (조금 부끄러워하며) "고마워, 그런데 정말 괜찮을까?"

지민의 친구 2 : "뭐야, 이 정도 실력으로 괜찮을 리 없잖아! 너 정말 대단하다니까."

지민 : (웃으며) "그럼 좋은 결과가 있었으면 좋겠다. 막상 무대 위에서는 긴장돼서 잘 모르겠어."

지민의 친구 3 : "뭐, 긴장하는 건 당연하지. 중요한 건 네 노력과 열정이야."

5.5 챗GPT로 미드저니 프롬프트 생성

미드저니 프롬프트는 자세하게 작성할수록 원하는 표현력이 풍부한 이미지가 생성됩니다. 하지만 이렇게 프롬프트를 작성하는 것은 고도의 숙달이 필요합니다. 이를 도와줄 수 있는 도구 AIPRM for ChatGPT를 설치하고 활용하겠습니다. 이 도구는 다양한 분야의 글을 작성할 수 있는데, 몇 번의 조작만으로 프롬프트에 최적화된 글을 작성할 때 도움을 줍니다.

AIPRM for ChatGPT 설치

AIPRM에 계정을 생성한 후 이를 OpenAI의 계정과 연결하겠습니다.

❶ 크롬 웹 브라우저 검색창에 'AIPRM'을 입력하여 표시되는 화면에서 'AIPRM for ChatGPT 다운로드'를 클릭하여 크롬 앱스토어 웹 페이지에 접속합니다. AIPRM for ChatGPT 확장 프로그램을 설치하는 화면이 표시되면 〈Chrome에 추가〉 버튼을 클릭합니다.

(a) AIPRM 검색 및 검색 결과

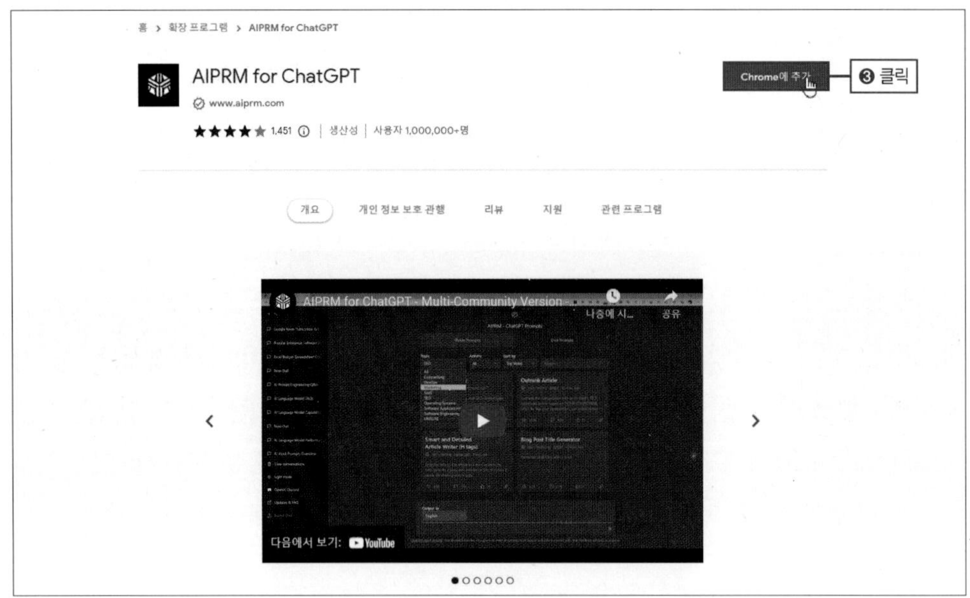

(b) 크롬 앱스토어 확장프로그램 설치

그림 5-48. AIPRM 검색 및 프로그램 설치

❷ 확장 프로그램을 설치한 후 챗GPT에 로그인하여 AIPRM에 구글 계정을 연동합니다.

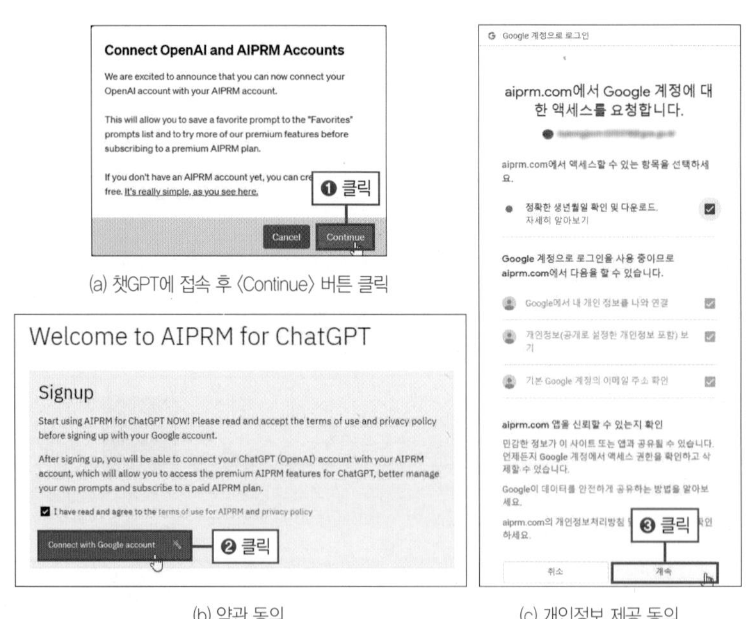

(a) 챗GPT에 접속 후 〈Continue〉 버튼 클릭

(b) 약관 동의

(c) 개인정보 제공 동의

그림 5-49. 챗GPT에 로그인 및 AIPRM 연동

❸ 로그인한 구글 이메일에 접속하여 이메일 인증을 진행하고 인증합니다. 이후 OpenAI 계정을 연동합니다.

(a) 받은 메일함 인증 확인

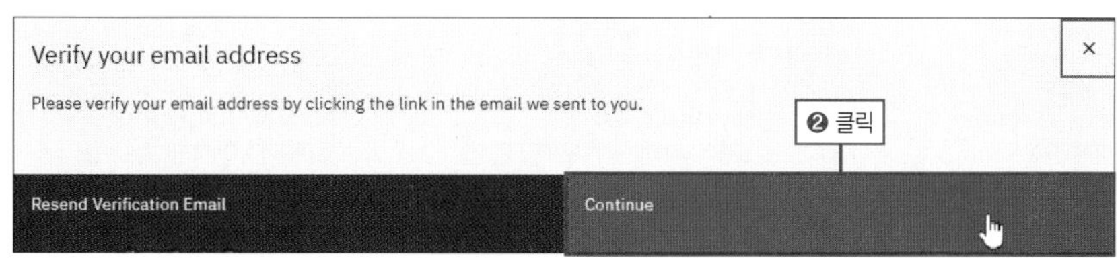

(b) 〈Continue〉 버튼 클릭

그림 5-50. 이메일 인증

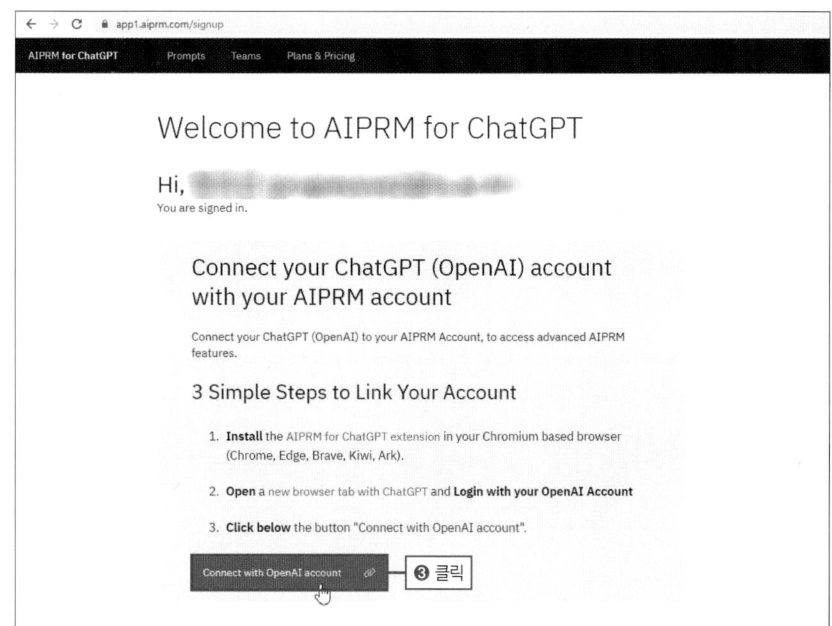

그림 5-51. 챗GPT에 로그인한 후 〈Connect with OpenAI account〉 클릭 연동

미드저니 프롬프트 생성

❶ AIPRM 확장 프로그램이 설치된 챗GPT 화면의 [Search] 탭에 'midjourney'를 입력하고 목적에 맞는 프롬프트를 입력합니다. 본 책에서는 가장 사용자 수가 많은 'Midjourney Prompt Generator'를 이용하겠습니다.

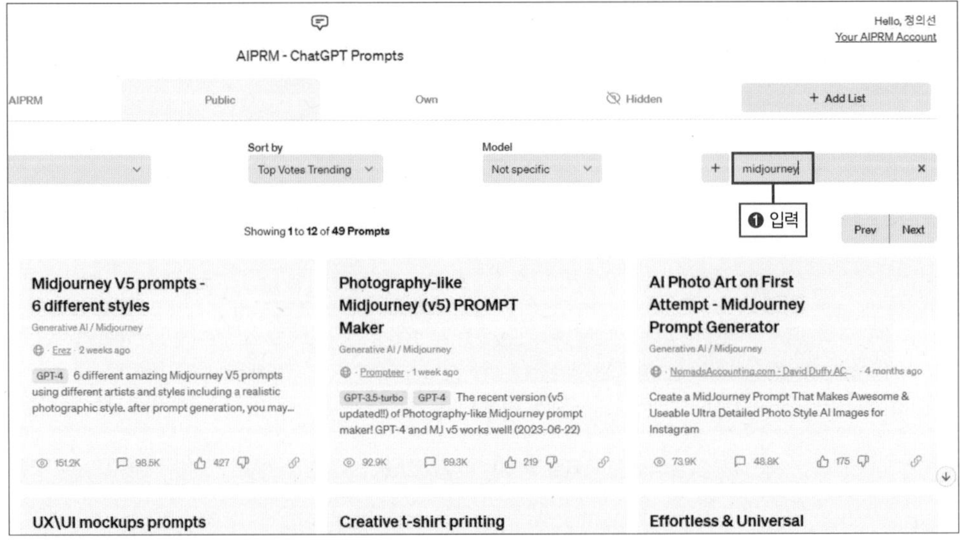

그림 5-52. 챗GPT의 [Search] 탭에서 'midjourney' 입력

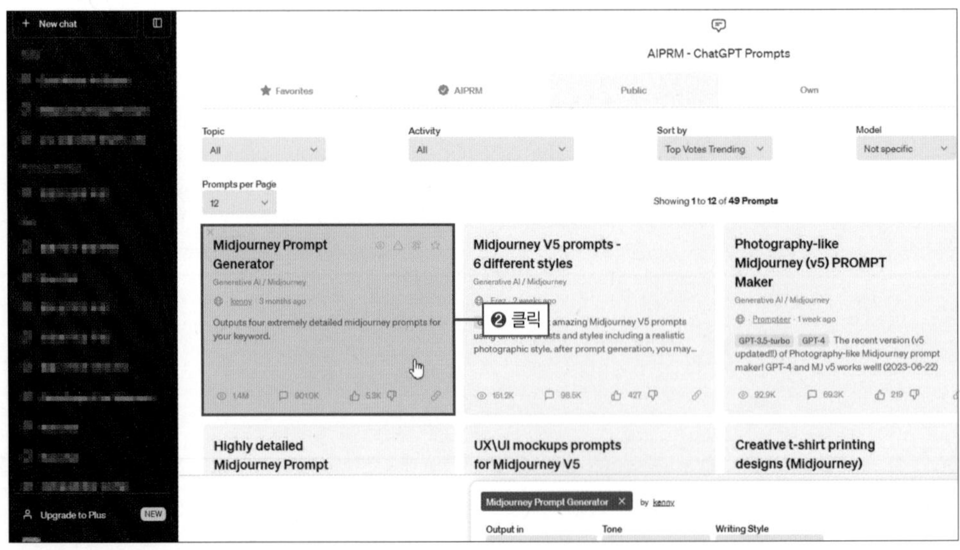

그림 5-53. 'Midjourney Prompt Generator' 클릭하여 적용

❷ keyword 창에서 생성하고자 하는 이미지에 대한 정보를 입력하여 세세한 인물, 배경, 상황 정보가 포함된 프롬프트 4개를 얻습니다.

예제에서는 학생들이 학교 운동장에서 축구하는 모습을 묘사하고자 합니다. **프롬프트 5-14**를 입력하여 챗GPT가 출력한 다양한 프롬프트 예시를 살펴봅시다.

프롬프트 5-14 학교 운동장에서 축구를 하는 대한민국 남학생들을 그려줘.

챗GPT

Created with AIPRM Prompt "Midjourny Prompt Generator

Prompt 1 :

/imagine prompt: South Korean male students playing soccer on a school sports field, capturing their intense athleticism, passion, and teamwork. The players are wearing vibrant team jerseys, shorts, and cleats. The sun shines brightly, casting long shadows across the green grass. The goalposts stand tall at either end of the field, while spectators cheer and encourage the players from the sidelines. The atmosphere is filled with excitement and energy, creating a sense of friendly competition. Photography, high-resolution DSLR camera with a 70–200mm telephoto lens, capturing the dynamic movements and expressions of the players, freezing the action in a decisive moment, --ar 16:9

Prompt 2 :

/imagine prompt: Depict a scene on a school soccer field in South Korea, where a group of enthusiastic male students engage in a soccer match. The field is surrounded by tall trees, providing shade and a calm ambiance. The students wear their school uniforms, including white shirts, navy blue shorts, and white socks. The grass is neatly trimmed, and the field lines are clearly visible. Some players are dribbling the ball with skill, while others position themselves strategically. The atmosphere is filled with determination, as the students strive to showcase their talent and teamwork. Painting, watercolors on textured paper, highlighting the vibrant colors of the players' uniforms against the lush greenery, --ar 16:9 --v5

❸ 출력된 프롬프트 중에서 마음에 드는 것을 선택하여 디스코드 미드저니 채널에 프롬프트를 입력합니다.

프롬프트 5-15 Depict a scene on a school soccer field in South Korea, where a group of enthusiastic male students engage in a soccer match. The field is surrounded by tall trees, providing shade and a calm ambiance. The students wear their school uniforms, including white shirts, navy blue shorts, and white socks.
The grass is neatly trimmed, and the field lines are clearly visible. Some players are dribbling the ball with skill, while others position themselves strategically. The atmosphere is filled with determination, as the students strive to showcase their talent and teamwork. Painting, watercolors on textured paper, highlighting the vibrant colors of the players' uniforms against the lush greenery, --ar 16:9 --v 5

그림 5-54. 디스코드 미드저니에 **프롬프트 5-15**를 입력하여 생성된 이미지

잠깐만요

직접 번역하여 미드저니로 생성한 이미지

❸의 프롬프트를 거치지 않고 직접 번역하여 미드저니에 입력하여 비교해 봅시다.

프롬프트 5-16 Draw Korean male students playing soccer in the school yard

그림 5-55. 미드저니에 **프롬프트 5-16**을 입력

현대의 예술과 기술은 어느 때보다 밀접한 관계를 맺고 있습니다. 이제는 단순히 붓과 팔레트만으로 이미지를 그리는 것이 아닌, AI와 같은 혁신적인 기술을 활용하여 나만의 창작물을 만들 수 있는 시대가 왔습니다. 특히, 나만의 창작물을 더 잘 만들 수 있는 텍스트를 잘 구성하기 위한 프롬프트 엔지니어링은 AI 기반 창작의 심장이라 할 수 있습니다. 붓과 팔레트 대신에 프롬프트를 장착한 AI 세계는 예술가의 미적 감각과 기술자의 능력이 만나 혁신적인 창작물을 탄생시키는 공간입니다. 둘째 마당에서는 여러분이 기술과 예술의 접점에서 어떻게 독특한 작품을 창조할 수 있는지를 중심으로 다양하게 탐구합니다. 미술사조의 다양한 스타일부터 디지털 아트, 웹툰, 그림동화, 문자와 로고 디자인, 상품 디자인, 각종 배경 이미지, 컬러링북 등에 이르기까지 여러분의 아이디어와 프롬프트의 다양한 시도를 통해 생활 속에서 즐길 수 있는 창작의 즐거움을 경험해 보세요. 지금 바로 AI의 힘을 빌려 여러분만의 독특하고 아름다운 작품을 만들어 보는 것은 어떨까요? 이 마당을 통해 기존의 예술 경험을 넘어 새로운 창조의 세계로 발걸음을 내딛는 모험이 될 것입니다.

둘째마당

AI 아트로 나만의 작품 생성

6 장

다양한 스타일의 이미지 생성

학 습 목 표

이미지 생성 AI 모델의 프롬프트에 다양한 스타일과 미술사조 등을 구체적으로 입력하면 이미지를 다양한 스타일로 변형할 수 있습니다. 다양한 미술사조, 아트스타일, 재료 스타일 등을 탐색하고, 이를 프롬프트에 입력하여 다양한 스타일의 이미지를 생성합니다.

6.1

미술사조 스타일

미술은 시대, 문화, 사상에 따라 다양한 스타일로 표현되어 왔습니다. 이러한 미술 스타일은 이미지의 형태, 색채, 구조, 표현 방식 등을 독특하게 만들어 각 시대와 장소의 정신을 반영합니다. 중세에서 현대에 이르기까지 다양한 미술사조 스타일을 살펴보고, 이를 이미지를 생성하는 AI에 어떻게 활용할 수 있을지를 탐구합니다. 중세 예술품을 나타내는 비잔틴부터 현대의 착시현상을 응용한 트롱프뢰유미술까지 다양한 스타일을 통해 이미지를 만들어 보세요.

중세미술 및 근세미술 스타일

중세미술의 대표적인 미술사조는 비잔틴미술, 헬레니즘미술, 로마네스크미술, 고딕미술 등이 있고, 근세미술은 르네상스, 매너리즘, 바로크, 로코코 등이 있습니다. 각 미술사조에 대한 표현을 포함한 예시 프롬프트(**프롬프트 6-1** ~ **프롬프트 6-8**)를 참고해 이미지를 생성해 봅시다.

표 6-1. 중세미술 및 근세미술 스타일별 특징

구분		스타일	특징
미술사조	중세미술	비잔틴(Byzantine)	동로마제국의 영향을 받아 발전한 중세 동유럽의 예술 스타일로, 신약성경의 주제를 중심으로 근엄하고 섬세함
		헬레니즘(Hellenism)	고대 그리스의 예술 양식을 기반으로 알렉산더 대왕 이후 발전함. 다양한 주제와 감정을 표현하는 예술적 특징을 갖음
		로마네스크(Romanesque)	(11~13세기 유럽) 기독교적 주제를 중심으로 굵고 튼튼한 구조와 상징적인 표현을 강조하는 예술 스타일
		고딕(Gothic)	(12~16세기) 높게 솟은 아치, 화려한 스테인드 글라스 창문, 화려한 장식 등의 섬세하고 세련 예술 스타일
	근세미술	르네상스(Renaissance)	(14~17세기 이탈리아 중심) 그리스와 로마 예술을 참고하여 인체의 비례와 조화, 선명한 원근법을 강조 예술 스타일
		매너리즘(Mannerism)	(16~17세기) 규칙을 왜곡하거나 과장하여 미스티컬한 작품을 만들며, 현실과 상상의 경계를 모호하게 표현하는 예술 스타일
		바로크(Baroque)	(17~18세기) 감정의 표현과 웅장한 스케일, 동적인 움직임을 강조하여 화려하고 극적인 작품을 창조하는 예술 스타일
		로코코(Rococo)	(18세기) 우아한 장식, 섬세한 디테일, 환상적인 테마를 다루며 경쾌하고 화려한 작품을 특징으로 하는 예술 스타일

프롬프트 6-1	Byzantine Art Style, dancer, flower	비잔틴미술(a)
프롬프트 6-2	Hellenism Art Style, dancer, flower	헬레니즘미술(b)
프롬프트 6-3	Romanesque Art Style, dancer, flower	로마네스크미술(c)
프롬프트 6-4	Gothic Art Style, dancer, flower	고딕미술(d)

(a) 비잔틴(Byzantine)　(b) 헬레니즘(Hellenism)

(c) 로마네스크(Romanesque)　(d) 고딕(Gothic)

프롬프트 6-5	Renaissance Art Style, dancer, flower	르네상스미술(e)
프롬프트 6-6	Mannerism Art Style, dancer, flower	매너리즘미술(f)
프롬프트 6-7	Baroque Art Style, dancer, flower	바로크미술(g)
프롬프트 6-8	Rococo Art Style, dancer, flower	로코코미술(h)

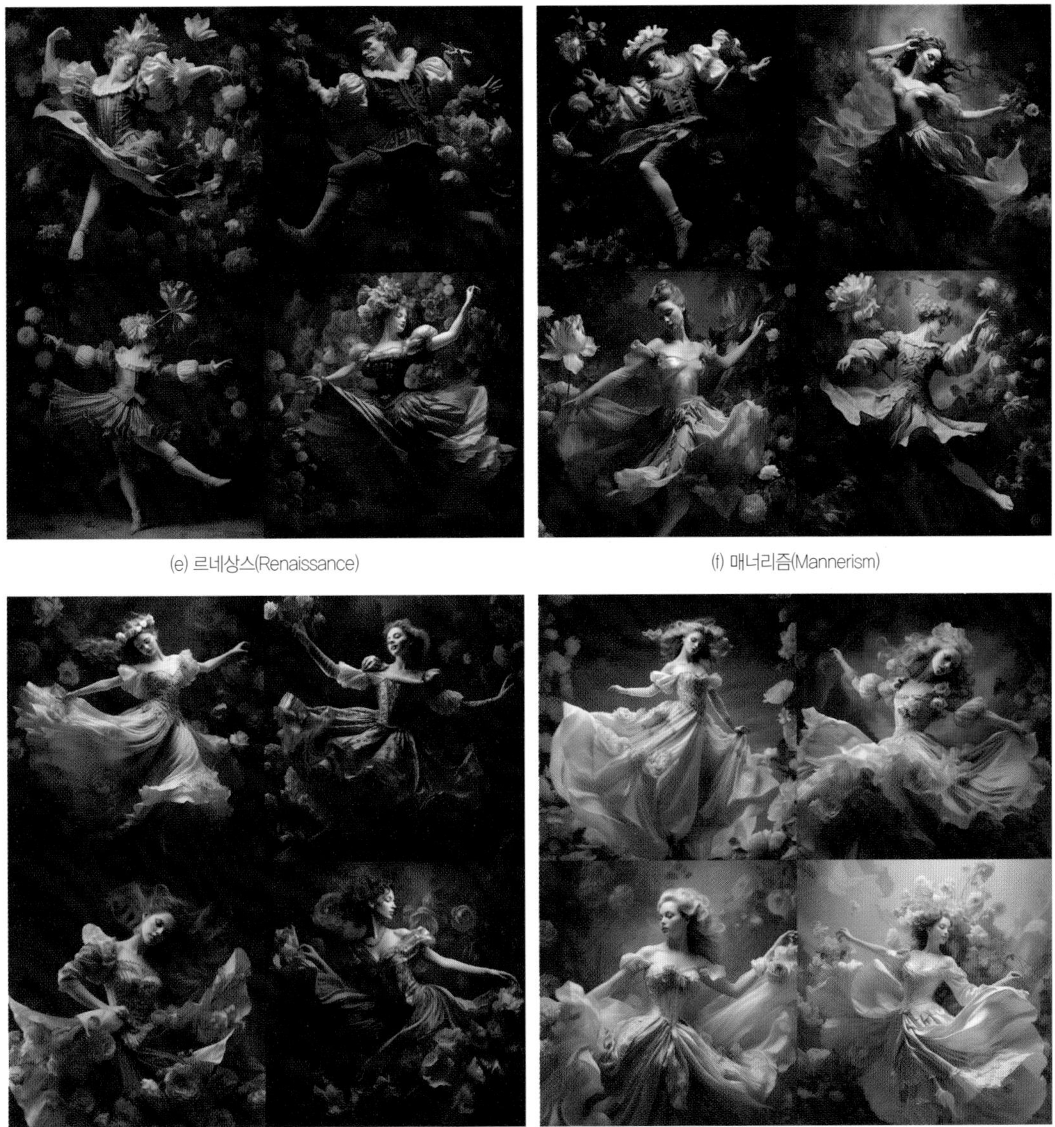

(e) 르네상스(Renaissance)

(f) 매너리즘(Mannerism)

(g) 바로크(Baroque)

(h) 로코코(Rococo)

그림 6-1. 중세 및 근세 시대 미술사조의 스타일을 포함한 프롬프트로 생성한 이미지 예

근대미술 스타일

19세기 이후의 근대미술 스타일은 기존의 전통적인 예술 양식을 혁신하고 현대 사회의 변화와 개념을 반영하는 새로운 시각과 기법을 탐구했습니다. 이 시기에는 색채와 빛을 강조한 작품들이 특징으로, 현실적인 표현보다 주관적이고 감정적인 표현을 추구하였습니다. 또한 전통적 경계를 허물고 개인의 시각과 정체성을 강조한 작품들이 주목받았습니다. 근대미술은 기술의 혁신과 아이디어의 다양성을 통해 예술의 개념을 확장시키며 풍부한 예술적 표현을 보여 주었습니다.

근대미술의 대표적인 미술사조는 신고전주의, 낭만주의, 자연주의, 사실주의, 인상주의, 신인상주의, 후기인상주의 등이 있습니다.

각 미술사조에 대한 표현을 포함한 예시 프롬프트(**프롬프트 6-9 ~ 프롬프트 6-16**)를 참고해 이미지를 생성해 봅시다. 참고로 **프롬프트 6-9**는 이전 시대의 미술사조를 통칭하는 고전주의(Classicism)를 포함하여 이후에 등장한 근대미술 사조 및 현대미술 사조와의 비교로 제시합니다.

표 6-2. 근대미술 사조의 스타일별 특징

구분	스타일	특징
근대미술	신고전주의 (Neo-Classicism)	고대 그리스와 로마의 고전적 양식을 참고하여 조형적 균형과 우아함을 강조하고, 정제된 형태와 엄격한 구조를 통해 고전적 아름다움과 질서를 표현하는 예술 스타일
	낭만주의(Romanticism)	(19세기 초) 자연의 아름다움과 감성을 강조하여 감정과 상상력을 자유롭게 표현하는 예술 스타일
	자연주의(Naturalism)	(19세기 말~20세기 초) 자연의 현실적 표현과 관찰을 중시하여 사물의 세부와 빛의 변화를 정확하게 재현하는 예술 스타일
	사실주의(Realism)	(19세기 말~20세기 초) 현실의 사물과 사건을 사실적으로 표현하며, 일상생활을 섬세하고 정밀한 기술로 담아내는 예술 스타일
	인상주의(Impressionism)	(19세기 말~20세기 초) 색채와 빛의 변화를 강조하여 순간적 감각과 느낌을 표현하는 예술 스타일
	신인상주의 (Neo-Impressionism)	(20세기 초) 인상주의의 원리를 발전시켜 자연과 감정을 보다 추상적으로 해석하고 다양한 재료와 기법을 활용하여 작품을 창작하는 예술 스타일
	후기인상주의 (Post-Impressionism)	(19세기 말~20세기 초) 인상주의 운동의 발전형으로, 보다 개인적이고 감정적인 표현을 강조하며 색채와 빛의 사용을 더욱 자유롭게 다루는 예술 스타일
(비교)	고전주의(Classicism)	단정하고 정형화된 형식미를 특징으로 하고 조화·균형·완성을 중요시하는 예술 사조

프롬프트 6-9 `Classicism Art Style, dancer, flower` 고전주의(a)

프롬프트 6-10 `Neo-Classicism Art Style, dancer, flower` 신고전주의(b)

프롬프트 6-11 `Romanticism Art Style, dancer, flower` 낭만주의(c)

프롬프트 6-12 `Naturalism Art Style, dancer, flower` 자연주의(d)

(a) 고전주의(Classicism)

(b) 신고전주의(Neo–Classicism)

(c) 낭만주의(Romanticism)

(d) 자연주의(Naturalism)

프롬프트 6-13	Realism Art Style, dancer, flower	사실주의(e)
프롬프트 6-14	Impressionism Art Style, dancer, flower	인상주의(f)
프롬프트 6-15	Neo-Impressionism Art Style, dancer, flower	신인상주의(g)
프롬프트 6-16	Post-Impressionism Art Style, dancer, flower	후기인상주의(h)

(e) 사실주의(Realism)

(f) 인상주의(Impressionism)

(g) 신인상주의(Neo-Impressionism)

(h) 후기인상주의(Post-Impressionism)

그림 6-2. 근대미술 사조의 스타일을 포함한 프롬프트로 생성한 이미지 예

현대미술 스타일

현대미술은 19세기 후반부터 20세기 현대까지 이어진 예술적 발전을 포괄하는 용어로, 예술의 자유로움과 창의성을 강조하며, 개별 작가들의 독특한 표현과 전례 없는 작품을 통해 다양한 사회적 이슈와 개념을 다루는 플랫폼으로서의 역할을 하였습니다. 표 6-3을 통해 이 기간에 등장한 미술사조를 살펴보고 각 미술사조에 대한 표현을 포함한 예시 프롬프트(**프롬프트 6-17 ~ 프롬프트 6-32**)를 참고해 이미지를 생성해 봅시다.

표 6-3. 현대미술 사조의 스타일별 특징

구분	스타일	특징
현대미술	야수주의(Fauvism)	현대 사회의 복잡성과 불안을 반영하며 비현실적인 작품을 통해 내면적 감정과 상상력을 강조하는 예술 스타일
	입체주의(Cubism)	공간과 시간을 다차원적으로 다루며 형태와 구조를 분해하고 재조합하여 현대적 시각을 표현하는 예술 스타일
	표현주의(Expressionism)	감정과 개인적 경험을 강조하고, 현실의 왜곡과 감정적 표현을 통해 작가의 내면세계와 사회적 문제를 다루는 예술 스타일
	추상주의(Abstract)	현실적인 대상의 외형을 버리고 형태, 색채, 선 등을 추상적으로 다루어 작품을 만들며, 현실에서 벗어나 순수한 예술적 요소에 초점을 둔 예술 운동
	미래주의(Futurism)	과학, 기술, 혁신에 영감을 받아 미래적인 시각과 아이디어를 표현하며, 향후 사회적, 환경적, 기술적 변화에 대한 예측과 상상력을 표현함
	다다이즘(Dadaism)	모든 문화적, 전통적 가치와 이성에 대한 신뢰를 부정하며 현대사회와 문화의 모순을 콜라주, 프로타주 등의 기법으로 표현하는 예술 스타일
	초현실주의(Surrealism)	현실의 제약을 벗어나 상상과 꿈을 표현하며, 비현실적이고 신비로운 세계를 창조하는 예술 운동
	하이퍼리얼리즘(Hyperrealism)	사물의 세부적인 모습을 최대한 현실적으로 재현하고, 사실적인 디테일과 극도의 정밀함을 통해 현실의 놀라움과 복잡성을 강조하는 예술 스타일
	팝 아트(Pop Art)	대중문화의 상징과 소비재를 작품 소재로 활용하며, 대중적인 이미지와 아이콘을 화려한 스타일로 표현하는 예술 운동
	옵 아트(Optical Art)	빛, 색채, 패턴 등의 극적인 시각적 효과와 광학적 착시를 활용하여 관객의 눈과 마음을 사로잡는 예술 스타일
	아르데코(Art Deco)	기하학적인 형태와 미니멀한 디자인, 고급스러운 재료를 사용하여 독특하고 우아한 작품을 창조하는 예술 운동
	아르누보(Art Nouveau)	전통적인 예술 규범을 거부하고 혁신적인 형태와 기법을 통해 미래를 모색하는 예술 스타일
	구성주의(Constructivism)	형태와 색채의 조합을 중심으로 작품을 구성하며, 추상적인 형태와 패턴을 사용하여 균형과 조화를 표현하는 예술 스타일
	미니멀리즘(Minimalism)	불필요한 세부사항을 배제하고 단순하고 깨끗한 형태와 구조를 통해 작품을 표현하며, 간결함과 순수성을 강조하는 예술 스타일
	개념미술(Conceptual)	작품의 아이디어와 개념을 중요시하여 형태나 재료에 구애받지 않고 다양한 매체와 접근법을 통해 아이디어를 표현하는 예술 스타일
	트롱프뢰유미술(Trompe l'oeil)	색채의 강렬한 대비와 변형된 형태를 사용하여 감정과 경험을 직관적으로 표현하는 예술 스타일

프롬프트 6-17	Fauvism Art Style, dancer, flower	야수주의(a)
프롬프트 6-18	Cubism Art Style, dancer, flower	입체주의(큐비즘)(b)
프롬프트 6-19	Expressionism Art Style, dancer, flower	표현주의(c)
프롬프트 6-20	Abstract Art Style, dancer, flower	추상주의(d)

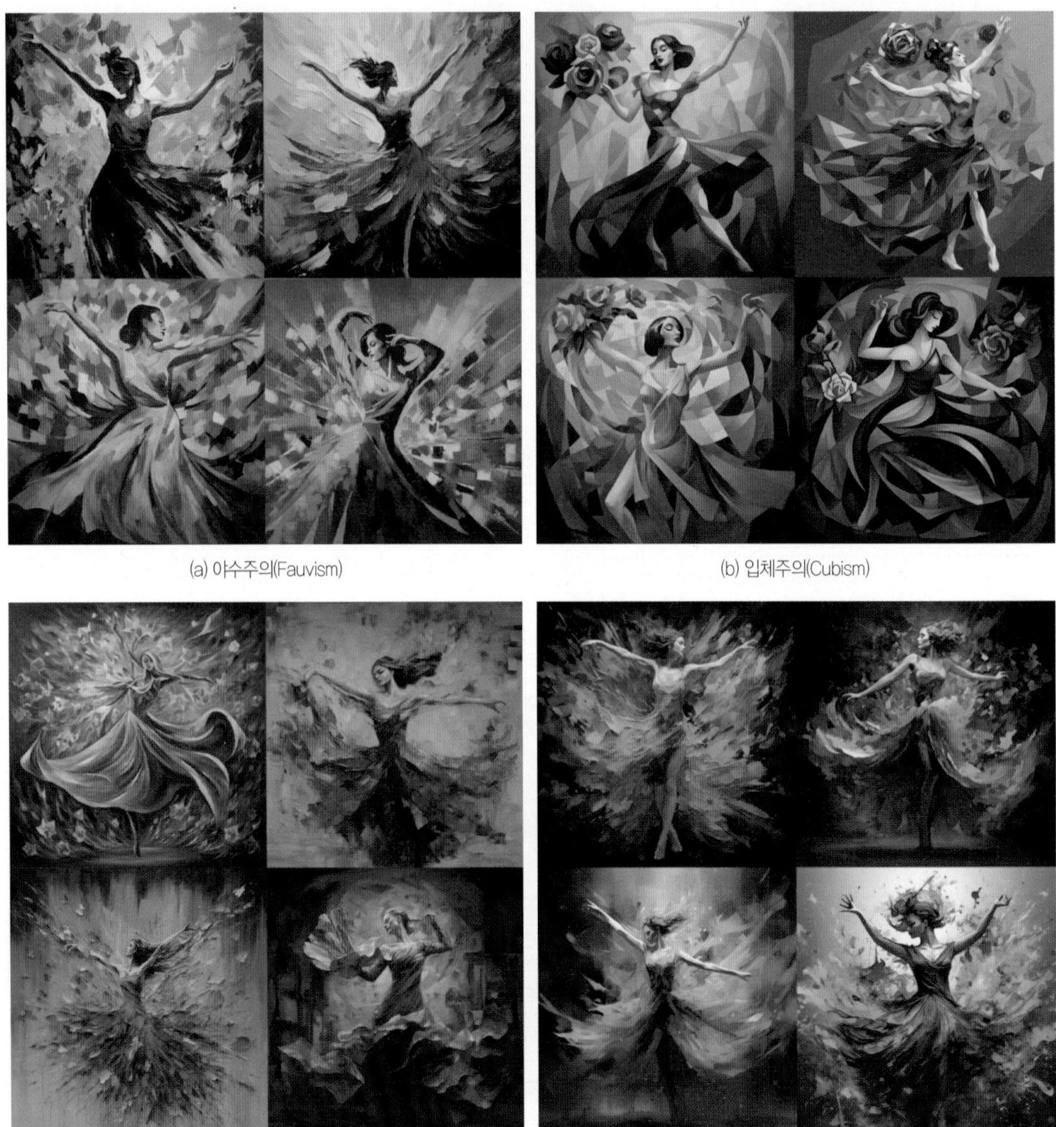

(a) 야수주의(Fauvism)

(b) 입체주의(Cubism)

(c) 표현주의(Expressionism)

(d) 추상주의(Abstract)

프롬프트 6-21 `Futurism Art Style, dancer, flower` 미래주의(e)

프롬프트 6-22 `Dadaism Art Style, dancer, flower` 다다이즘(f)

프롬프트 6-23 `Surrealism Art Style, dancer, flower` 초현실주의(g)

프롬프트 6-24 `Hyperrealism Art Style, dancer, flower` 하이퍼리얼리즘(h)

(e) 미래주의(Futurism)

(f) 다다이즘(Dadaism)

(g) 초현실주의(Surrealism)

(h) 하이퍼리얼리즘(Hyperrealism)

프롬프트 6-25 Pop Art Style, dancer, flower 팝 아트(i)

프롬프트 6-26 Optical Art Style, dancer, flower 옵 아트(j)

프롬프트 6-27 Art Deco Style, dancer, flower 아르데코(k)

프롬프트 6-28 Art Nouveau Style, dancer, flower 아르누보(l)

(i) 팝 아트(Pop Art)

(j) 옵 아트(Optical Art)

(k) 아르데코(Art Deco)

(l) 아르누보(Art Nouveau)

프롬프트 6-29	Constructivism Art Style, dancer, flower	구성주의(m)
프롬프트 6-30	Minimalism Art Style, dancer, flower	미니멀리즘(n)
프롬프트 6-31	Conceptual Art Style, dancer, flower	개념미술(o)
프롬프트 6-32	Trompe l ' oeil Art Style, dancer, flower	트롱프뢰유미술(p)

(m) 구성주의(Constructivism)

(n) 미니멀리즘(Minimalism)

(o) 개념미술(Conceptual Art)

(p) 트롱프뢰유미술(Trompe l'oeil Art)

그림 6-3. 현대미술 사조의 스타일을 포함한 프롬프트로 생성한 이미지 예

6.2 재료별 스타일

재료별 프롬프트 구성 및 이미지 생성

미술 재료는 예술의 다양한 표현과 감정의 풍부한 연출을 가능하게 하는 핵심 요소입니다. 각기 다른 재료는 그 자체로 독특한 특징과 매력을 지니고 있어서 이미지의 스타일과 분위기를 크게 좌우합니다. 다양한 재료별 스타일 이름, 특징, 대표 아티스트를 간략히 알아보고, 각 스타일에 맞는 생성 이미지를 통해 매력을 느끼며, 자신의 취향에 맞는 것을 찾아 상상하는 이미지에 정확한 시각적 표현을 달성해 보세요.

표 6-4. 재료에 따른 이미지별 스타일 특징

재료	스타일 이름	특징	아티스트
수채화	Watercolor Art	맑고 투명한 느낌	J.M.W. Turner, Winslow Homer
유화	Oil Painting	풍부한 색상과 은은한 광 느낌	Vincent van Gogh, Rembrandt
아크릴	Acrylic Painting	투명에서 불투명까지 다양한 스타일 가능, 유화에 비해 매트한 느낌	David Hockney, Bridget Riley
템페라화	Tempera Painting	달걀 노른자 등과 색채 가루인 안료를 섞어 만든 물감으로 그린 고대 회화 또는 엷고 투명한 물감의 층이 광택을 띠는 회화, 유화보다 색 표현이 생생함	Sandro Botticelli, Giotto
납화법	Encaustic Art	물감에 뜨거운 밀랍용액을 섞어 쓰는 이미지 기법	Jasper Johns, Fayum Portraits
프레스코화	Angelic Fresco Painting	젖은 석고에 물과 안료를 바른 벽화 기법	Michelangelo, Diego Rivera
잉크	Ink Drawing	드로잉이나 페인팅에 사용할 수 있는 다용도 매체, 유동성과 굵은 선	Aubrey Beardsley, Hokusai
파스텔	Pastel Art	부드럽고 생생한 색상	Edgar Degas, Mary Cassatt
목탄화	Charcoal Drawing	풍부하고 어두운 색조와 표현력 있는 마크 메이킹	Henry Moore, Odilon Redon
연필	Pencil Drawing	정밀함과 제어력이 우수한 드로잉 매체	Paul Cézanne, M.C. Escher
수묵화	Japanese Ink Art Ink Wash Painting	먹의 농담을 이용하는 기법	Werner Sasse
점묘법	Pointillism Painting	작고 뚜렷한 색상 점을 사용하는 기법	Georges Seurat, Paul Signac
분할 묘사법	Divisionism Painting	더 크고 뚜렷한 붓놀림과 색상 분리를 사용하는 점묘법의 변형	Giovanni Segantini, Gaetano Previati

프롬프트 6-33 watercolor art, Portrait of beautiful lovers walking and eating ice cream in the park, bright sunlight --v 5 수채화(a)

프롬프트 6-34 oil painting, Portrait of beautiful lovers walking and eating ice cream in the park, bright sunlight --v 5 유화(b)

프롬프트 6-35 acrylic painting, Portrait of beautiful lovers walking and eating ice cream in the park, bright sunlight --v 5 아크릴(c)

프롬프트 6-36 Tempera painting, Portrait of beautiful lovers walking and eating ice cream in the park, bright sunlight --v 5 템페라화(d)

(a) 수채화(Watercolor Art)

(b) 유화(Oil Painting)

(c) 아크릴(Acrylic Painting)

(d) 템페라화(Tempera Painting)

그림 6-4. 미드저니로 재료별 스타일을 포함한 프롬프트로 생성한 이미지 예 (1)

프롬프트 6-37 Encaustic art, shyly smiling woman in wedding dress, lovely and beautiful woman, light brown hair --v 5 납화법(a)

프롬프트 6-38 Angelic fresco painting by Michelangelo, shyly smiling woman in wedding dress, lovely and beautiful woman, light brown hair --v 5 프레스코화(b)

프롬프트 6-39 Pastel art, shyly smiling woman in wedding dress, lovely and beautiful woman, light brown hair --v 5 파스텔(c)

프롬프트 6-40 Charcoal drawing on white background, shyly smiling woman in wedding dress, lovely and beautiful woman, light brown hair --v 5 목탄화(d)

(a) 납화법(Encaustic Art)

(b) 프레스코화(Angelic Fresco Painting)

(c) 파스텔(Pastel Art)

(d) 목탄화(Charcoal Drawing)

그림 6-5. 미드저니로 재료별 스타일을 포함한 프롬프트로 생성한 이미지 예 (2)

프롬프트 6-41 Pencil Drawing on white background, Venetian water taxi floating landscape, midday, beautiful cityscape --v 5 연필(a)

프롬프트 6-42 Japanese ink art on white background, Venetian water taxi floating landscape, midday, beautiful cityscape --v 5 수묵화(b)

프롬프트 6-43 Pointillism painting by Paul Signac, Venetian water taxi floating landscape, midday, beautiful cityscape --v 5 점묘법(c)

프롬프트 6-44 Divisionism painting, Venetian water taxi floating landscape, midday, beautiful cityscape --v 5 분할 묘사법(d)

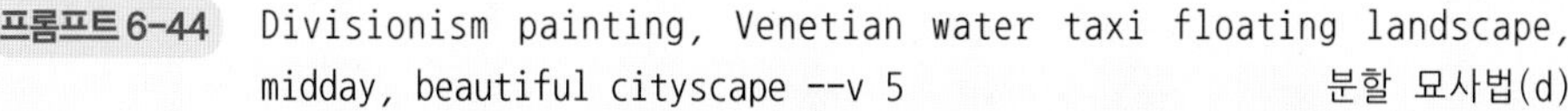

(a) 연필(Pencil Drawing)

(b) 수묵화(Japanese Ink Art)

(c) 점묘법(Pointillism Painting)

(d) 분할 묘사법(Divisionism Painting)

그림 6-6. 미드저니로 재료별 스타일을 포함한 프롬프트로 생성한 이미지 예 (3)

6.3

디지털 아트 스타일

디지털 아트 프롬프트 구성 및 이미지 생성

디지털 아트는 컴퓨터와 특별한 프로그램을 사용해서 만드는 그림이나 조각 같은 예술 작품입니다. 전통적인 그림은 종이와 붓, 색연필 같은 도구로 사용하여 그리는 반면, 디지털 아트는 컴퓨터나 태블릿과 같은 디지털 디바이스를 활용하기 때문에 누구나 쉽게 다가갈 수 있는 예술의 형태입니다.

예를 들어, 컴퓨터 프로그램에서 색깔을 고르고, 마우스나 특별한 펜을 사용해서 그림을 그리거나 수정하는 형태를 들 수 있습니다. 이러한 아트 스타일은 디지털 도구와 소프트웨어를 활용하여 창작자가 미디어, 색상, 텍스처, 형태 등을 다양하게 다룰 수 있도록 합니다. 물감을 섞거나 종이에 물감이 번지는 걱정 없이 다양한 그림을 그릴 수 있습니다.

디지털 아트의 특징 및 주요 요소는 다음과 같습니다. 다양한 매체와 기술을 활용할 수 있고, 수정과 레이어링이 용이합니다. 디지털 자료를 미디어에 공유하거나 배포하기 쉽고, 관람자와 상호작용할 수 있는 경험을 제공하는 등의 장점이 있습니다.

디지털 아트에는 여러 가지 스타일도 있습니다. 비디오 게임에서 볼 수 있는 픽셀 아트, 만화나 애니메이션에서 볼 수 있는 스타일, 미래적인 모습을 그린 사이버펑크 아트 등이 있습니다. 각각의 스타일은 다른 느낌과 모양을 가지고 있으며, 마치 다양한 종류의 붓을 사용하는 것처럼 다양한 표현을 할 수 있습니다.

디지털 아트는 그림을 그릴 뿐만 아니라, 고쳐서 다시 그릴 수도 있어서 실수를 덜 걱정하고 자유롭게 그릴 수 있습니다. 또한 인터넷에 올리거나 친구와 쉽게 공유할 수 있어서 더 많은 사람들과 나의 작품을 공유할 수 있습니다.

이처럼 디지털 아트는 예술의 경계를 확장하고 창작자에게 더 많은 창작 자유를 제공하는 동시에, 디지털 기술을 통해 예술과 기술 사이의 유익한 상호작용을 촉진하는 중요한 예술 형태입니다. 따라서 디지털 아트는 창의력과 상상력을 발휘하고, 다양한 스타일로 자신만의 독특한 작품을 만들 수 있는 흥미로운 분야입니다. 이 절에서는 디지털 아트의 다양한 스타일에 대해 간단히 알아보고, 프롬프트에 적용하는 방법을 함께 탐구해 보겠습니다.

표 6-5. 디지털 아트 스타일별 특징

스타일	특징	아티스트
일본 애니메이션	생생한 색감, 과장된 표정, 역동적인 움직임이 특징인 아트 스타일	Hayao Miyazaki, Osamu Tezuka
일본 만화책 (흑백 망가)	일본 애니메이션 스타일보다 더 세밀하고 복잡한 아트 스타일	Akira Toriyama, Naoko Takeuchi
미국 만화책	대담한 선과 역동적인 액션이 특징인 미국 만화책에서 볼 수 있는 아트 스타일	Jack Kirby, Moebius
픽셀 아트	초기 비디오 게임 그래픽을 연상시키는 가장 작은 시각적 단위인 개별 픽셀을 사용하여 만든 아트 스타일	Eboy, Paul Robertson
판타지	마법 생명체, 초자연적 요소, 신화적 배경이 자주 등장하는 상상력이 풍부한 아트 스타일	Yoshitaka Amano, Frank Frazetta
공상과학	미래적인 배경, 첨단 기술, 외계 생명체에 초점을 맞춘 아트 스타일	H.R. Giger, Syd Mead
아이소메트릭	3차원의 물체를 2차원 평면에 표현할 수 있도록 x축, y축, z축이 각각 120도로 이루어져 물체를 표현하는 투시도법	없음
증기파	80년대와 90년대의 요소와 초현실적이고 몽환적인 구성을 결합한 향수를 불러일으키는 아트 스타일	Macintosh Plus, James Ferraro
로우 폴리	삼각형 같은 적은 수의 다각형으로 입체를 표현하는 아트 스타일	Timothy J. Reynolds, Mat Szulik
글리치	디지털 오류, 왜곡 및 노이즈를 통합하여 시각적으로 눈에 띄는 이미지를 만드는 아트 스타일	Rosa Menkman, Phillip Stearns
사이버 펑크	디스토피아적 설정, 첨단 기술 및 사이버네틱 향상을 특징으로 하는 미래 지향적인 아트 스타일	Katsuhiro Otomo, Josan Gonzalez

프롬프트 6-45 portrait of man, Japanese Animation Art --niji 5 일본 애니메이션(a)

프롬프트 6-46 portrait of man, Japanese Comic Book Art --niji 5 일본 만화책(b)

프롬프트 6-47 portrait of man, monotone manga --niji 5 흑백 망가(c)

프롬프트 6-48 portrait of man, American Comic Book Art --v 5 미국 만화책(d)

(a) 일본 애니메이션(Japanese Animation Art) (b) 일본 만화책(Japanese Comic Book Art)

(c) 흑백 망가(Monotone Manga) (d) 미국 만화책(American Comic Book Art)

그림 6-7. 디지털 아트를 포함한 프롬프트로 생성한 이미지 예 (1)

프롬프트 6-49	traditional house, very low resolution Pixel Art	픽셀 아트(a)
프롬프트 6-50	traditional house, Fantasy Art	판타지(b)
프롬프트 6-51	traditional house, Sci-Fi Art	공상과학(c)
프롬프트 6-52	traditional house, Isometric Design	아이소메트릭(d)

(a) 픽셀 아트(Pixel Art)

(b) 판타지(Fantasy Art)

(c) 공상과학(Sci-Fi Art)

(d) 아이소메트릭(Isometric Design)

그림 6-8. 디지털 아트를 포함한 프롬프트로 생성한 이미지 예 (2)

프롬프트 6-53 `male bust, Vapor Wave Art --v 5` 증기파(a)

프롬프트 6-54 `male bust, Low Poly Art --v 5` 로우 폴리(b)

프롬프트 6-55 `male bust, Glitch Art --v 5` 글리치(c)

프롬프트 6-56 `male bust, Cyberpunk Art --v 5` 사이버 펑크(d)

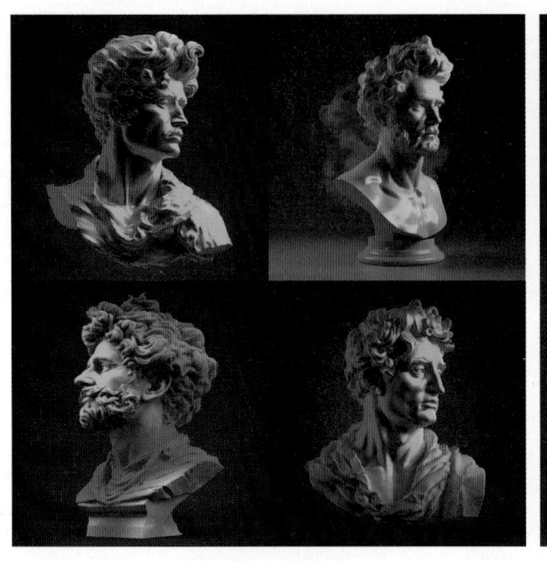

(a) 증기파(Vapor Wave Art)

(b) 로우 폴리(Low Poly Art)

(c) 글리치(Glitch Art)

(d) 사이버 펑크(Cyberpunk Art)

그림 6-9. 디지털 아트를 포함한 프롬프트로 생성한 이미지 예 (3)

6.4 사진 스타일

사진 촬영과 관련한 다양한 기술은 오늘날 우리 삶의 많은 면면에 깊숙이 녹아있습니다. 인물 사진, 풍경 사진, 3D 사진 등의 기법은 단순히 아름다운 이미지를 생성하는 것을 넘어, 문화적 표현의 수단, 교육적 도구, 심지어는 사회적 의사소통의 방법으로 활용되고 있습니다. 이러한 기술의 효과는 감정을 전달하고, 상상력을 자극하며, 실제와 가상의 경계를 허물면서 새로운 현실을 창출합니다. 가상 현실 사진이나 증강 현실 사진과 같은 혁신적인 기술은 심지어 우리가 세상을 경험하는 방식까지 변화시킵니다. 이 절에서는 카메라의 버튼이나 다이얼이 아닌 텍스트로 프롬프트에 입력될 때 AI 생성 모델이 어떤 이미지를 생성하는지 다양한 사진 스타일을 살펴봅니다. 여러분 각자가 가지고 있는 독특한 시각과 해석을 통해 이러한 스타일을 자유롭게 조합하고 활용한다면 전에 없던 새로운 작품을 창조할 것입니다. 경계를 넘어선 작품을 통해 여러분만의 이야기를 만들어 보세요. 사진의 세계는 그 어떤 꿈도 현실로 만들 수 있는 무대입니다. 그 무대를 프롬프트로 가져와 여러분의 창조력이 빛나는 작품을 기대합니다!

사진 스타일 프롬프트 구성 및 이미지 생성

사진 스타일의 이미지를 생성하기 위해 프롬프트를 구성하는 방식은 크게 두 가지가 있습니다. 하나는 실제 사진 촬영시 사용하는 카메라 모델, 렌즈 종류, 필름 종류, 카메라 설정값(초점 거리, 화각, 이미지 센서, 조리개 값, 셔터 속도, 등)을 프롬프트에 입력하여 실제 카메라로 객체 대상을 촬영하듯 이미지를 생성하는 것입니다. 예를 들어, 자고 있는 고양이를 'Fujifilm XF 56mm f/1.2 R Lens, HDR10'의 카메라 설정으로 촬영하듯 이미지를 생성하면 그림 6-10의 (a)와 같고, 'fisheye lens'를 적용하면 (b)와 같은 이미지가 생성됩니다. 또한, 'Ilford Delta 400'은 4개의 렌즈로 각각 이미지를 촬영하여 흑백 3D 효과를 낼 수 있는 필름 카메라를 위한 특수 필름이며, 이 경우 이 필름명만 프롬프트에 포함해도 렌즈, 초점, 셔터속도, ISO 등이 해당 카메라의 기본값이 적용되어 그림 6-10의 (c)와 같이 특유의 흑백 이미지 스타일이 반영됩니다.

프롬프트 6-57 Lazy cat basking in the sun on a table facing the sea, shot with Fujifilm XF 56mm f/1.2 R Lens. HDR10 카메라 설정값 적용(a)

프롬프트 6-58 Lazy cat basking in the sun on a table facing the sea, shot with fisheye lens 어안 렌즈 적용(b)

프롬프트 6-59 Butterfly on a mugcup, Minimalistic Nothingness, Ilford Delta 400 특수 필름 적용(c)

프롬프트 6-60 Butterfly on a mugcup, Minimalistic Nothingness 특수 필름 제거(d)

(a) 카메라 설정값 적용

(b) 어안 렌즈 적용

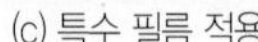

(c) 특수 필름 적용

(d) 특수 필름 제거

그림 6-10. 프롬프트에 카메라 설정값을 포함한 생성한 이미지 예

다른 하나는 다양한 사진 스타일에 대해 명명한 키워드를 그대로 사용하는 것입니다. 카메라 설정값 조정의 경우보다 세밀한 조정이 불가능할 수 있으나 간편하게 적용 가능합니다. 사진 스타일의 주요 키워드는 다음의 프롬프트로 생성한 이미지 예로 살펴봅시다.

프롬프트 6-61 `A young child and a cat leaning against each other on the terrace` 별도 스타일 지정 없음(a)

프롬프트 6-62 `A young child and a cat leaning against each other on the terrace, 3D Photography` 3D 사진(b)

프롬프트 6-63 `A young child and a cat leaning against each other on the terrace, Aerial Photography` 항공 사진(c)

프롬프트 6-64 `A young child and a cat leaning against each other on the terrace, Astrophotography` 천체 사진(d)

(a) 별도 스타일 지정 없음

(b) 3D 사진(3D Photography)

(c) 항공 사진(Aerial Photography)

(d) 천체 사진(Astrophotography)

그림 6-11. 사진 스타일을 포함한 프롬프트로 생성한 이미지 예 (1)

프롬프트 6-65	hive, Augmented Reality Photography	증강 현실 사진(a)
프롬프트 6-66	hive, Banksy Photography	뱅크시 사진(b)
프롬프트 6-67	hive, Cityscape Photography	도시 풍경 사진(c)
프롬프트 6-68	hive, Computer-Generated Photography	컴퓨터 생성 사진(d)

(a) 증강 현실 사진(Augmented Reality Photography)

(b) 뱅크시 사진(Banksy Photography)

(c) 도시 풍경 사진(Cityscape Photography)

(d) 컴퓨터 생성 사진(Computer-Generated Photography)

그림 6-12. 사진 스타일을 포함한 프롬프트로 생성한 이미지 예 (2)

프롬프트 6-69 dancer, flower, Cyanotypes by Anna Atkins 시아노타입(a)

프롬프트 6-70 dancer, flower, Documentary Photography by Sebastião Salgado --v 5 다큐멘터리 사진(b)

프롬프트 6-71 dancer, flower, Double Exposure Photography by Christoffer Relander 이중 노출 사진(c)

프롬프트 6-72 dancer, flower, Film Noir by Brassaï 필름 누아르(d)

(a) 시아노타입(Cyanotypes)

(b) 다큐멘터리 사진(Documentary Photography)

(c) 이중 노출 사진(Double Exposure Phtography)

(d) 필름 누아르(Film Noir)

그림 6-13. 사진 스타일을 포함한 프롬프트로 생성한 이미지 예 (3)

프롬프트 6-73	`light, Futurist Photography`	미래파 사진(a)
프롬프트 6-74	`light, Graffiti Photography`	그래피티 사진(b)
프롬프트 6-75	`light, Holga`	홀가(c)
프롬프트 6-76	`light, Installation Photography`	설치 사진(d)

(a) 미래파 사진(Futurist Photography)

(b) 그래피티 사진(Graffiti Photography)

(c) 홀가(Holga)

(d) 설치 사진(Installation Photography)

그림 6-14. 사진 스타일을 포함한 프롬프트로 생성한 이미지 예 (4)

프롬프트 6-77 `lake, Landscape Photography` 풍경 사진(a)

프롬프트 6-78 `lake, Lomography` 로모그래피(b)

프롬프트 6-79 `lake, Macro Photography` 접사 사진(c)

프롬프트 6-80 `lake, Micro Photography` 마이크로 사진(d)

(a) 풍경 사진(Landscape Photography)

(b) 로모그래피(Lomography)

(c) 접사 사진(Macro Photography)

(d) 마이크로 사진(Micro Photography)

그림 6-15. 사진 스타일을 포함한 프롬프트로 생성한 이미지 예 (5)

프롬프트 6-81	kindergarten, Mixed Media Photography by Vik Muniz	혼합 미디어 사진(a)
프롬프트 6-82	kindergarten, Nature Photography	자연 사진(b)
프롬프트 6-83	kindergarten, New Objectivity by August Sander	신즉물 사진(c)
프롬프트 6-84	kindergarten, Panoramic Photography	파노라마 사진(d)

(a) 혼합 미디어 사진(Mixed Media Photography)

(b) 자연 사진(Nature Photography)

(c) 신즉물 사진(New Objectivity)

(d) 파노라마 사진(Panoramic Photography)

그림 6-16. 사진 스타일을 포함한 프롬프트로 생성한 이미지 예 (6)

프롬프트 6-85 botanical garden, Performance Photography 퍼포먼스 사진(a)

프롬프트 6-86 botanical garden, Photograms 포토그램(b)

프롬프트 6-87 botanical garden, Pinhole Photography 핀홀 사진(c)

프롬프트 6-88 botanical garden, Portrait Photography 인물 사진(d)

(a) 퍼포먼스 사진(Performance Photography)

(b) 포토그램(Photograms)

(c) 핀홀 사진(Pinhole Photography)

(d) 인물 사진(Portrait Photography)

그림 6-17. 사진 스타일을 포함한 프롬프트로 생성한 이미지 예 (7)

프롬프트 6-89 Pier 39, Seascape Photography 바다 풍경 사진 (a)

프롬프트 6-90 Pier 39, Still Life Photography 정물 사진(b)

프롬프트 6-91 Pier 39, Stop-Motion Photography 스톱모션 사진(c)

프롬프트 6-92 Pier 39, Street Photography 거리 사진(d)

(a) 바다 풍경 사진(Seascape Photography)

(b) 정물 사진(Still Life Photography)

(c) 스톱모션 사진(Stop-Motion Photography)

(d) 거리 사진(Street Photography)

그림 6-18. 사진 스타일을 포함한 프롬프트로 생성한 이미지 예 (8)

프롬프트 6-93 Yukon, Canada, Time-Lapse Photography 타임랩스 사진(a)

프롬프트 6-94 Yukon, Canada, Underwater Photography 수중 사진(b)

프롬프트 6-95 Yukon, Canada, Virtual Reality Photography 가상 현실 사진(c)

프롬프트 6-96 Yukon, Canada, Wildlife Photography 야생동물 사진(d)

(a) 타임랩스 사진(Time-Lapse Photography)

(b) 수중 사진(Underwater Photography)

(c) 가상 현실 사진(Virtual Reality Photography)

(d) 야생동물 사진(Wildlife Photography)

그림 6-19. 사진 스타일을 포함한 프롬프트로 생성한 이미지 예 (9)

6.5

AI ART

디자인 스타일

디자인 스타일 프롬프트 구성 및 이미지 생성

현대의 빠르게 변화하는 사회에서 디자인은 단순히 물체나 공간을 꾸미는 것을 넘어서, 사람들의 생활 방식, 생각, 그리고 감정에까지 영향을 미치게 되었습니다. 디자인은 문화와 기술, 예술과 과학이 만나는 교차점에서 탄생하는 혁신의 원천입니다. 그것은 우리가 세상을 바라보는 시각을 변화시키며, 새로운 가능성을 탐구하게 합니다. 디자인 스타일 프롬프트를 통해 우리는 그 가능성을 무한대로 확장시킬 수 있습니다. 이를 통해 우리는 미래의 디자인 트렌드를 예측하고, 그것을 현실로 만들어낼 수 있는 능력을 키울 수 있습니다. 디자인은 단순한 표현의 수단이 아니라, 우리의 삶을 더 나은 방향으로 이끌어 갈 도구입니다.

디자인은 단순히 미적인 측면과 아울러 기능성, 사용자 경험, 문화적 요소, 환경적 영향 등 다양한 측면을 고려해야 합니다. 또한 디자인은 창의적인 프로세스로서 아이디어를 시각화하고 구체화하는 데 이바지하며, 제품, 서비스, 환경 등을 개선하고 혁신하는 데 중요한 역할을 합니다. 이처럼 디자인은 단순히 아름다움을 추구하는 것이 아니라, 우리의 생활과 밀접하게 연결되어 있습니다.

디자인 스타일에는 주거 공간, 상업 공간, 공공시설 등의 내부를 계획하고 장식하는 인테리어 디자인에서부터 제품의 외관, 기능, 사용자 경험을 설계하고 최적화하는 제품 디자인에 이르기까지 다양합니다. 이러한 디자인 스타일은 우리 주변의 물건들을 어떤 형태로든 만들어 내고, 생활을 더 풍요롭고 편리하게 만듭니다.

지금부터 이러한 역할이 가능한 다양한 디자인 스타일을 프롬프트에 직접 적용해 보겠습니다. 그리고 그 속에서 새로운 영감을 찾아 나만의 작품을 만들 수 있는 방법을 살펴보겠습니다. 여러분의 상상력이 디자인 키워드가 담긴 프롬프트의 다양성 및 의외성과 만나 어떤 멋진 작품들이 탄생할지 기대해 봅니다.

표 6-6. 디자인 스타일별 특징

스타일	특징
인테리어 디자인	기능성과 미적 감각을 조화시켜 공간을 최적화하는 과정으로 색상, 조명, 재료 등의 선택을 통해 분위기를 형성하는 디자인
산업 디자인	제품의 기능성과 형태를 조화롭게 디자인하여 공업 제품에 적용되는 디자인으로 생산과 유통 과정에서의 효율성과 경제성을 고려하여 제품을 개발하는 디자인
제품 디자인	제품의 형태, 기능, 사용성을 고려하여 시각적 매력과 기능을 조화시키는 분야로 사용자의 니즈와 시장 동향을 반영하여 혁신적이고 실용적인 제품을 개발하는 디자인
가구 디자인	기능과 미적 감각을 조합하여 사용자의 편의와 생활 양식을 고려한 가구를 디자인하는 분야로 재료와 형태의 조화로 독특한 시각적 매력을 부여하는 디자인
텍스타일 디자인	다양한 소재와 패턴을 활용하여 섬유의 미적 가치를 강조하고 기능성을 높이는 분야로 의류부터 가구까지 다양한 제품에 적용되며 시각적 매력과 실용성을 결합하는 디자인
도자기공예	점토와 다양한 재료를 이용하여 조형적인 작품을 창작하며, 고유한 형태와 질감을 통해 예술적인 표현과 기능성을 결합하는 예술 분야
유리공예	유리의 투명성과 다채로운 색상을 활용하여 조형적인 작품을 창작하며, 유연한 형태와 빛의 반사로 독특한 시각적 경험을 전달하는 예술 분야
금속공예	금속을 가공하여 다양한 형태의 조각 작품을 창작하며, 재료의 단단함과 가공 기술을 활용하여 독특한 조형과 질감을 표현하는 예술 분야
목공예	나무를 가공하여 다양한 형태의 조각작품을 창작하며, 나무의 자연스러운 미적 속성과 조형적인 가능성을 통해 예술적 표현과 기능성을 결합하는 예술 분야
돌공예	다양한 종류의 돌을 조각하여 조형 작품을 창작하며, 돌의 특징적인 질감과 색상을 활용하여 강렬한 시각적 효과와 예술적 감각을 표현하는 예술 분야
뼈공예	동물의 뼈와 관련 재료를 가공하여 조형 작품을 창작하며, 자연의 형태와 고유한 속성을 활용하여 독특하고 상징적인 예술적 표현을 구현하는 예술 분야
쉘 아트	조개나 해양생물의 껍질을 이용하여 다양한 형태의 작품을 창작하며, 자연의 아름다움과 다채로운 색상을 활용하여 독특한 시각적 효과와 해양적 감성을 표현하는 예술 분야
페이퍼 아트	종이를 접고 모아 다양한 형태의 예술 작품을 창작하며, 종이의 가벼움과 다양한 색상을 이용하여 창의적인 조형과 미적 표현을 구현하는 예술 분야
북 아트	책의 구조와 종이를 가공하여 예술 작품을 창작하며, 페이지의 겹침과 접힘을 통해 입체적인 형태와 이야기를 표현하는 창의적인 예술 분야
파피에마세	종이 조각을 접착제와 함께 사용하여 다양한 형태의 조각 작품을 창작하며, 재활용 가능한 재료와 창의적인 구조를 통해 경제성과 예술성을 결합하는 예술 분야
옵 아트	착시 효과를 활용하여 시각적인 변형과 패턴을 생성하고, 이를 통해 관람자의 눈과 정신을 혼란스럽게 만들거나 다른 시각적 경험을 제공하며, 기하학적인 모양, 반복된 패턴, 대조적인 색상 등을 사용하는 예술 분야

프롬프트 6-97 YA modern living room interior, Blue and white, It's cool 인테리어 디자인(a)

프롬프트 6-98 Portable electric fan design, Minimal Aluminum, with folding function, mat black finish 산업 디자인(b)

프롬프트 6-99 Wireless Bluetooth earphone design, Rose Gold Color With adjustable ear hooks 제품 디자인(c)

프롬프트 6-100 Modern minimalist coffee table design, with hidden storage compartments, Matte black finish 가구 디자인(d)

(a) 인테리어 디자인

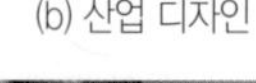

(b) 산업 디자인

(c) 제품 디자인

(d) 가구 디자인

그림 6-20. 디자인 스타일을 포함한 프롬프트로 생성한 이미지 예 (1)

프롬프트 6-101	Pattern for children's bedding, Pastel rainbow stripe 텍스타일 디자인(a)
프롬프트 6-102	Ceramic mug with modern abstract patterns, Glossy black, With a handle 도자기공예(b)
프롬프트 6-103	A glass vase design, A wave pattern, Blue gradation 유리공예(c)
프롬프트 6-104	A small metal animal sculpture, Dark gray finish, Detailed pattern with laser cutting 금속공예(d)

(a) 텍스타일 디자인

(b) 도자기공예

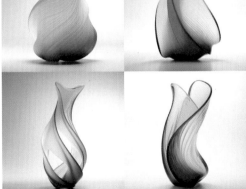

(c) 유리공예

(d) 금속공예

그림 6-21. 디자인 스타일을 포함한 프롬프트로 생성한 이미지 예 (2)

프롬프트 6-105	Wooden fairy tale character doll, Irregular shape on oak wall decoration with natural feel	목공예(a)
프롬프트 6-106	Stone decoration art, Leaf pattern, Smooth surface	돌공예(b)
프롬프트 6-107	Bone art, A combination of the bones of various animals, Polishing	뼈공예(c)
프롬프트 6-108	Shell art, Tropical style, Various colored shells	쉘 아트(d)

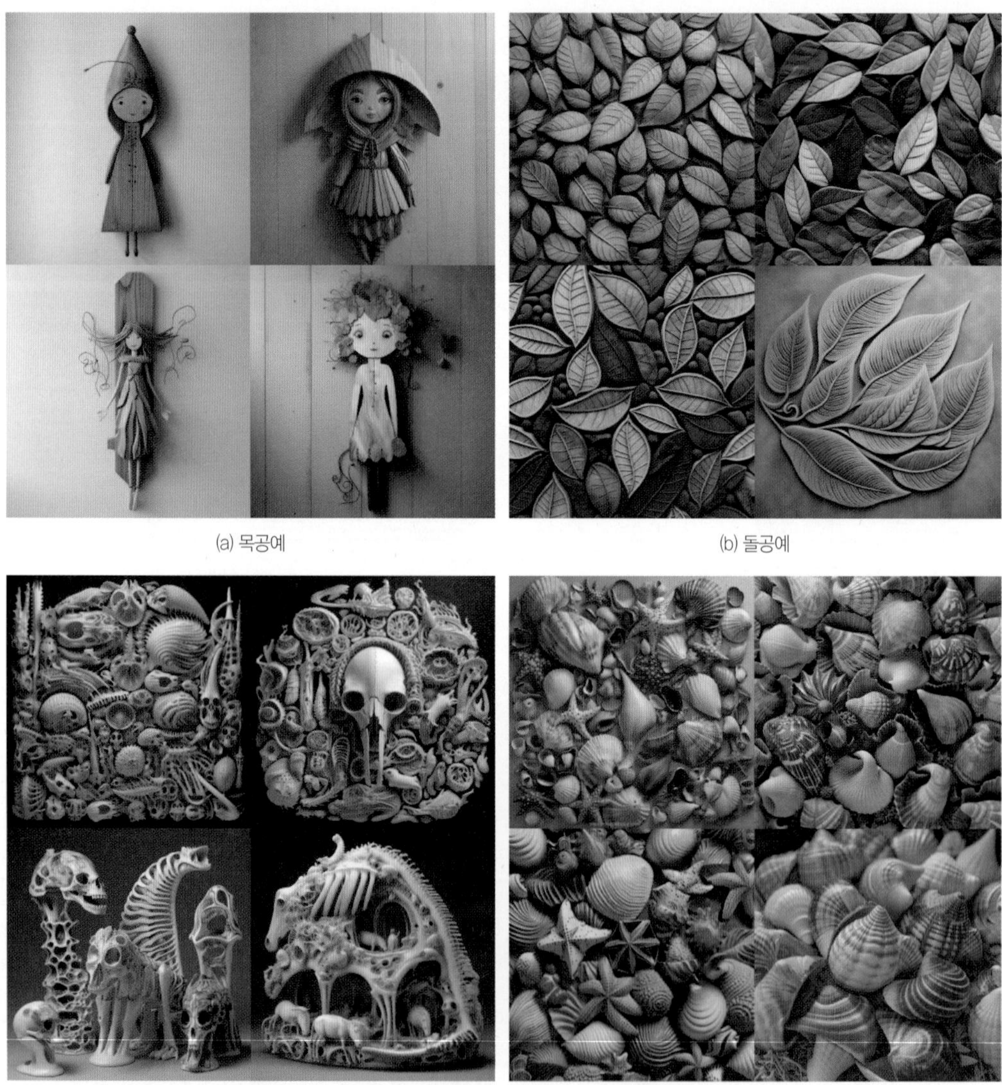

(a) 목공예

(b) 돌공예

(c) 뼈공예

(d) 쉘 아트

그림 6-22. 디자인 스타일을 포함한 프롬프트로 생성한 이미지 예 (3)

프롬프트 6-109 Paper quilling of night sky

프롬프트 6-110 paper quilling of a star sky --v 4

프롬프트 6-111 paper craft illustration of Barcelona

프롬프트 6-112 paper craft illustration of Madrid

그림 6-23. 페이퍼 아트(Paper Art) 스타일을 포함한 프롬프트로 생성한 이미지 예

프롬프트 6-113 pangolin, Coloring book page

프롬프트 6-114 pangolin, coloring book

프롬프트 6-115 book art, diagrammatic drawing of a ice-cream machine

프롬프트 6-116 book art, diagrammatic drawing of a young boy

그림 6-24. 북 아트(Book Art) 스타일을 포함한 프롬프트로 생성한 이미지 예

프롬프트 6-117 paper mache, Collage portrait

프롬프트 6-118 paper mache, Patchwork collage portrait of a old woman

프롬프트 6-119 paper mache, analytic drawing of a chair

프롬프트 6-120 paper mache, bike, infographic illustration

그림 6-25. 파피에마세(Papier-mâché) 스타일을 포함한 프롬프트로 생성한 이미지 예

프롬프트 6-121 op art, young beautiful woman with a vintage phone

프롬프트 6-122 op art, stained glass window portrait of a beautiful pin up woman

프롬프트 6-123 op art, young woman with flowers, typography style

프롬프트 6-124 op art, Beautiful woman in a dress

그림 6-26. 옵 아트(Optical Art) 스타일을 포함한 프롬프트로 생성한 이미지 예

7 장

AI 아트 도구로 배우는 공부

학 습 목 표

프롬프트를 입력하여 이미지를 생성하는 AI 아트 도구는 이공계의 학문과 인문 · 예술의 학문을 융합하여 창의적이고 독창적인 성과를 내기 위한 교육 방식인 AI융합교육에 적합합니다. AI 아트 도구를 수학, 국어, 사회와 접목하여 다양한 창의적인 결과를 만들어 보겠습니다.

7.1

수학적 아름다움의 탐구

이미지 생성 AI 모델로 수학적 아름다움을 담은 이미지를 생성하는 활동은 다양한 기하학 도형과 패턴 속 규칙을 이해하는 데 도움을 줄 뿐 아니라, AI에 대한 이해와 활용을 함께 경험할 수 있습니다. 미드저니를 이용하여 프랙털 아트(Fractal Art)의 세계, 옵 아트(Optical Art)의 세계, 테셀레이션(Tessellation)의 세계, 지오메트릭 패턴(Geometric Pattern)의 세계를 살펴봅니다.

프랙털 아트의 세계

프랙털은 폴란드 출신의 수학자 브누아 망델브로(Benoît Mandelbrot, 1924~2010)가 처음으로 사용한 용어로서, 작은 조각의 모양이 전체와 비슷한 기하학적 형태로 끝없이 반복되는 구조를 의미합니다. 프랙털 구조의 이러한 특징을 자기 유사성(Self Similarity)이라고 하며, 그 어원은 '조각난' 혹은 '파편의'라는 뜻의 라틴어 'fractus'에서 유래했습니다.

프랙털 아트는 형태적으로 반복, 자기 유사성, 회전 등의 특징을 갖고 있으며, 이는 자연과 사물의 질서, 조화, 통일성과 같은 요소를 조형적 언어로 형상화하는 원리가 됩니다. 프랙털은 번개, 강줄기, 나무, 산호, 구름, 로마네스코 브로콜리, 눈송이 등 우리 주변의 자연 현상에서 쉽게 발견할 수 있으며, 대표적인 프랙털 도형으로는 망델브로 집합(Mandelbrot set)과 쥘리아 집합(Julia set)이 있습니다. 스타일과 카메라 앵글, 렌즈 설정 등에 변화를 적용해 보며 다양한 스타일의 프랙털 아트 작품을 만들어 봅시다.

프롬프트 7-1	`Voynich manuscript style, Clouds sketched with fractals, 3D render, clouds in the blue sky --v 4`
프롬프트 7-2	`Scientific diagram, tree sketched with fractals, Bokeh --v 5`

(a) Voynich manuscript style, 3D render, --v 4

(b) Scientific diagram, Bokeh --v 5

그림 7-1. 미드저니에 **프롬프트 7-1**, **프롬프트 7-2**를 입력해 생성한 프랙털 아트 예

프롬프트 7-3 `Fractal art, coral represented by Mandelbrot set, extreme close-up --v 4`

프롬프트 7-4 `Mandelbrot set, yellow stigma in white cara flower, extreme close-up --v 4`

(a) Mandelbrot set, extreme close-up --v 4 (1)

(b) Mandelbrot set, extreme close-up --v 4 (2)

프롬프트 7-5	`Vector art, sunflower in full bloom represented by Mandelbrot set, shining in the sun, Aerial view --v 4`
프롬프트 7-6	`heart sketched with koch snowflake, Macro lens, macro photo, Golden hour`

(c) Vector art, Mandelbrot set, Aerial view --v 4

(d) koch snowflake, Macro lens, macro photo, Golden hour

그림 7-2. 미드저니에 **프롬프트 7-3** ~ **프롬프트 7-6**을 입력해 생성한 프랙털 아트 예

옵 아트의 세계

옵 아트란 옵티컬 아트(Optical Art) 즉, '시각적인 미술'의 약칭으로 1960년대 미국에서 일어난 추상미술의 한 동향으로 기하학적 형태와 미묘한 색채 관계, 원근법 등을 이용하여 사람의 눈에 착시를 일으켜 환상을 보이게 하는 과학적 예술의 한 종류입니다.

옵 아트의 발전을 이룩한 빅토르 바자렐리(Victor Vasarely)는 엄격한 구성에 의해 기하학적인 추상을 추구하였으며, 수학적으로 면밀히 계산된 조형을 표현한 것으로 유명합니다. 그의 주요 작품인 〈얼룩말〉, 〈직녀성〉 등은 도형의 미묘한 변화와 착란으로 화면에 생생한 움직임을 주어 보는 이로 하여금 시각적인 모호성과 분산을 느끼게 합니다. 이러한 옵 아트에 대해 소재와 색상에 변화를 적용해 보며 다양한 스타일의 옵 아트 작품을 만들어 봅시다.

프롬프트 7-7 `animal op art, black and white color, --v 4`

프롬프트 7-8 `Op art with blue and light blue lines, mermaid silhouette`

프롬프트 7-9 `Op art with orange and light blue lines, endless stairway`

프롬프트 7-10 `Optical art, black hole, fantastic outer space`

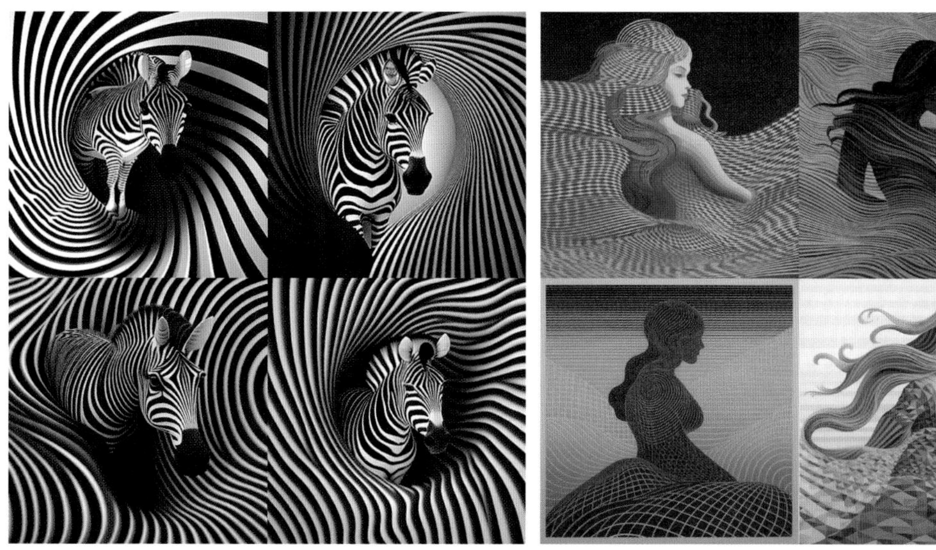

(a) animal

(b) mermaid silhouette

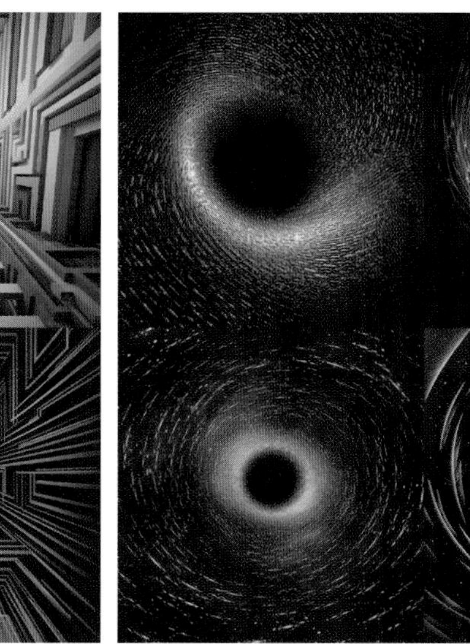

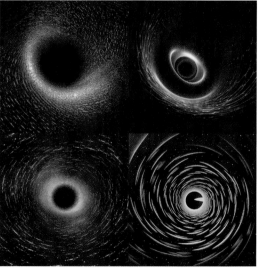

(c) endless stairway

(b) Scientific diagram, Bokeh --v 5

그림 7-3. 미드저니에 **프롬프트 7-7** ~ **프롬프트 7-10**을 입력해 생성한 옵 아트 예

테셀레이션의 세계

우리말로는 쪽매맞춤이라고 불리는 테셀레이션은 같은 모양의 조각들을 서로 겹치거나 틈이 생기지 않게 늘어놓아 평면이나 공간을 덮는 것을 말합니다.

테셀레이션은 포장지, 궁궐의 단청, 거리의 보도블록, 욕실의 타일 바닥 등 우리의 생활 주변에서 쉽게 찾아볼 수 있습니다.

스타일과 모양에 변화를 적용해 보며 다양한 스타일의 테셀레이션 작품을 만들어 봅시다.

프롬프트 7-11 `Knitting patterns, Floral tessellation, repetition of flowers of the same size and shape --v 4`

프롬프트 7-12 `wall, regular fish tessellation, fishpatterns of the same size and shape --v 4`

프롬프트 7-13 `sofa, regular hexagonal tessellation, honeycombs of the same size and shape`

프롬프트 7-14 `Bag, diamond tessellation, diamonds of the same size and shape, pastel colors --v 4`

(a) Knitting patterns, Floral

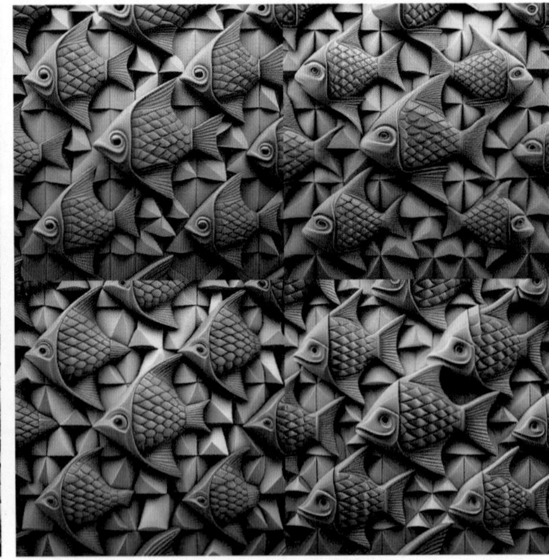

(b) wall, regular fish

(c) sofa, regular hexagonal

(d) Bag, diamond

그림 7-4. 미드저니에 **프롬프트 7-11** ~ **프롬프트 7-14**를 입력해 생성한 테셀레이션 예

지오메트릭 패턴의 세계

지오메트릭 패턴은 기하학적인 도형을 응용하여 만들어진 패턴으로 정해진 규칙과 완벽한 대칭의 도형으로 균형미를 만들어 내는 수학적인 관점이 녹아 있는 디자인입니다. 약 천 년 전에 시작되어 이슬람 모스크(사원)와 마드라사(대학), 유럽의 성당, 궁전 등에서 볼 수 있는 이 패턴은 특히 이슬람 문화권에서 다채로운 모습과 거대한 규모로 볼 수 있습니다. 이러한 배경에는 신의 단일성과 질서, 자연의 조화를 기하학이라는 학문을 통해 원과 선으로 완벽한 대칭을 만들어 표현할 수 있다고 생각했기 때문입니다. 프랑스 건축가 장 미뇨는 "과학 없는 예술은 아무것도 아니다(Ars sine scientia nihil est)."라고 말할 만큼 지식(기하학)에 기초한 예술을 중시했습니다. 지오메트릭 패턴은 오늘날에도 다양한 제품과 인테리어 디자인에서 쉽게 볼 수 있습니다. 헤링본, 브릭 패턴은 모두 지오메트릭 패턴의 한 종류입니다. 이처럼 지오메트릭 패턴은 예술과 과학의 결합이며, 천년의 아름다움입니다.

소재와 배경에 변화를 주어 다양한 스타일의 지오메트릭 패턴 작품을 만들어 봅시다.

프롬프트 7-15 Geometric drawing pattern, rooster, on white background --v 4

프롬프트 7-16 Geometric pattern, owl, on brown background --v 4

프롬프트 7-17 Geometric pattern, a big tree, on green background --v 4

프롬프트 7-18 Geometric pattern, a gold apple, on blue background --v 4

(a) rooster, on white background

(b) owl, on brown background

(c) a big tree, on green background

(d) a gold apple, on blue background

그림 7-5. 미드저니에 **프롬프트 7-15** ~ **프롬프트 7-18**을 입력해 생성한 지오메트릭 패턴 예

7.2 국어 속담과 사자성어에 대한 시각화

미드저니, 달리 2, 스테이블 디퓨전 등의 AI 생성 모델을 활용하여 속담과 사자성어를 이미지로 나타낼 수 있습니다. 다양한 속담과 사자성어를 이미지로 생성해 본다면 그 뜻을 더욱 자세히 알 수 있습니다. AI 생성 모델에 따라 생성되는 이미지의 스타일이 다르므로 필요에 따라 AI 생성 모델을 먼저 선택합니다. 이후 프롬프트를 번역기와 프롬프트 생성기를 활용하여 구체적으로 작성하여 이미지를 생성합니다.

속담과 사자성어에 어울리는 이미지를 생성하였다면 나만의 속담과 사자성어 모음집을 만듭니다. 만들어진 속담이나 사자성어 이미지를 친구에게 보여 주고 맞춰보는 게임을 하거나, 전시하여 공유해 보겠습니다.

속담 생성

AI 생성 모델 미드저니를 활용하여 속담 이미지를 만들어 보겠습니다.

❶ 구글 번역기를 활용하여 먼저 프롬프트를 작성합니다. 속담은 '닭 쫓던 개 지붕 쳐다본다.'를 선택했습니다.

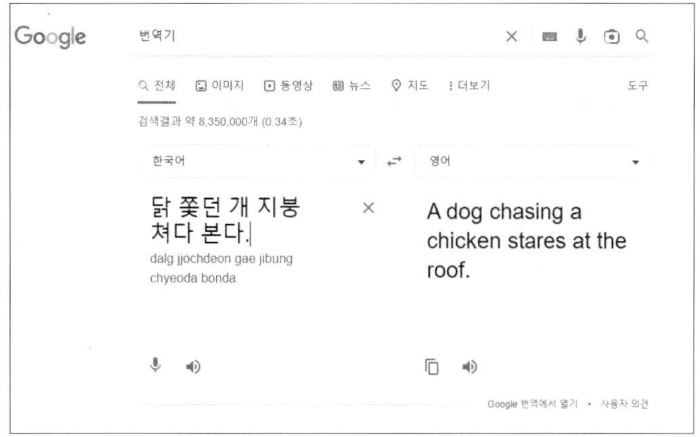

그림 7-6. 번역기 활용 프롬프트 작성

❷ 디스코드 미드저니 입력창에 프롬프트를 입력하여 이미지를 생성합니다. 생성된 4장의 사진 중에 속담과 유사한 1번 이미지를 기준으로 이미지를 더욱 다양하게 생성하기 위해 〈V1〉 버튼을 클릭하여 4장의 사진을 더 생성하였습니다.

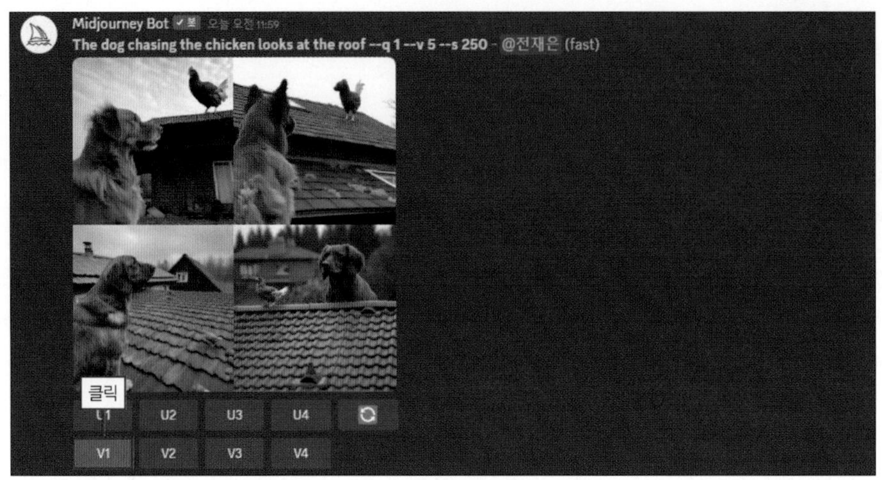

(a) 이미지 생성

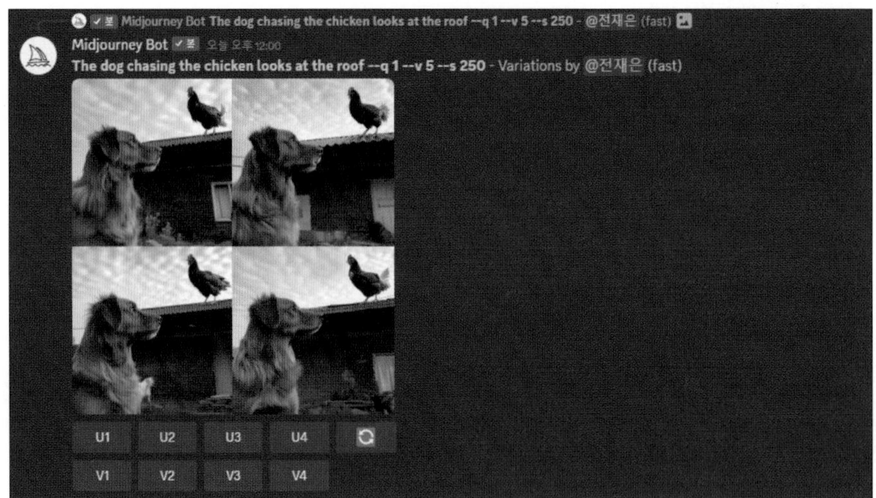

(b) 〈V1〉 1번 이미지 변환

그림 7-7. 미드저니 이미지 생성 및 변환

이미지가 마음에 들지 않으면 프롬프트 문장이나 단어를 수정합니다.

❸ 챗GPT를 활용하여 속담의 뜻도 확인해 봅니다.

챗GPT

'닭 쫓던 개 지붕 쳐다본다.' 속담의 뜻을 설명해 줘.

'닭 쫓던 개 지붕 쳐다본다.'는 한 가지 일에만 몰두하여 더 중요한 것을 놓치는 상황을 비유하는 한국어 속담입니다.

개는 닭보다 빠르기 때문에 개가 닭을 쫓을 때 닭은 힘차게 날아가거나 피할 수 있는 장소로 도망치면서 개를 피할 수 있습니다. 그러나 닭이 지붕 위로 날아가면 발이 빠른 개도 닭을 잡을 수 없게 됩니다. 이때 개는 자신이 원하는 것, 즉 닭을 잡지 못하고 지붕만 바라보게 되어, 노력한 일이 실패로 돌아가는 모습을 보입니다.

따라서, 이 속담은 한 가지 일에만 집중하다가 더 중요한 것을 놓치게 되면 노력이 실패로 이어지고, 전체적인 시야를 유지하며 상황을 파악하는 것이 중요하다는 것을 알리는 것입니다. 이러한 속담은 한국어와 문화에서 매우 자주 사용되며, 많은 사람들이 이를 인지하고 있습니다.

❹ 앞서 수집한 자료들을 편집 프로그램(파워포인트, 한쇼, 미리캔버스)을 활용하여 나만의 속담집 모음을 만듭니다.

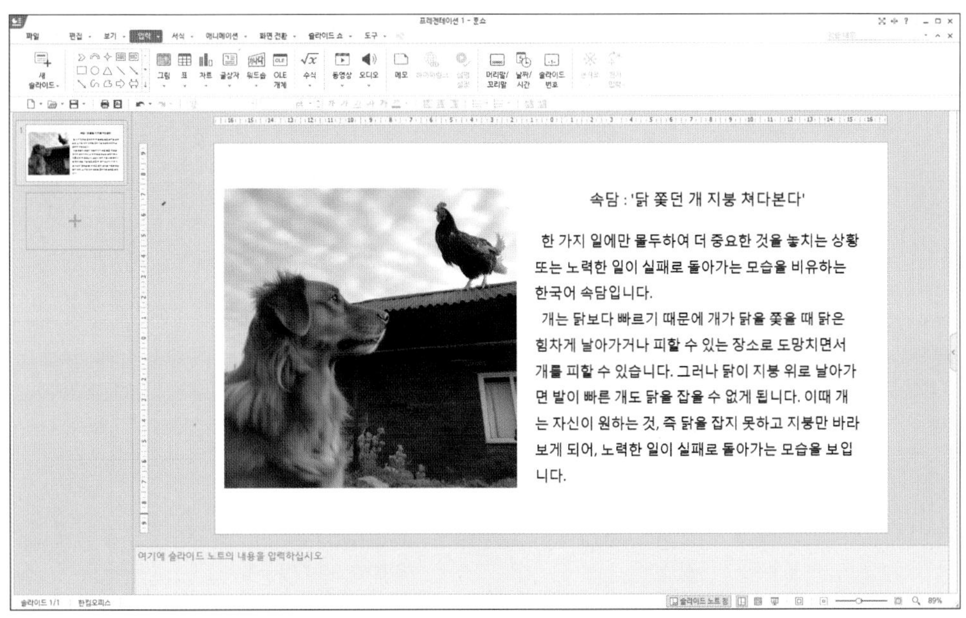

그림 7-8. 파워포인트로 속담집 모음을 생성한 화면

사자성어 만들기 : 챗GPT+미드저니

사자성어는 먼저 그 뜻을 알아야 이미지를 만들 수 있습니다. 챗GPT를 통하여 뜻을 파악하고 이후 AI 생성 모델 미드저니를 활용하여 사자성어 이미지를 생성해 봅니다.

❶ 챗GPT에게 원하는 사자성어의 뜻을 질문해 답변을 얻어봅시다. 예제에서는 사자성어를 '일석이조'로 선택했습니다.

챗GPT

'일석이조' 사자성어 뜻을 알려줘.

'일석이조'는 한 번의 행동으로 두 가지 이상의 일을 동시에 이루어내는 것을 뜻하는 사자성어입니다. 즉, 한 가지 일을 하면서 또 다른 일도 동시에 이루어진다는 의미를 담고 있습니다. 이 말은 두 가지 목적을 동시에 달성하는 것이 경제적이고 효율적이라는 것을 강조하기 위해 사용됩니다. 예를 들어, "공부를 하면서 운동도 하는 것은 일석이조의 방법이다."라는 것은 공부와 운동이라는 두 가지 목적을 동시에 달성하는 것이 효율적이라는 것을 나타냅니다.

❷ 사자성어의 뜻을 간략하게 만들고 생성하려는 이미지의 프롬프트를 구글 번역기로 작성합니다. 작성된 프롬프트를 디스코드의 미드저니에 입력하여 사자성어 이미지를 생성합니다. 생성된 이미지를 확인하고 프롬프트를 수정하여 반복적으로 생성합니다. 그림 7-9의 (b)는 생성된 '일석이조' 이미지 중의 하나입니다.

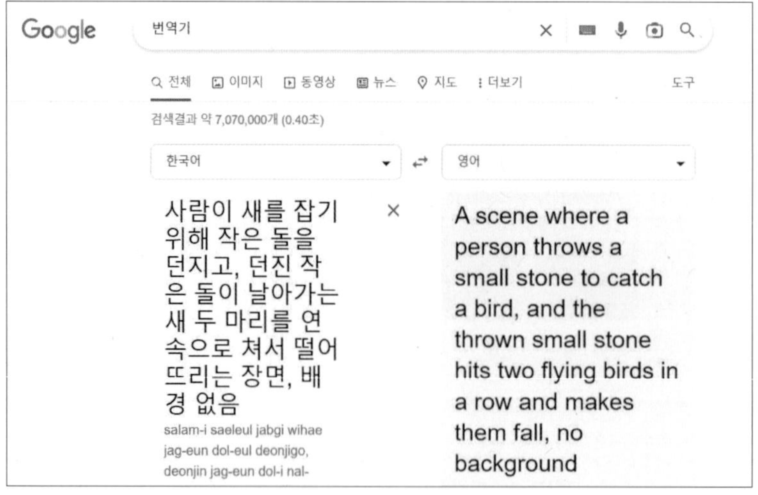

(a) 프롬프트 작성

(b) 이미지 생성

그림 7-9. 프롬프트 작성 및 이미지 생성

❸ 편집 프로그램(파워포인트, 한쇼, 미리캔버스)을 활용하여 수집한 자료들을 나만의 사자성어 모음집을 만듭니다.

그림 7-10. 파워포인트로 일석이조 사자성어 모음집을 생성한 화면

사자성어 만들기 : 빙+달리

마이크로소프트 빙에는 챗GPT의 챗봇과 달리의 생성 모델이 탑재되어 있습니다. 이를 활용하여 사자성어집을 만들 수 있습니다. 빙 검색을 통하여 사자성어의 뜻을 파악하고 여기에 탑재된 달리를 활용하여 사자성어 이미지를 생성하겠습니다.

❶ 엣지 브라우저의 빙 검색에서 사자성어의 뜻을 검색합니다. 예제에서는 사자성어를 '추풍낙엽'으로 선택했습니다.

BING

추풍낙엽의 뜻을 알려줘.

✓ "추풍낙엽 뜻" 검색 중

✓ 답변을 생성하는 중…

추풍낙엽은 가을바람에 떨어지는 나뭇잎을 비유적으로 이르는 말입니다.1 2 또한 어떤 형세나 세력이 갑자기 기울거나 헤어져 흩어지는 모양을 비유적으로 이르기도 합니다.3

1 https://bing.com/search?q=%ec%b6%94%ed%92%8d%eb%82%99%ec%98%86+%eb%9c%bb 3 https://wordrow.kr/%EC%9D%98%EB%AF%B8%EC%B6%94%ED%92%8D%EB%82%99%EC%97%BD/

2 https://krdick.korea.go.kr/dicSearch/SearchView?ParaWordNo=82151

자세한 정보 : 1. bing.com 2. wordrow.kr 3. wordrow.kr +1 더 보기

❷ 사자성어의 뜻을 간략하게 만들고 생성하려는 이미지의 프롬프트를 작성합니다. 달리에서 한글로 바로 입력하여 이미지를 생성하였습니다. 생성된 이미지를 확인하고 프롬프트를 수정하여 반복적으로 생성합니다. 그림 7-11은 생성된 '추풍낙엽' 이미지 중의 일부입니다.

프롬프트 7-19 가을바람에 나뭇잎이 흩날리는 모습을 그려줘.

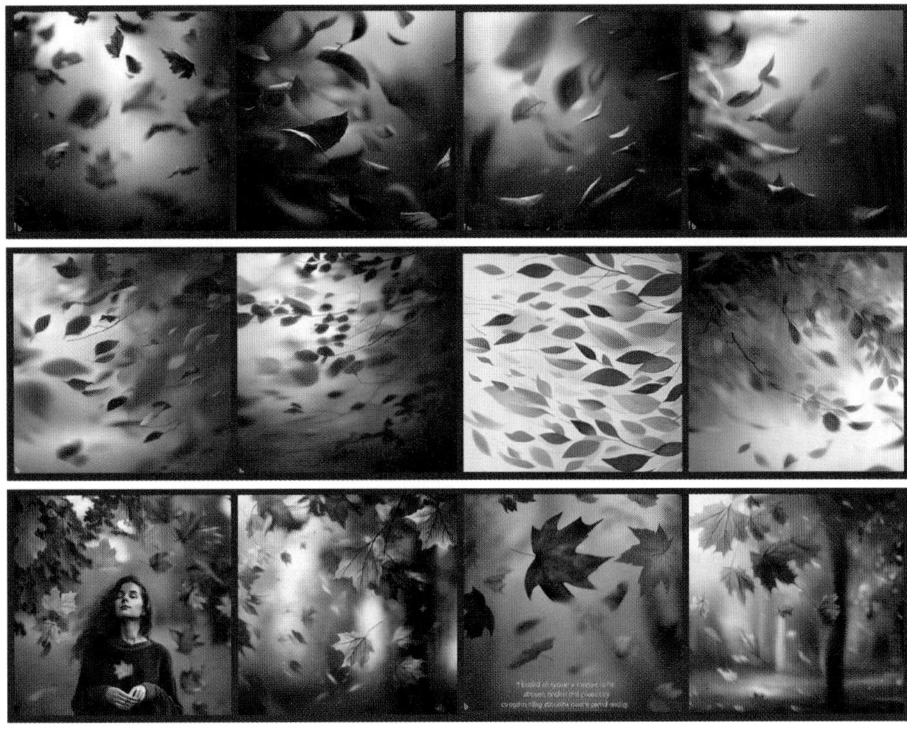

그림 7-11. **프롬프트 7-19**를 입력하여 생성한 이미지

❸ 편집 프로그램(파워포인트, 한쇼, 미리캔버스)을 활용하여 수집한 자료들을 나만의 사자성어 모음집을 만듭니다.

그림 7-12. 파워포인트로 추풍낙엽 사자성어 모음집을 편집한 화면

실습 문제

| 미션 |

앞서 살펴본 속담과 사자성어 만들기를 참고하여 나만의 속담집 또는 사자성어 모음집을 만들어 보세요.

| 요구사항 |

편집 프로그램 파워포인트, 한쇼, 미리캔버스 등을 활용합니다.

6개 이상의 속담이나 사자성어를 만듭니다.

<table>
<tr><td>문구1</td><td colspan="2"></td></tr>
<tr><td colspan="2">(이미지)</td><td>(설명)</td></tr>
<tr><td colspan="2">....</td><td>....</td></tr>
</table>

7.3 시대 및 기후별 모습 탐구

AI 생성 모델을 활용하여 사회영역의 시대별 생활 모습이나 문화를 이미지로 생성하거나, 기후에 따른 자연환경의 특징을 이미지로 생성하여 교육자료로 활용할 수 있습니다. 시대별 문화의 특징을 이미지로 쉽게 살펴볼 수 있고, 기후별 자연환경의 차이점을 비교할 수 있습니다. 사회 교과와 연계하여 시대별 생활 모습과 기후별 자연환경을 이미지로 만들어 비교해 보겠습니다.

잠깐만요 **AI 생성 모델의 역사적 고증**

AI 생성 모델이 만든 이미지는 신뢰할 수 있을까요? 사회 관련 시대별 생활 모습과 기후별 자연환경 특징을 비교하기 위해 생성된 사진은 역사적인 고증을 거치지 않았습니다. 이러한 이유로 시대별 의상과 생활 모습이 실제와 다를 수 있습니다. 꼼꼼하게 살펴보고 이미지의 오류가 발생하면 프롬프트를 더욱 구체적으로 작성하여 다시 생성해야 합니다.

시대별 생활 모습

시대별 생활 모습을 디스코드의 미드저니로 살펴보겠습니다.

시대별 생활 모습은 '구석기 시대', '신석기 시대', '청동기 시대', '철기 시대', '역사 시대'로 구분 지었습니다. 이는 비교적 짧은 시기인 고려 시대나 조선 시대의 생활 모습으로 이미지를 생성할 경우 그 당시 문화를 제대로 반영하지 못하는 단점 때문입니다. 예를 들면, 미드저니에 고려 시대의 생활 모습을 주제로 생성한 이미지에 중국풍의 의상이 반영되어 생성될 경우입니다. 이는 많이 수집된 빅데이터를 기반으로 창작하는 AI 아트 특성으로 인한 현상으로, 역사적 고증을 거치지 않고 생성되기에 또 다른 문제나 오해를 일으킬 수 있습니다.

미드저니에 **프롬프트 7-20**을 각각 입력하여 이미지를 생성합니다. 시대별 생활 모습을 미드저니로 생성하면 그림 7-13과 같습니다.

프롬프트 7-20 `Describe life in the (a, b, c, d) lifestyle`

(a) 구석기(Paleolithic lifestyle)

(b) 신석기(Neolithic Age lifestyle)

(c) 청동기(Bronze Age lifestyle)

(d) 철기(Iron age lifestyle)

그림 7-13. 프롬프트 7-20의 입력에 대한 시대별 생활 모습

기후별 자연환경 모습

그림 7-13에서 시대별 생활 모습의 변화가 느껴지나요? 다음은 기후별 자연환경을 미드저니로 만든 이미지를 통하여 살펴보겠습니다. 기후는 '한대 기후', '온대 기후', '열대 기후', '건조 기후'로 구분 지었습니다. 기후별 자연환경을 미드저니로 생성한 이미지는 그림 7-14와 같습니다.

프롬프트 7-21 `Draw a picture of a (a, b, c, d) natural environment`

(a) 한대(Cold climate)

(b) 온대(Temperate climate)

(c) 열대(Tropical climate)

(d) 건조(Dry climate)

그림 7-14. 프롬프트 7-21의 입력에 대한 기후별 자연환경

8 장

창작글에 어울리는 이미지 생성 (1)

학 습 목 표

챗GPT는 대화형 인공지능 챗봇으로 이야기나 시를 창작하는데 도움을 줍니다. 여기에 어울리는 이미지를 AI 생성 모델의 도움을 받아 생성할 수 있습니다. 이 장에서는 챗GPT를 활용하여 시, 노래, 일기를 만들고 이에 어울리는 이미지를 생성하여 시화, 앨범 재킷, 이미지 일기와 같은 창의적인 작품을 만들어 보겠습니다.

8.1 시에 어울리는 이미지 생성

질문을 이해하고 답하는 챗GPT와 채팅을 하면서 나만의 시를 새롭게 창작할 수 있습니다. 챗봇을 통해 얻은 정보를 활용하여 시를 만들어 보겠습니다. 이 시와 어울리는 이미지는 미드저니에 적절한 프롬프트를 입력하여 생성할 수 있습니다. 내가 만든 시와 이미지를 편집하여 나만의 시화를 만들 수 있습니다.

챗GPT로 시를 생성할 때 영문으로 작성하면 빠른 답변이 나옵니다. 하지만 영문 시를 번역하면 한국어 표현이 어색해집니다. 질문을 한국어로 입력하면 속도는 느리지만 표현이 자연스럽습니다. 불필요한 문구를 삭제하고, 어색한 표현을 수정하며 시를 만듭니다. 시화를 만드는 과정을 다음과 같습니다.

❶ 챗GPT를 활용하여 시 생성 및 수정

❷ 미드저니에서 시에 어울리는 프롬프트 입력 및 이미지 생성

❸ 시와 이미지를 편집 프로그램을 활용하여 시화 제작

챗GPT로 시 작성

챗GPT를 활용하여 시를 만들어 보겠습니다.

❶ 먼저 챗GPT에 접속하여 로그인합니다. 챗GPT에게 **프롬프트 8-1**을 입력하면 다음과 같은 시를 제시합니다.

프롬프트 8-1 겨울 별빛으로 시를 만들어 줘.

챗GPT

한 겨울 밤에 눈 내리는 밤,
하얀 눈더미 위로 비추는 별빛,

그 빛으로 비추는 풍경은 참으로 아름답다.

우리가 함께 걷던 그 길도,
눈이 쌓여서 지금은 더 덮여있겠지만,
저 하늘의 별빛이 우리의 추억을 따듯하게 비춰준다.

그리움이 떨리는 이 겨울밤에도,
별빛은 언제나 내 곁에 있다.
그 빛으로 나를 비춰주며,
언제나 내 곁에 있음을 알려준다.

한 겨울밤에 눈 내리는 밤,
별빛 아래서 나는 오늘도 살아가고 있다.
내일도 그 빛 아래서 살아갈 것이다.

❷ 챗GPT가 제시한 시가 마음에 들지 않는다면 **프롬프트 8-2**를 입력하여 다른 시를 생성합니다. 챗GPT가 마음에 드는 시를 만들어 주었다면 시를 직접 수정하고 완성합니다.

프롬프트 8-2 다시 만들어 줘.

챗GPT

한 겨울밤, 눈 내리는 밤
하얀 눈 덮인 길 위로 비추는 별빛
이 순간이 너무나도 아름답다.

우리 함께 걸었던 그 길도
눈으로 덮인 채 지금은 잊혀져 가겠지만
저 하늘의 별빛은 우리 추억을 따뜻하게 비춰준다.

그리움에 떨리는 이 겨울밤에도
별빛은 언제나 내 곁에 있다.
그 빛으로 나를 비추어주며
언제나 내 곁에 있음을 알려준다.

한 겨울밤, 눈 내리는 밤
별빛 아래서 나는 오늘도 살아가고 있다.
내일도 그 빛 아래서 살아갈 것이다.

미드저니로 시에 어울리는 이미지 생성

디스코드의 미드저니를 이용해 작성한 시에 맞는 이미지를 생성하겠습니다.

❶ 작성한 시에 어울리는 표현을 영문으로 번역하여 프롬프트를 만듭니다.

프롬프트 8-3 `starry snowy night, forest`

❷ 디스코드의 미드저니에 **프롬프트 8-3**을 입력하여 이미지를 생성합니다.

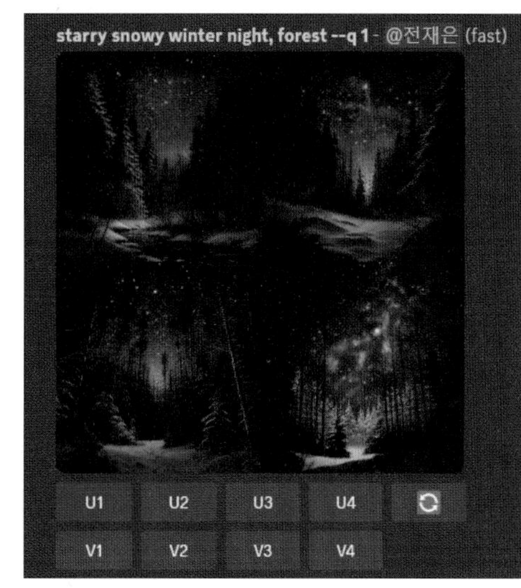

그림 8-1. 미드저니로 **프롬프트 8-3**을 입력하여 제시된 결과

❸ 생성된 4장의 이미지 중에서 마음에 드는 이미지를 선택하거나 프롬프트를 변경하여 새로운 이미지를 생성합니다. 또는, 그림 8-2와 같이 〈V2〉 버튼을 클릭하면 유사한 이미지 4장이 추가로 생성됩니다.

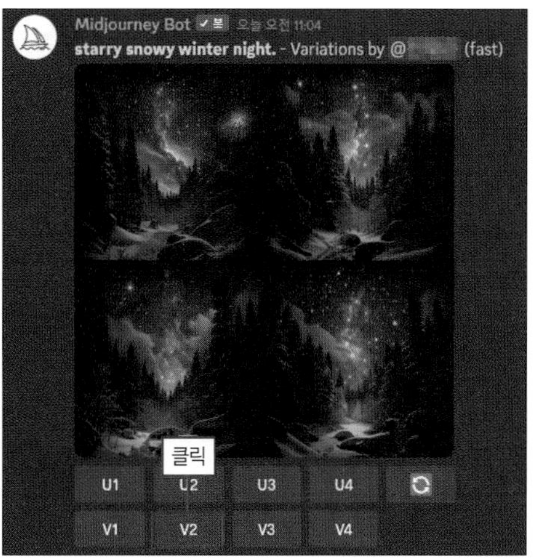

그림 8-2. 이미지 생성 및 〈V2〉 버튼을 활용한 결과

시와 이미지로 시화 완성

시와 이미지를 완성했으면 같이 보여 줄 시화를 만들어야 합니다. 챗GPT가 만든 시와 미드저니로 만든 이미지로 시화를 만들어 봅시다.

❶ 시와 이미지를 첨부하여 편집 프로그램(파워포인트, 한글 등)으로 나만의 시화를 만들고 챗GPT와 미드저니의 프롬프트를 입력하여 자료의 출처를 제시합니다.

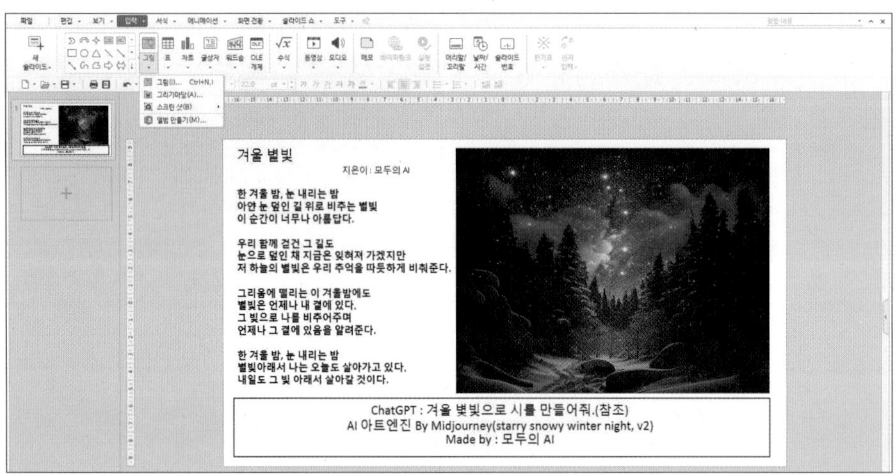

그림 8-3. 파워포인트를 활용하여 시화 생성

❷ 이렇게 자신이 원하는 스타일로 시화를 만들어 완성했습니다.

그림 8-4. 시화 완성

8.2 가사에 어울리는 이미지와 멜로디 생성

시를 만드는 방법처럼 노래 가사도 창작할 수 있습니다. 이 노래 가사에 어울리는 간단한 멜로디는 구글 송 메이커(Song Maker)를 활용하면 편리합니다. 동요 만들기에서는 챗GPT와의 채팅으로 얻은 아이디어를 수정하여 나만의 가사와 멜로디를 만들고 노래를 창작합니다. 가사를 수정하고 멜로디에 붙여서 노래를 불러보고, 다시 멜로디와 가사를 수정하며 노래를 만들어 보겠습니다.

챗GPT로 가사 작성

챗GPT에 **프롬프트 8-4**를 입력합니다. 추가로 노래 가사와 멜로디, 그리고 분위기나 리듬 등에 대한 상세한 질문을 적으면 더욱 풍부한 답변을 받을 수 있습니다. 이를 바탕으로 가사에 대한 아이디어를 얻고 수정합니다.

프롬프트 8-4 베티의 모험에 어울리는 노래 가사를 만들어 줘.

챗GPT

물론, 베티의 모험에 어울리는 가사를 만들어 보겠습니다:

(가사)

Verse1:
베티, 너의 모험 시작되어
용기와 끈기로 가득해져
아버지를 구하기 위한 여정
어려움에 맞서 너는 힘을 보여

Pre-Chorus:
높은 산 정상에 피는 열매

치료의 힘을 간직한 작은 보물
베티야, 앞으로 나아가
자신의 용기와 결단력을 믿어

Chorus:
모험을 떠나는 베티야
어둠과 고통을 이겨낼래

챗GPT로 멜로디 생성

챗GPT에 **프롬프트 8-5**를 입력하여 멜로디에 대한 아이디어를 얻고 수정합니다.

프롬프트 8-5 베티의 모험에 어울리는 긴장감 넘치는 분위기의 멜로디를 만들어 줘.

챗GPT

제가 가사를 작성한 가상의 멜로디입니다. 아래와 같이 멜로디를 참고하시기 바랍니다.

[멜로디 가이드]

(이 부분은 밝고 경쾌한 분위기로)
CEGEDC
CEGEDC
CEGEFG

(이 부분은 긴장감 넘치는 분위기로)
AAGEFE
AAFEFE
DDCEDC

(이 부분은 메로디의 전체적인 구성을 강조)
CEGEDC
CEGEDC

구글 송 메이커로 노래 생성

구글 송 메이커를 이용하여 챗GPT로 생성한 멜로디를 노래로 생성해 보겠습니다.

❶ 구글 검색창에 '송 메이커'를 입력하고 검색된 페이지에서 'Song Maker' 홈페이지를 클릭하여 접속합니다.

그림 8-5. 송 메이커 검색

❷ 송 메이커에 접속하여 하단 왼쪽의 [마림바(Marimba)]를 클릭하여 [악기]를 선택합니다. 가운데 하단의 [템포(Tempo)]를 조절하여 곡의 빠르기를 조절합니다. [설정(Settings)]을 클릭하면 더욱 다양한 기능을 사용할 수 있습니다.

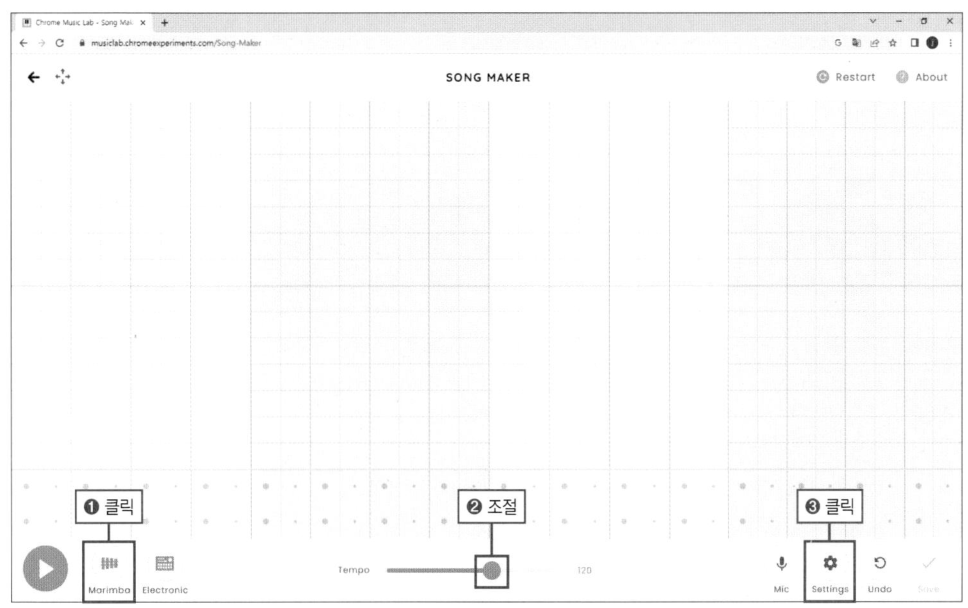

그림 8-6. 송 메이커 기본 선택

❸ 하단 오른쪽 메뉴에서 〔설정(Settings)〕을 클릭합니다. 〔길이(Length)〕를 설정하여 곡의 길이를 연장하고 〔바당 비트(Beats per bar)〕와 〔비트 분할(Split beats into)〕에서는 비트의 길이와 박자를 설정한 다음 〔범위(Range)〕에서 음의 높이를 설정합니다. 모든 설정이 끝나면 체크 표시하여 설정을 완료합니다.

그림 8-7. 송 메이커 설정

❹ 챗GPT의 계이름을 참고하여 멜로디를 입력하고 만들고자 하는 노래의 장면이나 느낌을 살려 멜로디를 수정합니다. 비트도 추가로 입력하면 곡을 더욱 풍부하게 할 수 있습니다. 하단 왼쪽의 '재생' 아이콘(▶)을 클릭하여 노래를 확인하며 수정합니다.

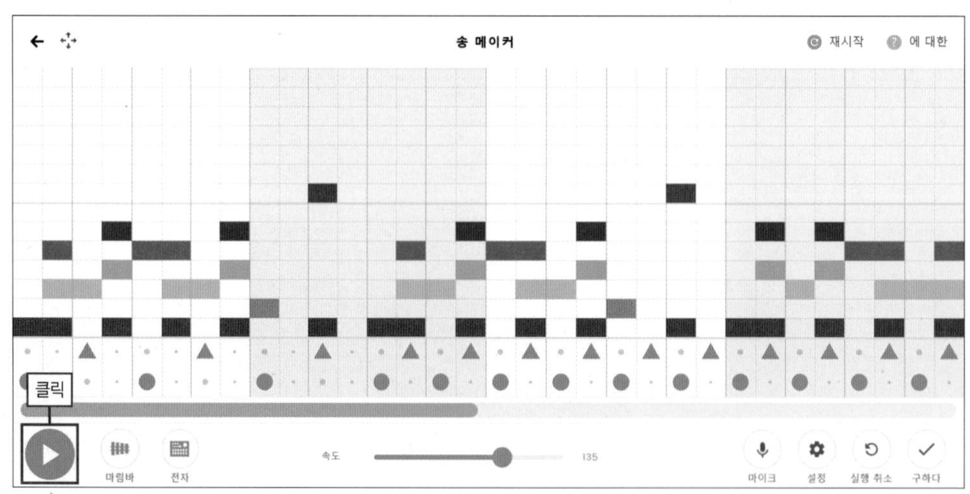

그림 8-8. 송 메이커 곡 작성

계이름 : c-도/d-레/e-미/f-파/g-솔/a-라/b-시

❺ 하단 아래에 〔구하다(Save)〕를 클릭하면 음원 파일을 공유하거나 내려받을 수 있습니다. 〔링크 복사(Copy Link)〕를 클릭하고 웹 브라우저 주소창에 붙여넣으면 작업한 송 메이커 창이 나타납니다. 〔다운로드(DOWNLOAD WAV)〕를 클릭하면 WAV 음원 파일이 하단 왼쪽에 다운로드됩니다. 내가 만든 노래를 멜로디에 맞추어 불러봅니다.

노래는 다음 링크에 저장됩니다.

https://musiclab.chron

링크 복사

미디 다운로드 다운로드 임베드 코드

그림 8-9. 송 메이커 곡 저장

❻ 다음 홈페이지에 접속하여 저장한 곡을 들어 봅시다.

- https://musiclab.chromeexperiments.com/Song-Maker/song/6047562168270848

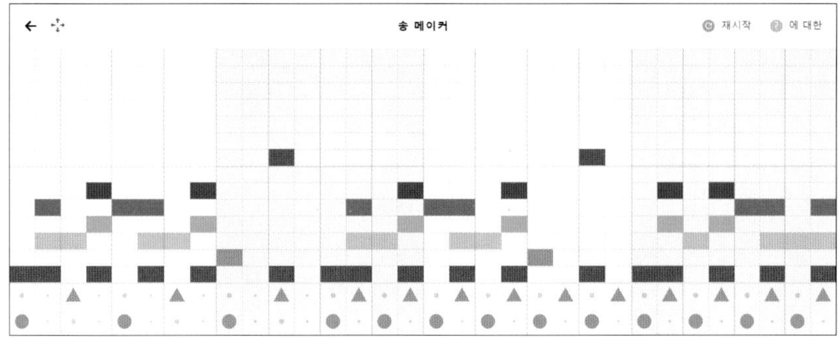

그림 8-10. 송 메이커 곡 듣기

❼ 노래가 완성되었다면 앨범 재킷을 만들어 보겠습니다. 파워포인트를 활용하여 그림 8-11과 같은 형식의 앨범 재킷을 만들 수 있습니다. 노래의 분위기와 노래에 어울리는 이미지를 상상하여 미드저니로 이미지를 생성하고, 앨범에 관련된 설명을 작성한 후에 송 메이커로 만든 음원 파일을 슬라이드에 첨부합니다.

모두의 AI
베티의 모험
베티의 모험
1. 노래 제목: 베티의 모험
2. 노래를 만들때 생각한 것들:
베티가 아버님의 약을 구하기 위하여 모험을 떠나는 모습, 기지를 발위하여 어려움을 해쳐나가는 당찬 모습
3. 그림을 그릴때 생각한 것들:
베티가 퀴즈멜론의 문제를 풀고 오히려 그 도움을 받아 어려움을 극복함
4. 이 노래를 꼭 들었으면 하는 사람:
초등학교 저학년의 어린이들과 우리반 친구들
5. 노래를 듣는 사람에게 하고 싶은 말:
어렵고 힘든 일도 스스로 노력하여 극복하고 자신감을 갖고 도전해 봅시다.
6. 노래 재생

그림 8-11. 앨범 재킷 생성

❽ 생성된 이미지를 바탕으로 그림 8-12와 같은 간단한 포스터를 만들 수 있습니다. 만들어진 앨범 재킷이나 포스터를 친구들과 공유해 봅니다.

프롬프트 8-6

```
Cute and brave 11 year old girl character, The gigantic Quizmeleon's body is covered in sharp, transparent scales, moves freely like water, and looks like a three-headed dragon
```

그림 8-12. 포스터 만들기

8.3 AI 아트로 그림일기 작성

어느 시골 마을의 어르신들께서는 AI 생성 모델을 활용한 그림일기 만들기를 즐겨하신다고 합니다. 이미지의 소재를 눈여겨보는 습관은 우리의 일상을 더욱 풍성하게 해 줍니다. 그림일기는 어른뿐만 아니라 어린이의 언어 능력과 바른 인성 함양에 큰 도움이 됩니다. AI 생성 모델(미드저니, 달리)을 이용하면 누구나 손쉽게 그림일기를 만들 수 있습니다. AI 생성 모델을 활용한 그림일기 만들어 보겠습니다.

그림일기의 텍스트는 직접 적는 게 더 의미가 있습니다. 인상적인 장면을 프롬프트로 만들어 이미지를 생성하고, 자신이 직접 그린 이미지와 비교해 보세요.

파워포인트로 일기장 양식 생성

그림일기를 만들려면 일기장이 필요합니다. 자신의 일상과 이미지를 넣을 양식을 파워포인트로 만들어 보겠습니다.

❶ 파워포인트나 한쇼를 실행하고 〔레이아웃〕을 선택한 다음 사진을 삽입할 수 있는 레이아웃 스타일 중 하나를 선택합니다. 〔도구〕를 활용하여 자신만의 그림일기 양식을 만듭니다.

그림 8-13. 파워포인트로 레이아웃 및 스타일 선택

❷ 그림일기의 기본적인 구성인 날짜, 날씨, 제목, 이미지와 일기 내용을 아래와 같이 구성합니다. 이미지의 출처를 기입할 이미지 생성 프롬프트와 활용한 AI 생성 모델 기입란을 만듭니다. 그림 8-14를 참고하여 나만의 이미지 일기장 양식을 만들어 보세요.

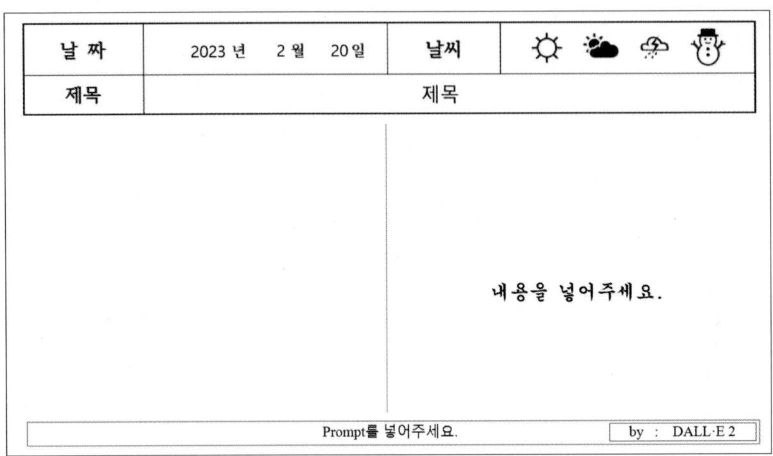

그림 8-14. 완성된 이미지 일기장 양식

❸ 레이아웃을 선택하고 도구를 이용하여 만든 양식을 살펴보겠습니다. 상단에 그림일기처럼 '날짜', '날씨', '제목'을 추가했습니다. 레이아웃에서 〔이미지〕 양식을 선택하면 저장된 이미지를 바로 넣을 수 있어 편리합니다. 그림일기의 내용을 입력하고 '프롬프트 내용'과 사용한 'AI 생성 모델 이름'을 입력합니다.

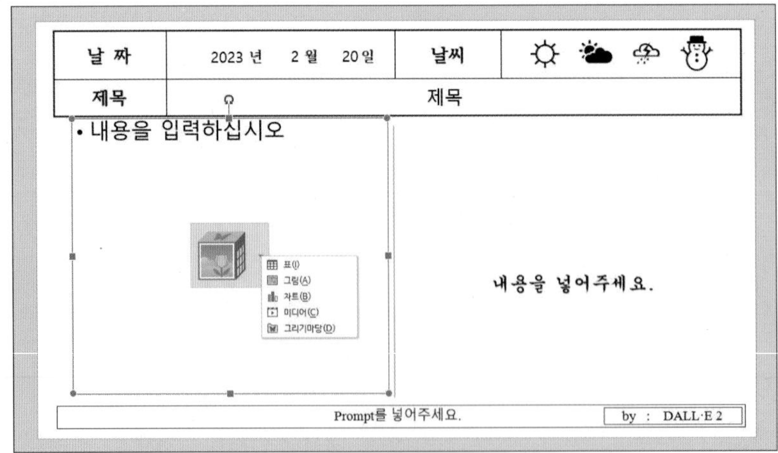

그림 8-15. 그림일기 양식 생성

❹ 그림일기의 날짜, 날씨, 제목, 일기의 내용을 작성합니다.

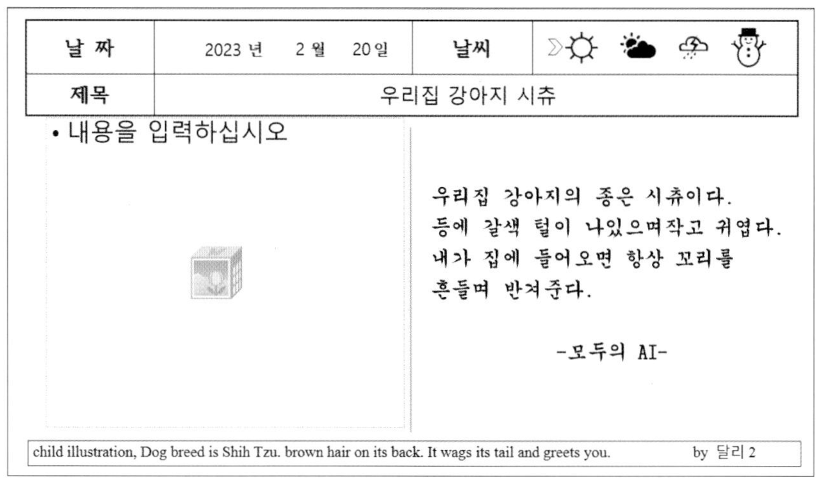

그림 8-16. 그림일기 양식 완성 및 작성

AI 이미지를 추가한 그림일기

달리를 이용하여 이미지를 생성하고 만든 일기장 양식에 추가하여 그림일기를 완성하겠습니다.

❶ AI 생성 모델 달리를 이용하여 이미지를 생성합니다. 프롬프트는 번역기(파파고, 구글 번역기 등)를 이용하여 작성하면 편리합니다.

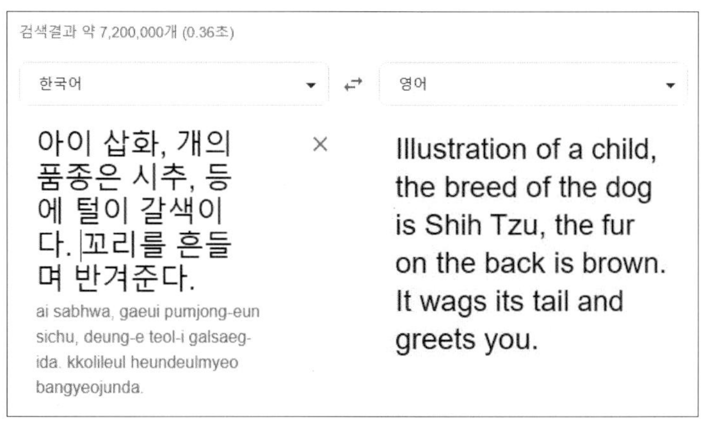

그림 8-17. 구글 번역기 활용

❷ 웹 브라우저 검색창에 달리를 검색하여 로그인하고, 프롬프트를 입력하여 이미지를 생성합니다. 마음에 들지 않는다면 프롬프트를 수정하거나 동일한 프롬프트로 다시 생성합니다.

프롬프트 8-7 Illustration af a child, the breed of the dog is Shih Tzu, the fur on the back is brown. It wags its tail and greets you.

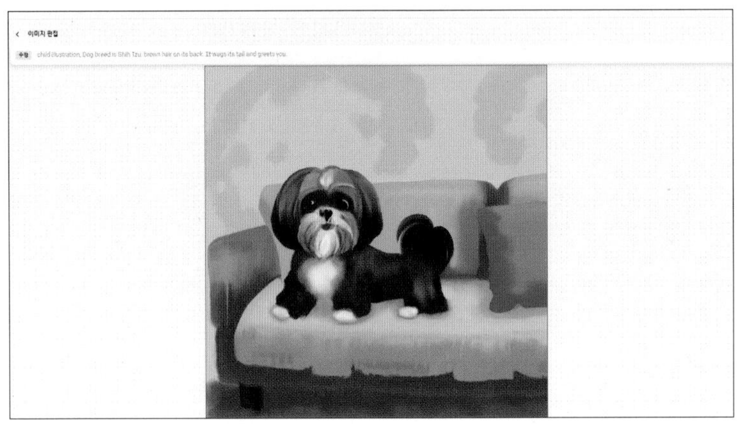

그림 8-18. 달리에서 생성된 이미지

❸ 이미지를 저장하고, 그림일기에 삽입하여 완성합니다. 이미지를 생성한 프롬프트와 AI 생성 모델 종류를 입력하였습니다. 그림 8-19와 같이 다양한 주제로 그림일기를 만들어 봅니다.

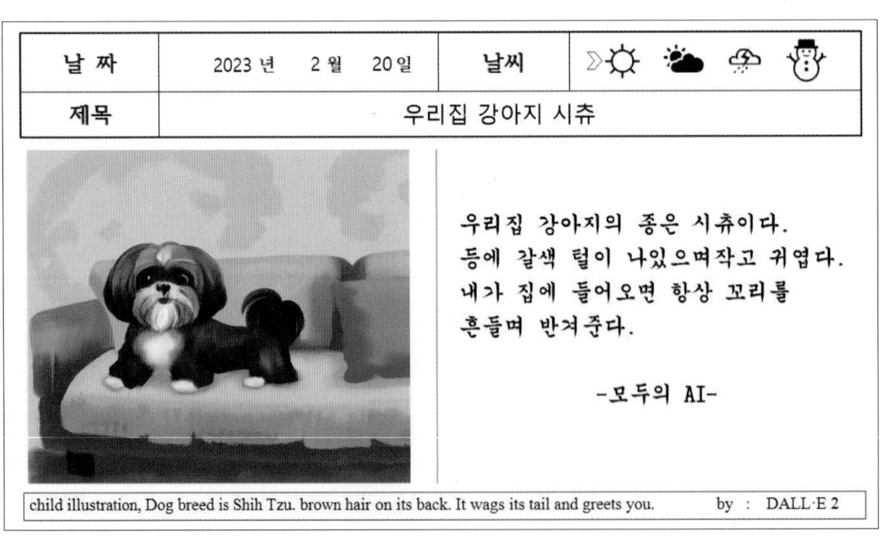

그림 8-19. 그림일기 완성

9 장

창작글에 어울리는 이미지 생성 (2)

학 습 목 표

챗GPT는 대화형 인공지능 챗봇으로 이야기나 시를 창작하는데 도움을 줍니다. 여기에 어울리는 이미지를 AI 생성 모델의 도움을 받아 생성할 수 있습니다. 이 장에서는 챗GPT를 활용하여 동화책의 스토리를 만들고 각 장에 어울리는 이미지를 생성하는 방법을 살펴봅니다. 이렇게 만들어진 글과 이미지를 편집하여 동화책을 생성하여 아마존 킨들의 전자책을 출판하는 방법을 알아보겠습니다.

9.1

AI ART

상상의 이야기 생성

아마존 킨들 동화책 ebook 코너에서는 많은 동화책들이 탑재되고 있습니다. 심지어 단 하루 만에 만든 동화책으로 조금의 수익을 냈다는 인터넷 기사도 보도되었습니다. 이러한 일이 가능한 이유는 챗GPT와 미드저니와 같은 AI의 도움을 받아서 만들었기 때문입니다.

챗GPT는 기본적으로 창작에 특화되어 있어서 이야기나 소설을 만들 때 유용하기에 동화책의 제목과 이야기를 챗GPT의 도움을 받아 창작합니다. 그리고 미드저니를 활용하여 등장인물을 먼저 만들고 이를 바탕으로 각 페이지에 적합한 삽화 이미지를 생성합니다. 동화책은 이렇게 만들어진 이야기와 이미지를 망고보드 및 미리캔버스와 같은 프로그램으로 편집하여 완성합니다. 완성된 전자 동화책은 아마존 킨들에 올려 수입을 낼 수도 있고, 손쉽게 공유할 수 있습니다. 챗GPT와 AI 생성 모델 미드저니를 활용하여 동화 및 소설을 만들어 보겠습니다.

생성 과정은 다음과 같습니다.

❶ 동화 및 소설 주제 정하기

❷ 개요 작성하기 및 수정하기

❸ 개요를 바탕으로 줄거리 완성하기

❹ 완성된 줄거리로 이야기 생성하고 수정하기

❺ 중요 장면별 내용 요약하기

❻ 미드저니를 활용하여 중요 장면 이미지 생성하기

❼ 망고보드 및 미리캔버스를 활용하여 동화책 만들기

❽ 동화책 공유하기

챗GPT로 동화책 생성

챗GPT를 활용하여 이야기에 대한 아이디어를 얻고 활용할 수 있습니다.

❶ 먼저 **프롬프트 9-1**과 같은 질문을 입력하여 아이디어 탐색을 하고 **프롬프트 9-2**와 같은 질문으로 여러 주제에 대한 다양한 아이디어를 탐색합니다. 이를 바탕으로 내가 만들고자 하는 이야기의 주제를 정합니다.

프롬프트 9-1 아이들을 위한 동화책 주제 네 가지를 말해 줘.

챗GPT

1. 용기와 도전 : 주인공이 어려운 상황에서 용기를 내고 도전하여 문제를 해결하는 이야기입니다. 이 주제의 동화는 어린이들이 자신에게 주어진 도전에 대해 자신감을 가지고 해결해 나갈 수 있는 용기와 의지를 갖도록 도와줄 수 있습니다.
2. 우정과 협력 : 이 주제의 동화는 주인공과 친구들이 함께 협력하여 문제를 해결하며 우정을 형성하는 이야기입니다. 이를 통해 어린이들은 타인과의 관계에서 소통과 협력이 중요하다는 것을 배울 수 있습니다.
3. 자아성찰과 성장 : 주인공이 자신의 문제점을 깨닫고 극복하여 성장하는 이야기입니다. 이 주제의 동화는 어린이들이 자신의 감정과 행동을 돌아보며 자기 인식을 높일 수 있도록 도와줄 수 있습니다.
4. 창의성과 상상력 : 이 주제의 동화는 주인공이 창의적인 아이디어를 내어 문제를 해결하거나 상상력을 발휘하여 새로운 세계를 탐험하는 이야기입니다. 이를 통해 어린이들은 상상력과 창의성을 자유롭게 발휘할 수 있는 환경이 얼마나 중요한지를 배울 수 있습니다.

프롬프트 9-2 "위의 네 가지"의 등장인물과 구성을 포함한 이야기 개요를 작성해 줘.

챗GPT

1. 용기와 도전 : 한 소녀가 자신이 가장 두려워하는 것에 직면하게 되는 이야기입니다. 그녀는 용기를 내어 도전하며, 결국 그녀의 용기와 끈기로 인해 문제를 극복하게 됩니다. 이 이야기에서는 소녀의 캐릭터를 중심으로 그녀가 마주치는 문제와 그녀가 어떻게 그것을 극복하는지가 이야기의 핵심입니다.
2. 우정과 협력 : 작은 마을의 친구들이 함께 모여 어떤 문제를 해결하기 위해 협력하는 이야기입니다. 친구들은 서로의 장점을 살려서 문제를 해결하며, 그 과정에서

더욱 친해지게 됩니다. 이 이야기에서는 각 친구들의 개성과 장점을 중심으로 함께 일하는 방법과 그 과정에서 우정이 어떻게 형성되는지가 이야기의 핵심입니다.

3. 자아성찰과 성장 : 주인공인 소년이 자신의 문제점에 대해 깨닫고, 그것을 극복하며 성장하는 이야기입니다. 이 이야기에서는 소년의 캐릭터를 중심으로 그가 마주하는 문제와 자신의 감정을 극복해나가는 과정이 이야기의 핵심입니다.

4. 창의성과 상상력 : 주인공인 소녀가 상상력과 창의성을 발휘하여 새로운 세계를 탐험하는 이야기입니다. 소녀는 자신만의 독특한 아이디어로 문제를 해결하며, 새로운 세계를 발견하게 됩니다. 이 이야기에서는 소녀의 캐릭터와 그녀가 만나는 새로운 세계와 그곳에서의 경험이 이야기의 핵심입니다.

❷ 주제 중에서 "1. 용기와 도전"을 선택하였습니다. 이 주제에 대한 아이디어를 얻기 위하여 **프롬프트 9-3**과 같이 질문합니다. 챗GPT가 제안한 내용이 마음에 들지 않으면 '1. 용기와 도전에 관한 이야기를 다시 작성해 줘.'와 같은 질문으로 더 필요한 아이디어를 탐색합니다.

프롬프트 9-3 위의 " 1.용기와 도전 " 에 대해서 자세하게 이야기해 줘.

챗GPT

"용기와 도전"은 주인공인 한 소녀가 자신이 가장 두려워하는 것에 직면하게 되는 이야기입니다. 이 소녀는 아버지의 조언으로 자신이 가장 두려워하는 것에 직면하라는 도전을 받게 됩니다. 그것은 높은 산 정상에 있는 작은 꽃을 따오는 것이었습니다.

소녀는 처음에는 이 도전을 받아들이기 어려웠습니다. 하지만 그녀는 자신의 끈기와 용기를 내어 산을 오르기 시작합니다. 산을 오르는 도중에는 여러 가지 위험과 문제가 생기며, 소녀는 그것들을 극복해 나가며 자신에게 주어진 도전을 이루어냅니다.

이 이야기에서는 소녀의 캐릭터를 중심으로 그녀가 마주치는 문제와 그녀가 어떻게 그것을 극복하는지가 이야기의 핵심입니다. 이를 통해 어린이들은 자신에게 주어진 도전에 대해 용기를 내고 도전해 나갈 수 있는 자신감과 의지를 얻을 수 있습니다. 또한, 이 이야기를 통해 어린이들은 문제를 해결하기 위해서는 끈기와 열심히 노력하는 것이 중요하다는 것을 배울 수 있습니다.

❸ 챗GPT가 제안한 내용을 참고하여 본인이 구상한 이야기의 줄거리를 완성합니다. 이야기의 줄거리는 등장인물의 성격, 이야기의 구성, 사건의 전개 등이 포함되도록 구체적으로 작성합니다.

프롬프트 9-4 지금부터 어린이가 용기를 내어 도전하며, 결국 그 용기와 끈기로 인해 문제를 극복하여 착한 마음씨와 모험심을 길러주는 동화책을 만들 거야. 주인공은 11살 소녀이며 이름은 베티야. 아버지와 단둘이 사는 베티는 겁이 많은 아이야. 어느 날 아버지가 원인 모르는 병으로 아프게 되자 베티는 치료제를 구하기 위해 산 정상에 있는 작은 열매를 따러 가게 돼. 물론 많은 어려움을 겪어. 깊은 계곡에서 물에 사는 무서운 동물을 마주치지만, 동물이 내는 퀴즈를 풀어서 강을 건너게 돼. 가파른 절벽에서는 예전에 자신이 치료해 주었던 산양의 도움으로 겨우 통과하게 돼. 그리고 어둡고 깜깜한 동굴에서 무서운 짐승을 마주치지만 준비해 간 촛불로 겨우 위기를 벗어나. 춥고 깜깜한 밤을 지새워. 하지만 이 모든 역경을 극복하고 산의 정상에서 치료제인 열매를 구하게 돼.
집으로 돌아온 베티는 이 열매로 아버지를 구하게 되는 이야기야. 이 이야기 가운데, 극적인 위기 극복 장면이 추가되면 좋겠어. 베티가 지혜와 기지를 발휘해서 짐승과 싸워 이기는 부분을 반드시 넣어줘. 이 이야기는 10개의 챕터로 나누어서 착한 마음씨와 용기, 도전 정신을 길러주는 동화를 작성해 줘.

❹ 챗GPT에게 역할을 부여하며, 위의 작성한 줄거리를 프롬프트에 입력합니다. **프롬프트 9-4**와 같이 "너는 전 세계적으로 가장 유명한 동화 작가야."와 같은 문구로 챗GPT에게 역할을 부여하면 응답이 보다 풍부해집니다. 이후 마음에 드는 이야기가 있다면 구체적으로 작성하고 수정합니다.

프롬프트 9-5 너는 전 세계적으로 가장 유명한 동화 작가야. 지금부터 어린이가 용기를 내어 도전하며, 결국 ~~~ 착한 마음씨와 용기, 도전 정신을 길러주는 동화를 작성해 줘.

챗GPT

엄청난! 이야기의 개요부터 시작하겠습니다.

제목 : 아버지를 구하기 위한 베티의 모험

1장 : 베티의 소심함
Betty와 그녀의 소심한 성격을 소개합니다.
그녀의 아버지의 병과 치료법을 찾기 위한 그녀의 결심을 확립합니다.

2장 : 여정의 시작
Betty는 산 정상으로 여행을 떠납니다.
그녀는 첫 번째 장애물, 물속에 사는 무서운 동물과 마주합니다.

3장 : 퀴즈
동물의 퀴즈를 풀고 무사히 강을 건너는 베티
그녀는 재치와 지능을 사용하는 것의 중요성을 배웁니다.

4장 : 가파른 절벽
베티는 가파른 절벽에 부딪혀 오르기 위해 고군분투합니다.
그녀는 이전에 도왔던 산양을 기억하고 도움을 요청합니다.

5장 : 동굴의 야수
베티는 어둡고 무서운 동굴에 들어가 사나운 야수를 만납니다.
그녀는 준비한 양초와 빠른 재치로 밤을 안전하게 보내고 겨우 벗어나게 됩니다.

...

❺ 챗GPT에게 반복적으로 다른 이야기를 요구하여 이야기에 대한 다양한 아이디어를 탐색합니다. 사건의 전개 과정을 여러 번 수정해가며 이야기를 완성합니다.

프롬프트 9-6 처음부터 이야기를 계속해 줘.

챗GPT

물론 처음부터 다시 시작하겠습니다.

옛날 옛적에 베티라는 11세 소녀가 있었습니다. 베티는 친절하고 근면한 아버지와 단둘이 살았습니다. 베티는 많은 것을 두려워하는 소심한 아이였지만 그녀의 아버지는 항상 그녀가 용기를 갖고 두려움에 맞서도록 격려해 주었습니다.

어느 날 베티의 아버지는 알 수 없는 병에 걸렸다. 지역 의사는 최선을 다했지만 병에 대한 치료법을 찾지 못했습니다. 베티는 아버지가 걱정되어 아버지를 돕기 위해 무언가를 해야 한다는 것을 알았습니다.

그때 그녀는 근처 산꼭대기에서 자라는 작은 열매에 대해 들었던 것을 기억했습니다. 이 열매는 치유력이 있어 어떤 질병도 치료할 수 있다고 합니다. 베티는 아버지의 생명을 구하기 위해 가서 과일을 따기로 결정했습니다.

산 정상까지의 여정은 길고도 험난했습니다. 베티는 그 과정에서 많은 어려움에 직면했지만 성공하기로 결심했습니다. 깊은 계곡에서 그녀는 물속에 사는 무서운 동물을 만났습니다. 동물은 그녀에게 퀴즈를 내었고, 베티는 그녀의 지능과 재치로 퀴즈를 풀고 무사히 강을 건널 수 있었습니다.

가파른 절벽에서 베티는 힘들게 올라갔지만 운이 좋게도 이전에 도와준 산양을 만났습니다. 염소는 그녀를 알아보고 그녀가 절벽을 오르는 것을 도와주겠다고 제안했습니다.

어둡고 무서운 동굴에서 베티는 사나운 짐승을 만났습니다. 그녀는 자신을 방어할 것이 없었지만 그녀가 가지고 온 양초를 기억했습니다. 그녀는 양초에 불을 붙이고 짐승을 겁주는 데 사용했습니다.

AI ART

9.2 일관성 있는 캐릭터로 이야기에 어울리는 이미지 생성

〈9장〉 1절에서 이야기의 주요 장면별 사건과 배경을 순서대로 정리하면 미드저니로 삽화를 생성하기 편리합니다. 미드저니는 똑같은 프롬프트를 입력하여도 매번 다른 이미지가 생성되는 특징으로 동일한 주인공이 만들어지지 않습니다. 이를 해결하기 위하여 먼저 주인공의 캐릭터를 생성하고 저장합니다. 저장된 사진을 미드저니에 등록하면 매번 유사한 이미지의 삽화를 생성할 수 있습니다.

미드저니로 주인공 캐릭터 이미지 생성

❶ 이야기 속 주인공 캐릭터를 생성하기 위해 미드저니에서 프롬프트를 입력하고 원하는 캐릭터 이미지를 선택하여 업스케일합니다.

프롬프트 9-7 `Cute and brave 11 year old girl character. --q 1`

그림 9-1. 주인공 캐릭터 생성

그림 9-2. 주인공 캐릭터 선택 및 업스케일

❷ 업스케일한 캐릭터 사진에 마우스 커서를 위치하면 표시되는 아이콘 메뉴에서 '반응 추가하기' 아이콘()을 클릭하고 표시되는 창에서 봉투 모양의 'envelope' 아이콘()을 클릭합니다. 이 아이콘이 보이지 않는다면 검색창에서 'elvelope' 또는 '봉투'를 입력하고 클릭합니다. 왼쪽 메뉴의 미드저니 채널에 붉은색으로 '1'이라는 숫자가 생깁니다. 이를 클릭하여 캐릭터 사진으로 이동합니다.

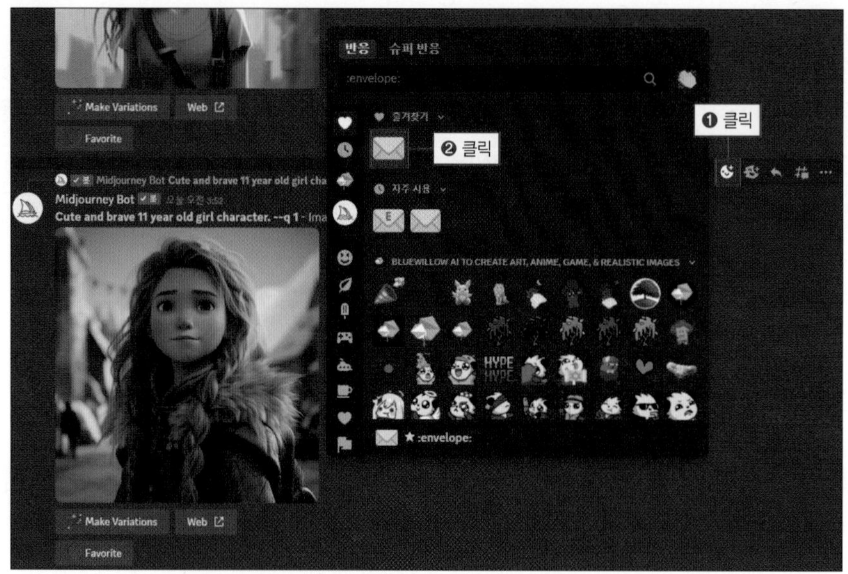

(a) 'elvelope' 아이콘

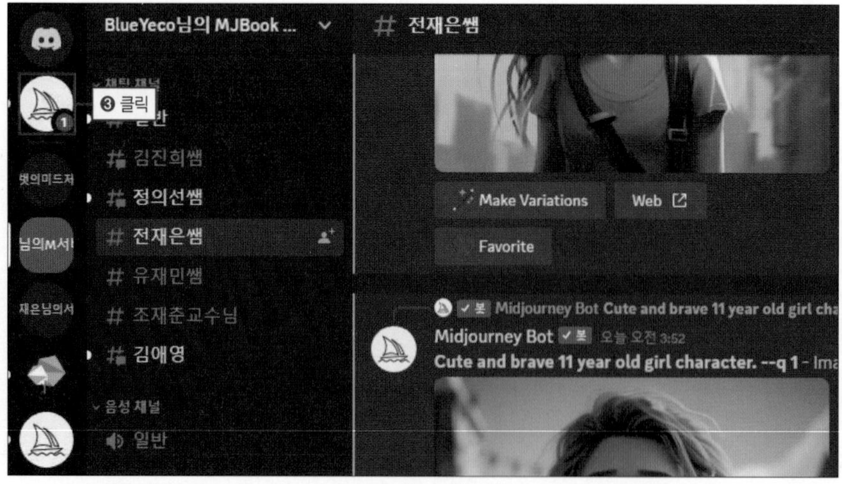

(b) 미드저니 채널

그림 9-3. elvelope로 시드 번호 생성

❸ envelope를 이용한 방법으로 캐릭터 사진으로 이동하면 그림 9-4와 같이 시드 번호가 나타납니다. 캐릭터 사진의 시드 번호와 사진 주소를 복사하여 프롬프트에 입력하면 캐릭터 이미지를 동일하게 생성할 수 있습니다. 채팅 입력창에 '/imagine prompt_사진주소_원본사진프롬프트,_추가프롬프트_--시드 번호'와 같은 순서대로 프롬프트를 입력합니다.

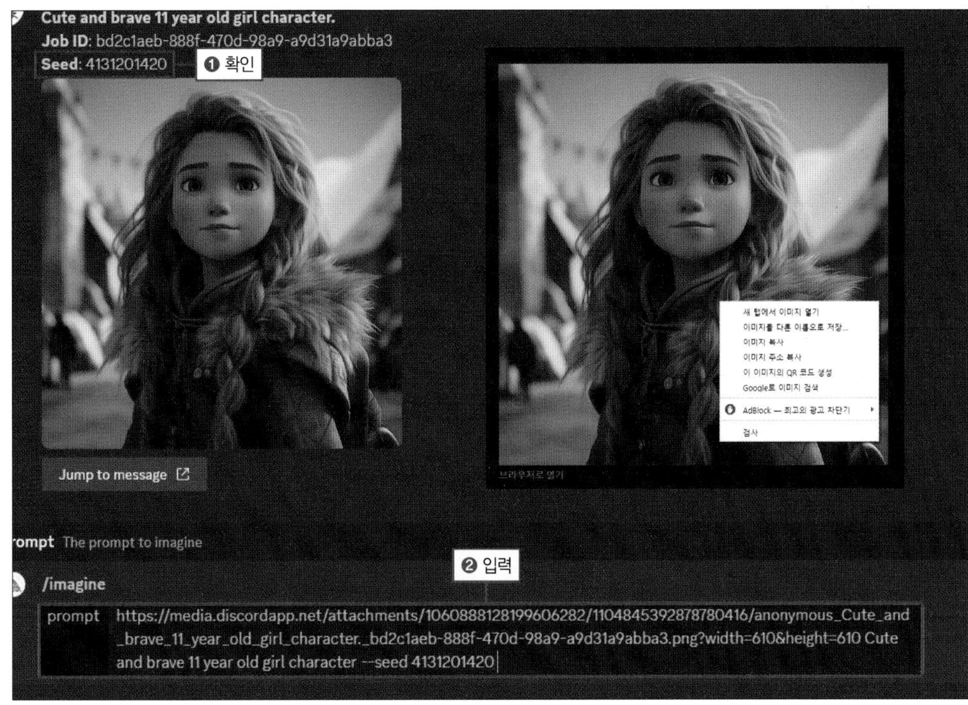

그림 9-4. 동일한 캐릭터 이미지로 이미지 생성

잠깐만요 프롬프트 입력 방법

사진 주소를 복사하기 위해서는 복사할 사진을 선택하고 마우스 오른쪽 버튼을 클릭하여 [이미지 주소 복사] 기능을 이용합니다. 주소 다음에 원본 사진 프롬프트의 내용을 입력하고, 콤마를 입력한 다음 내가 생성하고자 하는 추가 프롬프트를 작성합니다. 그다음 또 한 칸 띄어쓰기하여 시드 번호를 다음과 같은 [--seed 0123456789] 파라미터 형태로 입력합니다. '--' 뒤에 복사한 시드 번호 [Seed: 0123456789]를 붙여넣고, 대문자 S를 소문자 s로 변경한 다음 중간의 :(콜론)을 삭제해야 합니다. 이후 Enter를 누르면 인물의 캐릭터를 바탕으로 한 유사한 이미지가 생성됩니다.

프롬프트 9-8 https://s.mj.run/OpE17yXyu3A Cute and brave 11 year old girl character, smile with teeth —seed 4131201420

그림 9-5. 활짝 웃는 캐릭터로 변형

❹ 위와 같은 방법으로 프롬프트를 입력하여 각 장면의 이미지를 생성합니다. 다음은 주요 장면의 내용을 프롬프트로 작성하여 생성한 이미지로 만든 스토리보드입니다. 세부 프롬프트의 반복되는 https://s.mj.run/V2kV9bhk9W0(사진주소), Cute and brave 11 year old girl character(사진프롬프트), --seed 4131201420(시드번호)는 (사진주소), (사진프롬프트), (시드번호) 문구로 대신하여 표기하였습니다.

프롬프트 9-9 `Cute and brave 11 year old girl character.`(사진프롬프트)

프롬프트 9-10 `https://s.mj.run/V2kV9bhk9W0`(사진주소) `Cute and brave 11 year old girl character`(사진프롬프트)`, in a small cabin in the woods, Father and girl are in the yard together, and there is a small goat in the yard —seed 4131201420`(시드번호)

그림 9-6. 귀엽고 용감한 소녀

옛날 어느 숲속 마을에 밝고 씩씩한
어린 소녀 베티가 살았어요.

그림 9-7. 산골 통나무집의 소녀 가장

베티는 늙은 아버지와 산양 메이븐과 함께
작은 오두막집에서 살고 있었죠.

프롬프트 9-11 (사진주소) (사진프롬프트) She looks at her elderly father lying in bed and weeps --(시드번호)

프롬프트 9-12 (사진주소) (사진프롬프트) She is dreaming that 12 small fruits glowing red grow in a crevice on the top of a mountain and she is trying to hold one of them with her hand, dreamy background --(시드번호)

그림 9-8. 병든 아버지와 슬퍼하는 소녀

어느 날 베티는 아버지가 위독한 큰 병에 걸렸다는 것을 알고 매우 슬펐어요.

그림 9-9. 꿈속에서 발견한 산꼭대기 열매

그날 밤 꿈속에서 베티는 팔라듐 산의 꼭대기에서 밝게 빛나는 치료 열매를 보게 됩니다.

프롬프트 9-13 (사진주소) (사진프롬프트) with The gigantic Quizmeleon's body is covered in sharp, transparent scales, moves freely like water, and looks like a three-headed dragon, valley water background --(시드번호)

프롬프트 9-14 (사진주소) (사진프롬프트) The gigantic Quizmeleon's body is covered in sharp, transparent scales, moves freely like water, and looks like a three-headed dragon --(시드번호)

그림 9-10. 깊은 계곡의 괴물과 시련

아침 일찍 치료제를 구하려 떠난 베티는 깊은 계곡에서 퀴즈 멜론을 만나 위험에 빠지게 됩니다.

그림 9-11. 지혜를 발휘하여 계곡을 건너감

베티는 지혜롭게 퀴즈 멜론의 수수께끼를 풀었고, 오히려 도움을 받아 무사히 계곡을 건넜습니다.

프롬프트 9-15 (사진주소) (사진프롬프트) with a breathtaking expression Girl climbing a vertical cliff, with a small long-tailed goral sheep, background looking down from the top of a cliff --(시드번호)

프롬프트 9-16 (사진주소) (사진프롬프트) A girl's hand holds a brightly glowing 1 candle, 8 vampire-bat fright around, background is in a dark cave --(시드번호)

그림 9-12. 산양의 도움으로 절벽 극복

깎아 지를듯한 절벽 앞에 절망하던 베티는
메이븐의 도움으로 산양들만 아는
절벽길로 넘어서게 되었고, 곧 밤이 되었습니다.

그림 9-13. 동굴 속 이미지자 괴물을 물리침

밤을 지새울 동굴 속에는 이미지자 속에 숨어들어
목숨을 빼앗는 네크로벳이 살고 있었습니다.
베티는 양손에 촛불 두 개로
이미지자를 지우고 물리쳤습니다.

프롬프트 9-17 (사진주소) (사진프롬프트) She find small 5 fruit that red and bright on mountaintops, background bright sunny mountain top --(시드번호)

프롬프트 9-18 (사진주소) (사진프롬프트) hand to hand with old father, little goat, Background Sunny spring and little cabin in the woods --(시드번호)

그림 9-14. 고난 끝에 귀한 열매 구함

동굴 끝은 산꼭대기로 연결되어 있었어요.
베티는 드디어 빛나는 치료 열매를 얻게 되었죠.

그림 9-15. 아버지와 행복한 소녀

집으로 돌아온 용감하고 지혜로운 베티는
치료 열매로 병든 아버지를 구하고
오래오래 행복하게 살았답니다.

미리캔버스로 동화책 제작

위와 같이 생성된 스토리보드의 텍스트와 사진으로 동화책을 만듭니다. '망고보드'나 '미리캔버스'와 같은 소프트웨어를 사용하면 편리하게 제작할 수 있습니다.

❶ 미리캔버스를 활용하여 작성해 보겠습니다. 미리캔버스(https://www.miricanvas.com/)에서 동화책에 어울리는 템플릿을 선택합니다. 미드저니에 생성된 이미지의 가로×세로의 비율이 같기에 '1080px×1080px' 템플릿을 선택합니다.

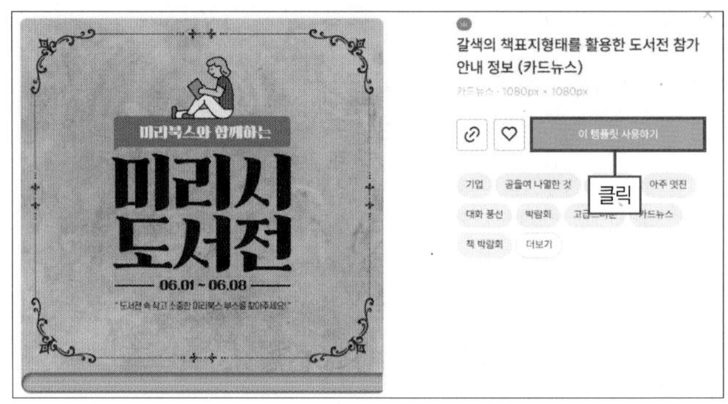

그림 9-16. 미리캔버스 템플릿 선택

❷ 각 페이지에 적합한 사진을 배경 화면으로 삽입한 후에 나만의 동화책 형식으로 편집합니다.

그림 9-17. 동화책 형식으로 편집

❸ 편집이 완료되면 저장하기 위해 〈다운로드〉 버튼을 클릭합니다. 사용 목적에 따라서 다운로드 포맷과 형식을 선택할 수 있습니다.

〔웹용〕 탭에서 'JPG'를 선택하면 각각의 이미지로 저장되고, '한 장의 이미지로 합치기'를 체크 표시하면 한 장으로 쭉 연결된 이미지로 저장됩니다. 사용 목적이 아마존 킨들에 탑재하는 것이라면 각각의 파일로 저장해야 하기에 'JPG'를 선택하고 〈고해상도 다운로드〉 버튼을 클릭합니다. 카카오톡과 같은 플랫폼에서는 한 장으로 쭉 연결된 이미지 형식이 수월하여 '한 장의 이미지로 합치기'를 체크 표시하고 다운로드합니다. 여러 사람들에게 제작한 동화책을 발표하거나 강의자료가 필요하다면 PDF, PPT 파일 형식으로 다운로드하여 활용합니다.

〔인쇄용〕 탭은 깨끗한 출력물을 위한 목적으로 JPG, PDF 파일 형식 중에 선택합니다. 파일 용량이 가장 크고 선명도가 좋다는 장점이 있지만, 웹상에서 활용하기 무겁다는 단점이 있습니다.

〔동영상〕 탭은 MP4, GIF 파일 형식의 동영상 파일을 다운로드할 수 있습니다.

그림 9-18. 완성된 동화책 저장

❹ 완성된 동화책은 그림 9-19와 같습니다.

퀴즈멜론이 말했어요.
"얼굴과 두 손은 있지만, 몸이 없는 것은?"
지혜로운 베티는 손쉽게 정답을 찾고
퀴즈멜론의 도움으로
계곡을 무사히 건널 수 있었어요.

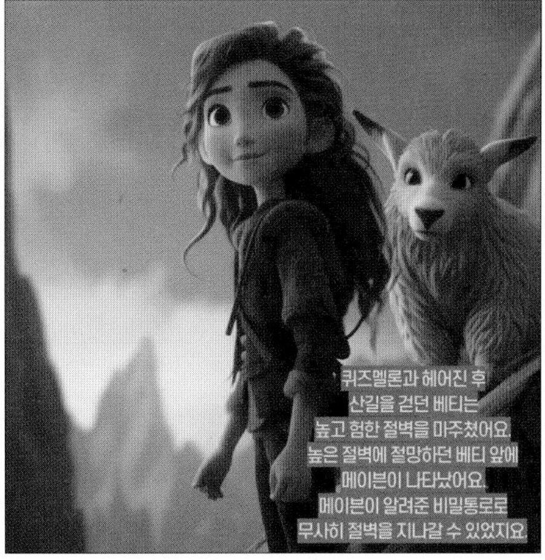

퀴즈멜론과 헤어진 후
산길을 걷던 베티는
높고 험한 절벽을 마주쳤어요.
높은 절벽에 절망하던 베티 앞에
메이븐이 나타났어요.
메이븐이 알려준 비밀통로로
무사히 절벽을 지나갈 수 있었지요.

날이 어두어지자
베티는 밤을 지낼 동굴을 찾았어요.
그 동굴 속에는 그림자 괴물 네크로벳이 살고 있었어요.
베티는 촛불 두 개로 자신의 그림자를 지우는 재치로
무사히 밤을 보낼 수 있었지요. 휴~~

아침이 되자 동굴 끝에
한 줄기 빛이 보였어요.
그 빛을 따라 동굴을 빠져나온 베티는
드디어 팔라듐 산꼭대기에
도착할 수 있었어요.
꿈속에서 보았던 신비한 열매도 구했지요.

신비한 열매와 함께
집으로 돌아온 베티는
병든 아버지와 마을 사람들을
구할 수 있었어요.
그리고 오래오래 행복하게 살았답니다.

그림 9-19. 완성된 동화책

9

창작글에 어울리는 이미지 생성 (2)

❺ 동화책은 아마존 킨들(kdp.amazon.com)에서 전자책으로 출판할 수 있습니다. 아래 아마존 킨들 사이트에 회원가입을 하고, 계좌(미국) 정보 및 세금 관련 정보를 기입한 후에 전자책을 출판할 수 있습니다. 이후 〔Kindle eBook〕, 〔Paperback〕, 〔Hardcover〕 세 가지 중에 하나를 선택하여 출판하거나, 모두 출판할 수 있습니다. 세 가지 출판 방법은 모두 비슷하지만 미국 은행의 계좌를 개설하여야 한는 점과 세금 관련 정보를 기입하는 절차적 어려움이 있습니다. 세부적인 가입 및 출판 방법은 구글 사이트에서 검색하여 활용하기 바랍니다.

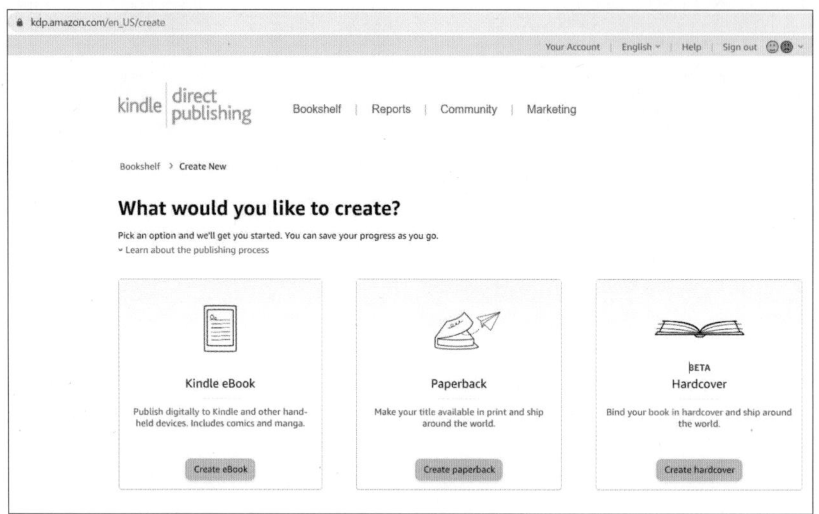

그림 9-20. 아마존 킨들 전자책 출판

10장

창작글에 어울리는 이미지 생성 (3)

학습목표

웹툰 제작은 전문가의 영역으로 그동안 일반인들이 창작하기 어려웠지만, 챗GPT와 미드저니를 활용하면 웹툰을 보다 쉽게 제작할 수 있습니다. 챗GPT를 활용하여 웹툰 스토리를 제작하고, 미드저니로 배경과 인물에 대한 이미지를 생성하여 활용하는 방법을 살펴보며, 편집 프로그램으로 웹툰을 제작해 보겠습니다.

10.1 웹툰 스토리 준비

웹툰은 국내 시장규모만 해도 1조 원이 넘을 만큼 대중적 인기를 구사할 뿐만 아니라 상업적 가치를 인정받고 있습니다. 이만큼 웹툰은 많은 사람들이 즐겨보는 매체가 되었지만, 이를 창작하는 것은 전문가의 영역으로 간주되어 일반인들이 창작하기에는 어려움이 컸습니다. 하지만 인공지능을 활용하여 이를 극복하고자 합니다. 아이디어 제공과 글쓰기는 챗GPT를 이용하여, 전문가 수준의 그림은 이미지 생성 AI 모델(미드저니, 달리 등)을 이용하여 웹툰을 만들고자 합니다.

먼저, 웹툰을 그리기 위한 단계를 챗GPT를 통해 파악해 봅시다. 챗GPT에서 **프롬프트 10-1**을 입력해 봅시다.

프롬프트 10-1 웹툰을 그리려고 해.

챗GPT

멋진 계획이에요! 웹툰을 그리기 위해서는 몇 가지 준비가 필요합니다.

1. 스토리 아이디어 : 먼저, 그릴 웹툰의 스토리 아이디어를 생각해 보세요. 어떤 내용을 다루고 싶은지, 주인공은 누구인지, 어떤 상황에서 이야기가 전개될지 등을 고려해 보세요.
2. 캐릭터 디자인 : 스토리 아이디어가 있으면, 주인공이나 다른 등장인물의 캐릭터 디자인을 생각해 보세요. 각 인물마다 특징적인 외모나 스타일 등을 강조해서 그려주세요.
3. 스토리보드 : 이제 그릴 웹툰의 전체적인 레이아웃을 짜보세요. 어떤 장면을 그려야 하는지, 각 장면의 배치와 각도는 어떻게 될지 등을 결정해 보세요.
4. 그리기 도구 : 웹툰을 그리기 위해서 그리기 도구가 필요합니다. 디지털 이미지를 그리려면 그래픽 태블릿이나 마우스 등이 필요하며, 종이에 그릴 경우에는 연필 종이 등이 필요합니다.

5. 컬러링 : 웹툰을 더 생동감있게 만들기 위해서는 컬러링이 필요합니다. 컬러링은 수동으로 할 수도 있고, 디지털 프로그램을 사용할 수도 있습니다.

위와 같은 과정을 거쳐 웹툰을 그리면 됩니다. 시작이 반은 성공이니, 열심히 도전해 보세요!

이 웹툰 준비 과정을 참고하여 챗GPT와 AI 생성 모델을 활용하기에 적합하도록 '1. 스토리 아이디어 구상' → '2. 스토리 및 시나리오 작성' → '3. 배경 및 캐릭터 묘사하기'로 변형하여 웹툰을 그려보며 각 과정을 설명하고자 합니다.

스토리 아이디어 구상

우선, 아무 조건 없이 웹툰 스토리 아이디어를 달라고 해 봅시다. 챗GPT의 결과를 얻기 위해 **프롬프트 10-2**를 입력해 봅시다.

프롬프트 10-2 웹툰을 그리려고 해. 스토리 아이디어를 알려줘.

10

창작글에 어울리는 이미지 생성 (3)

챗GPT

물론입니다! 다양한 스토리 아이디어를 제공해 드릴게요. 아래는 몇 가지 아이디어 예시입니다:

1. 시간 여행을 다루는 스토리 : 시간을 넘다르며 자신이 만든 시간선을 바꾸는 주인공의 이야기를 그려보는 것은 어떨까요?
2. 미래 도시에서 일어나는 스토리 : 이야기가 펼쳐지는 시간은 50년 이후, 고도로 발전된 기술과 과학으로 만들어진 도시에서 주인공이 겪는 이야기를 그려보는 것은 어떨까요?
3. 유령을 다루는 스토리 : 주인공이 살고 있는 집이 유령의 집이라는 것을 알게 되면서 벌어지는 이야기를 그려보는 것은 어떨까요?
4. 능력을 가진 사람들의 이야기 : 주인고이 가진 특별한 능력을 이용해 도시의 범죄를 막거나, 세상을 구하는 이야기를 그려보는 것은 어떨까요?
5. 사랑 이야기 : 어색한 상황과 불편함을 극복하고 서로 사랑에 빠지는 이야기를 그려보는 것은 어떨까요?

위의 아이디어들을 참고하여 원하시는 스토리에 맞는 아이디어를 선택하시면 좋을 것 같습니다.

이 중에 마음에 드는 스토리가 있나요? 있다면 구체적으로 어떤 이야기를 다루고 있을지 알아봅시다. '1. 시간 여행을 다루는 스토리'가 마음에 들었다고 가정해 선택한 다음 **프롬프트 10-3**을 입력합니다.

프롬프트 10-3 1.에 대한 이야기를 작성해 줘.

챗GPT

제안해 주신 "시간 여행을 다루는 스토리"에 대해 작성해 보도록 하겠습니다.

주인공은 시간여행이 가능한 기계를 발명한 천재 과학자입니다. 그러나 그는 자신의 발명품을 남용하면서, 시간 선을 바꾸는 것이 인류의 운명을 바꿀 수 있다는 것을 깨닫게 됩니다. 그래서, 이제는 시간 여행을 이용하여 인류의 미래를 바꾸기 위해 노력하고 있습니다.

어느날, 주인공은 자신이 미래에서 보았던 세상이 현재와 다르다는 것을 발견하게 됩니다. 그리고, 자신이 과거에서 바꾼 시간 선이 이번에는 새로운 문제를 일으키게 된 것입니다. 이제 주인공은 이전의 과정을 되돌리고, 새로운 문제를 해결해야만 합니다.

주인공은 새로운 시간 여행을 시작하고, 새로운 세상에서 새로운 사람들을 만나면서 많은 고난과 역경을 겪게 됩니다. 그러나, 그는 자신이 가진 지식과 기술, 그리고 주변 사람들의 도움을 받아 새로운 문제를 해결하며 인류의 미래를 바꾸는 데에 성공합니다.

하지만, 주인공은 시간 여행을 너무 많이 하면서 그의 건강이 점점 악화되고 있습니다. 이제는 시간 여행을 그만두어야 할 때입니다. 그러나, 그는 마지막으로 한 번 더 시간 여행을 하여, 인류의 미래가 밝은 것을 확인하며, 그의 몸은 다시 조용히 잠들어 갑니다.

이런식으로, 시간 여행을 다룬 이야기를 그려볼 수 있습니다. 주인공이 가진 능력을 통해, 인류의 미래를 바꾸는 이야기를 그려보는 것은 어떨까요?

방금 만든 이야기의 소재는 마음에 들었지만, 세부 사항이 마음에 들지 않는다면 바라는 요청 사항을 챗GPT에게 입력하여 이야기를 다시 작성할 수 있습니다.

위의 이야기에서 주인공이 과학자가 아닌 평범한 대학생으로 바꾸고 싶다면 **프롬프트 10-4**를 입력합니다.

프롬프트 10-4 위의 이야기에서 주인공을 과학자가 아닌 평범한 대학생으로 변경해 줘.

챗GPT

제안해 주신 대로 주인공을 과학자에서 평범한 대학생으로 변경하여 이야기를 써보도록 하겠습니다.

주인공은 평범한 대학생입니다. 그러나, 어느날 자신이 가지고 있는 물건들 중에 이상한 구슬을 발견하게 됩니다. 이 구슬은 시간 여행이 가능한 능력을 가진 물건이었습니다. 주인공은 이 구슬을 이용하여 과거와 미래를 여행할 수 있게 됩니다.

잠깐만요 챗GPT 응답 재생성 기능

한 번의 응답으로 높은 수준의 응답을 얻는 것은 어려운 일이므로 다양한 응답을 살펴보는 것은 필요합니다. 다른 응답을 얻기 위해 응답 재생성 기능을 사용해 봅시다.

1. 새롭게 응답을 얻고자 하는 질문 및 요청 문장에 마우스 커서를 위치합니다.
2. 오른쪽에 표시된 메뉴에서 '펜 모양' 아이콘을 클릭합니다.
3. 〈Save&Submit〉 버튼을 클릭하면 같은 질문에 대한 다른 대답을 제시합니다. 이전의 응답을 사용하고자 하는 경우 2/2 왼쪽에 있는 '〈' 아이콘을 클릭합니다.

이러한 수정 과정을 반복하여 원하는 글을 만들어 갑니다.

챗GPT

알겠습니다. 이야기의 주인공을 과학자가 아닌 평범한 대학생으로 변경하여 아래와 같이 작성해 보겠습니다.

주인공은 대학에서 컴퓨터 공학을 전공하는 평범한 대학생입니다. 어느날, 그는 우연히 시간여행이 가능한 앱을 발견합니다. 그러나 이 앱은 모든 것을 가능하게 해 주는 마법같은 것이 아니라, 트정 시간 선에서만 작동하는 것이었습니다.

그래서 주인공은 이 앱을 이용하여 과거에 가서, 자신이 실수했던 일을 고쳐보거나, 미래에 대한 정보를 얻어보기 시작합니다. 그러나, 시간 여행이 미래를 바꿀 수 있다는 것을 깨달은 후, 그는 시간 여행을 멈추고 새로운 시간 선을 만들기 위해 노력하게 됩니다.

스토리 및 시나리오 작성

챗GPT를 통해 생성한 아이디어를 발전시켜서 구체적인 이야기와 시나리오를 작성하겠습니다. 우선 **프롬프트 10-5**를 입력하여 이야기를 늘려 쓰기 위해 이야기의 총 분량과 화의 내용에 대한 응답을 얻습니다.

프롬프트 10-5 이 이야기를 20화 분량으로 만들어 보려고 해. 20화에서 1화에 해당하는 이야기를 작성해 줘.

챗GPT

알겠습니다. 이 이야기를 20화 분량으로 만들어보겠습니다. 첫 번째 에피소드는 아래와 같이 구성할 수 있습니다.

[Episode 1: 시간 여행 앱의 발견]

주인공인 대학생은 자신이 흥미로워하는 분야인 컴퓨터 공학을 전공하고 있습니다. 어느 날, 인터넷을 서핑하던 중, 시간 여행을 가능하게 하는 앱을 발견하게 됩니다. 처음에는 이런 것이 가능한가 싶었지만, 자세히 살펴보니 이 앱은 특정 시간 선에서만 작동하는 것으로 나타났습니다.

주인공은 이 앱을 다운로드하고 시간 여행을 체험해 보기로 결심합니다. 그는 먼저, 과거로 가서 실수했던 일을 고치기로 결심합니다. 어렸을 때, 대회에서 우승할 기회를 놓쳐서 후회하고 있었기 때문입니다. 그리고 그는 앱을 이용하여 다시 그 때로 돌아가 대회에서 우승하는데 성공합니다.

챗GPT가 제시한 이야기를 시나리오 형식으로 작성해 봅시다. 입력창에 프롬프트 10-6을 입력합니다.

프롬프트 10-6 위의 에피소드를 시나리오로 작성해 줘.

챗GPT

알겠습니다. 이야기를 시나리오로 작성해 보겠습니다.

에피소드 1: 시간 여행 앱의 발견

1. INT. 대학생의 방 – 낮

대학생(21세)이 컴퓨터 앞에 앉아서 인터넷을 서핑하고 있습니다. 그가 모니터에 주목하면서 다음과 같은 VOICE OVER가 들립니다.

배경 및 캐릭터 묘사

작성한 시나리오에 어울리는 배경과 캐릭터에 대한 묘사를 챗GPT를 통해 작성하여 생성 모델에 입력시킬 준비를 해 봅시다. 우선 챗GPT에 **프롬프트 10-7**을 입력하여 에피소드에 나오는 대학생의 방을 묘사합니다.

프롬프트 10-7 에피소드 1에 나오는 대학생의 방을 그려보려고 해. 자세하게 묘사해 줘.

챗GPT

알겠습니다. 대학생의 방을 자세하게 묘사해 보겠습니다.

방은 좁고 작은 원룸이며, 문과 창문이 한 쪽 벽면에 위치하고 있습니다. 창문은 소형창으로, 밖을 향해 열어도 시원한 바람은 들어오지 않습니다. 벽면에는 책상과 책장, 옷장이 있으며, 물건을 보관할 수 있는 수납 공간이 많이 마련되어 있습니다. 책상 위에는 컴퓨터와 모니터가 놓여 있습니다.

배경 묘사가 마음에 들었다면 이를 생성 모델에 입력시키기 위해 영어로 번역해 봅시다. 번역기를 사용해도 좋고, 챗GPT에 **프롬프트 10-8**을 입력해도 좋습니다.

프롬프트 10-8 영어로 작성해 줘.

챗GPT

Sure, I'll describe the college student's room in detail for you.

The room is a small and narrow studio apartment, with the door and window located on one side of the wall. The window is a small one and even when opened, it doesn't allow a lot of

또한 너무 많은 세부사항을 생성 모델이 반영하지 못할 가능성이 있으므로 요약된 문장이 필요할 수 있습니다. 요약된 문장을 얻기 위해 챗GPT에 **프롬프트 10-9**를 입력합니다.

프롬프트 10-9 2문장으로 요약해 줘.

챗GPT

The room is a small and neat studio apartment with a desk, bookshelf, and wardrobe, and is decorated with unique posters and pictures. It creates a cozy and welcoming atmosphere.

인물 묘사를 해 봅시다. 이야기에 따라 성별을 설정해 보는 경우도 있으나 제시된 예시는 그렇지 않으므로 사용자가 임의로 성별을 입력하여 진행하는 것이 좋습니다. 입력창에 **프롬프트 10-10**을 입력합니다.

프롬프트 10-10 대학생의 성별을 여자로 설정하여 웹툰을 그리려고 해. 외형을 묘사해 줘.

챗GPT

알겠습니다. 여자 대학생의 외형을 묘사해드리겠습니다.

해당 대학생은 중간 정도의 키와 체형을 가지고 있으며, 길게 내려오는 짙은 갈색 머리카락을 가지고 있습니다. 얼굴은 살짝 둥글고 미소를 짓고 있을 때는 사랑스럽게 보입니다. 눈은 크고 검은색으로, 주름 없는 매끄러운 피부를 가지고 있습니다. 입술은 얇은 편이며 항상 자연스러운 미소를 띄고 있습니다. 일상적인 의상으로는 편한 조거 팬츠나 청바지를 선호하며, 상의는 여러 가지 스타일의 티셔츠나 맨투맨을 자주 입습니다. 자신만의 개성적인 스타일을 즐기지만, 항상 깔끔하고 청결한 모습을 유지합니다.

챗GPT가 제시한 묘사가 마음에 들었다면 이를 영어 2문장으로 요약합니다. 입력창에 **프롬프트 10-11**을 입력합니다.

프롬프트 10-11 영어 2문장으로 요약해 줘.

챗GPT

The female college student is of average height and has long, dark brown hair with big black eyes and smooth, wrinkle-free skin. She has a natural smile and prefers comfortable clothing like joggers or jeans paired with various styles of t-shirts or sweatshirts. She enjoys expressing her unique style while maintaining a clean and neat appearance.

10.2 웹툰 이미지 생성

〈10장〉 1절에서 만든 스토리를 이용하여 미드저니에서 웹툰에 적합한 이미지를 생성하려고 합니다. 배경과 인물에 대한 이미지를 각각 생성한 후, 첫째 마당 〈3장〉에서 다룬 미드저니 숙련자용 프롬프트를 활용하여 앞서 만든 배경에 인물이 나타나도록 하는 방법을 알아보겠습니다.

미드저니로 배경 생성

미드저니 5.0을 이용하여 1절에서 챗GPT에게 얻은 이야기의 배경을 한국 웹툰 스타일 화풍의 16:9 비율로 만들어 보겠습니다. 디스코드 미드저니의 입력창에 **프롬프트 10-12**를 입력합니다.

프롬프트 10-12

```
The room is a small and neat studio apartment with a desk, bookshelf, and wardrobe, and is decorated with unique posters and pictures. It creates a cozy and welcoming atmosphere, korean webtoon style, --ar 16:9 --v 5
```

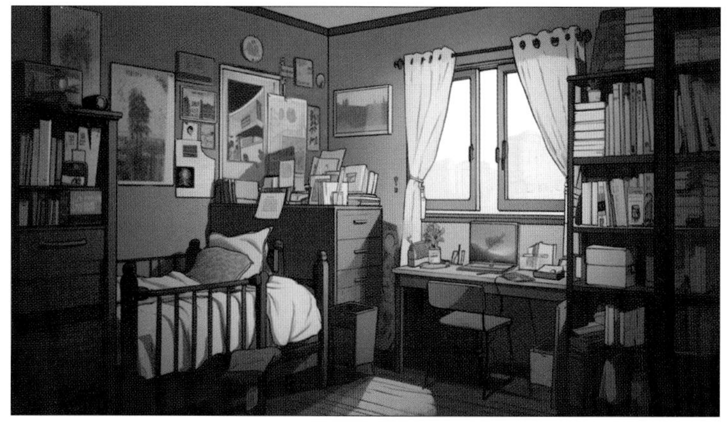

그림 10-1. 프롬프트 10-12의 결과 예

미드저니로 인물 생성

미드저니 5.0을 이용하여 1절에서 챗GPT에서 얻은 주인공 외형을 한국 웹툰 스타일 화풍의 16:9 비율로 만들고, 인물 인식을 원활하게 진행하기 위해 배경은 흰색으로 입력하여 생성하겠습니다. 디스코드 미드저니의 입력창에 **프롬프트 10-12**를 입력합니다.

프롬프트 10-13

```
The female college student is of average height and has long,
dark brown hair with big black eyes and smooth, wrinkle-free
skin. She has a natural smile and prefers comfortable clothing
like joggers or jeans paired with various styles of t-shirts
or sweatshirts. She enjoys expressing her unique style while
maintaining a clean and neat appearance, korean webtoon style,
white background, --ar 16:9 --v 5
```

그림 10-2. **프롬프트 10-13**의 결과 예

배경에 인물 추가

배경과 인물 이미지에 상황을 묘사하는 텍스트 명령어를 추가한다면 더 좋은 이미지가 출력됩니다. 1절에서 만든 시나리오에 포함된 '대학생(21세)이 컴퓨터 앞에 앉아서 인터넷을 서핑하고 있습니다.'를 번역하여 'She is sitting at her computer, surfing the Internet'을 입력하면 주인공의 방에서 주인공이 컴퓨터를 사용하고 있는 이미지를 생성할 수 있습니다.

〈3장〉에서 사용했던 이미지 〔주소링크 복사하기〕를 이용하여 배경 이미지와 인물 이미지의 주소를 입력하고 인물 이미지의 비중을 높이기 위해 '--iw 1.5' 파라미터를 추가한 **프롬프트 10-14**를 입력합니다.

프롬프트 10-14 (배경 이미지 주소) (인물 이미지 주소) She is sitting at her computer, surfing the Internet, --iw 1.5 --ar 16:9 --v 5

그림 10-3. **프롬프트 10-14**의 결과 예

이미지 출력

예제와 같은 이미지를 출력하려면 Seed 파라미터를 사용합니다. 각각의 이미지는 모두 Seed 번호를 가지고 있으며 이 Seed가 일치하는 경우 같은 출력물을 얻게 됩니다. Seed 번호는 다음과 같은 방법으로 볼 수 있습니다.

❶ Seed 번호를 확인할 이미지에 마우스 커서를 위치했을 때, 상단 오른쪽에 표시되는 4개의 아이콘 중에서 '반응 추가하기' 아이콘( )을 클릭합니다.

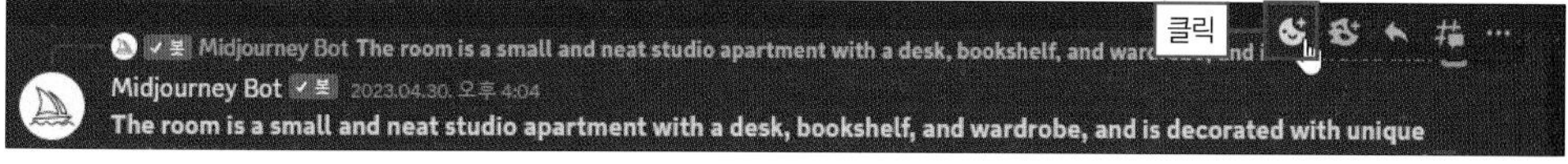

그림 10-4. 반응 추가하기 아이콘 클릭하는 방법

10 창작글에 어울리는 이미지 생성 (3)

❷ 반응에서 'envelope'를 입력하여 표시되는 첫 번째 아이콘을 클릭합니다.

그림 10-5. 반응에서 envelope를 찾는 방법

❸ 화면 하단 오른쪽에서 표시되는 알람창을 클릭합니다.

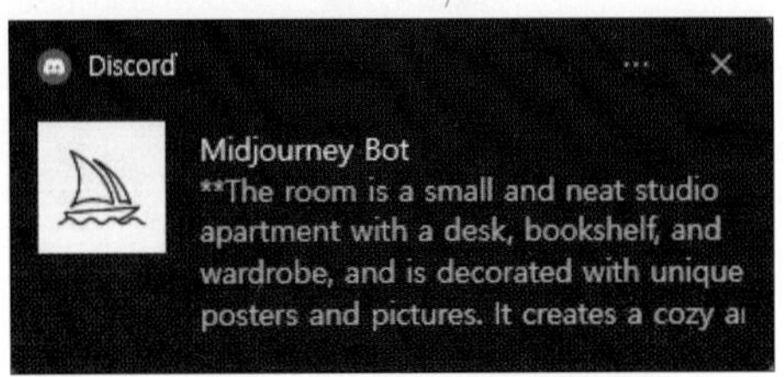

그림 10-6. envelope 반응을 보냈을 때 나타나는 알람

❹ 미드저니 봇에게 온 다이렉트 메시지에서 Seed 번호를 확인합니다.

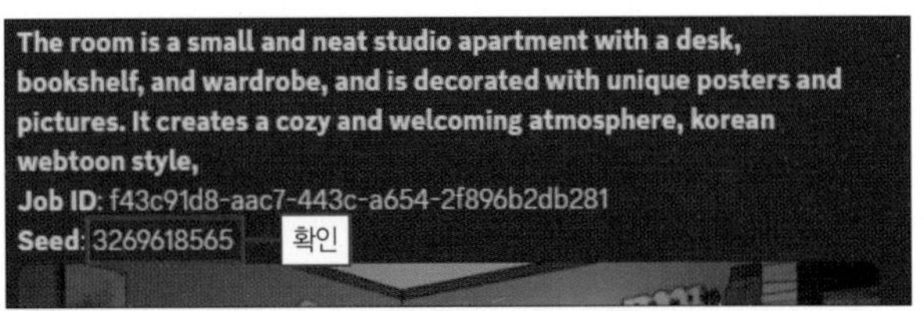

그림 10-7. 최종적으로 출력되는 Seed 번호

이렇게 확인한 Seed 번호를 프롬프트 마지막 부분에 파라미터 형식으로 '--Seed 번호'를 입력하면 예제와 같은 이미지를 얻을 수 있습니다.

AI ART

웹툰 이미지 편집 및 마무리

미드저니를 이용하여 생성한 이미지에 인물 대사, 내레이션 텍스트를 삽입하고 이를 웹툰에 적절한 크기로 편집한 후 이를 웹툰 플랫폼에 업로드하는 방법을 알아보겠습니다.

포토스케이프 X(Photo Scape X)를 이용하여 앞서 생성한 이미지를 각 컷을 편집한 후 이를 수직으로 이어붙이고자 합니다. 또한, 텍스트의 글씨체는 네이버(Naver)에서 배포한 '나눔 고딕' 글씨체를 사용하려고 하니 미리 다운로드(https://hangeul.naver.com/font)하여 설치하길 바랍니다.

포토스케이프 X 소개 및 설치

포토스케이프 X를 다운로드하여 실행하겠습니다. 이 포토스케이프는 이미지를 자르거나 크기 조정, 색상 수정, 텍스트 추가, 이미지나 테두리를 넣는 등의 작업을 쉽게 수행할 수 있도록 도와주는 무료 이미지 편집 소프트웨어입니다. 또한 이 프로그램은 여러 장의 이미지를 하나의 이미지로 합치는 기능을 제공합니다.

크롬 입력창에서 'www.photoscape.org'를 입력하여 접속하고, 이 웹사이트에서 〔무료 다운로드〕 탭을 선택하면 프로그램을 다운로드할 수 있습니다. 하단 왼쪽의 〈PhotoScape X for Windows 10〉 버튼을 클릭하면 Microsoft Store로 페이지가 연결되어 프로그램을 설치할 수 있습니다.

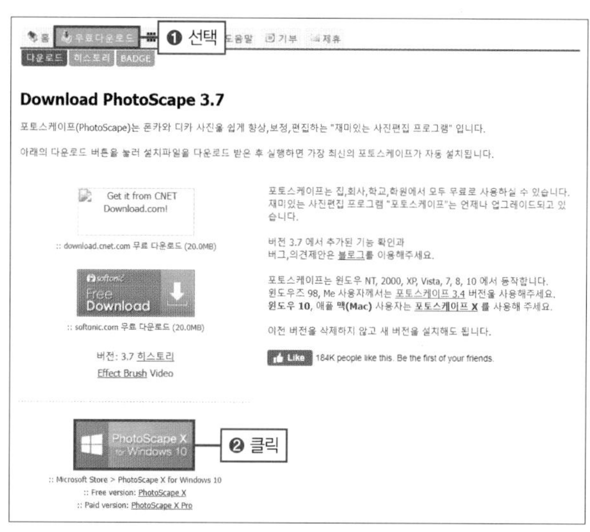

그림 10-8. PhotoScape X 다운로드 페이지

포토스케이프 X로 내레이션 텍스트 삽입

설치한 포토스케이프 X를 실행하고 메뉴에서 〔사진 편집〕 탭을 선택합니다.

그림 10-9. 포토스케이프 X 사진 편집 탭

화면 중앙의 '새로 만들기'를 클릭하면 가로, 세로 픽셀을 지정하는 새로 만들기 대화상자가 표시됩니다. 16:9 비율로 만든 이미지를 네이버 웹툰에 업로드하기 위해 컷 하나의 가로 폭(px)을 '690', 세로 높이(px)를 '500'으로 설정하고 〈확인〉 버튼을 클릭합니다.

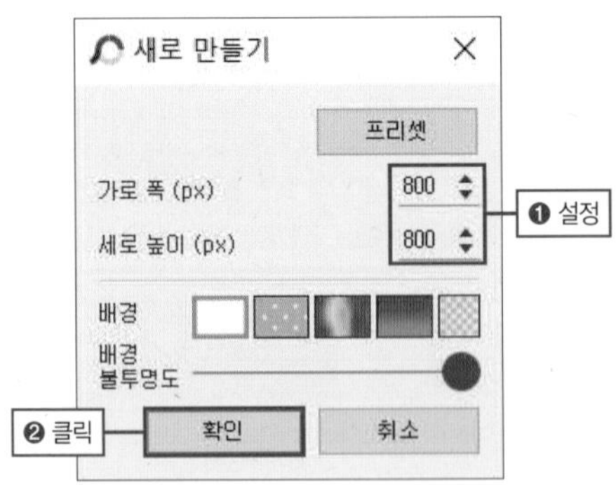

그림 10-10. 가로, 세로 픽셀 지정

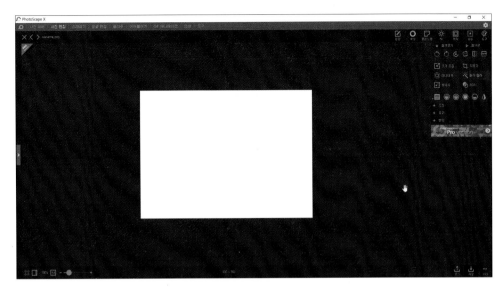

그림 10-11. 픽셀 지정 후 출력된 화면

앞서 생성한 이미지를 추가하기 위해 상단 오른쪽의 〔삽입〕→〔이미지〕를 클릭하여 이전에 생성한 이미지를 선택합니다. 또한, 편집의 편의성을 위해 하단 왼쪽의 배율 스크롤을 오른쪽으로 이동하여 이미지를 확대합니다.

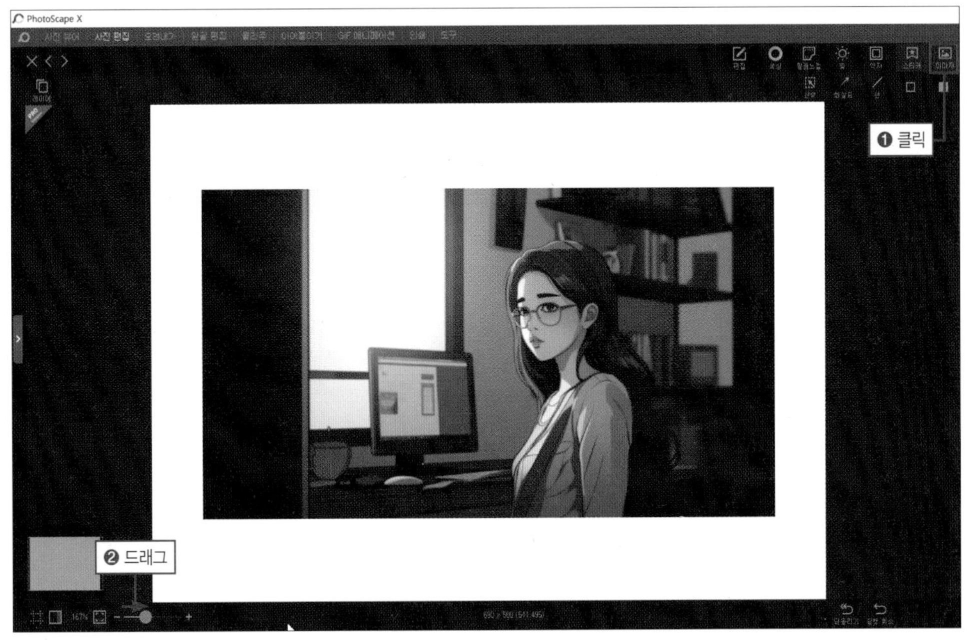

그림 10-12. 이미지를 삽입하고 배율을 변경한 결과

내레이션 텍스트를 입력하기 위해 상단 오른쪽에서 〔삽입〕 → 〔텍스트〕를 클릭합니다.

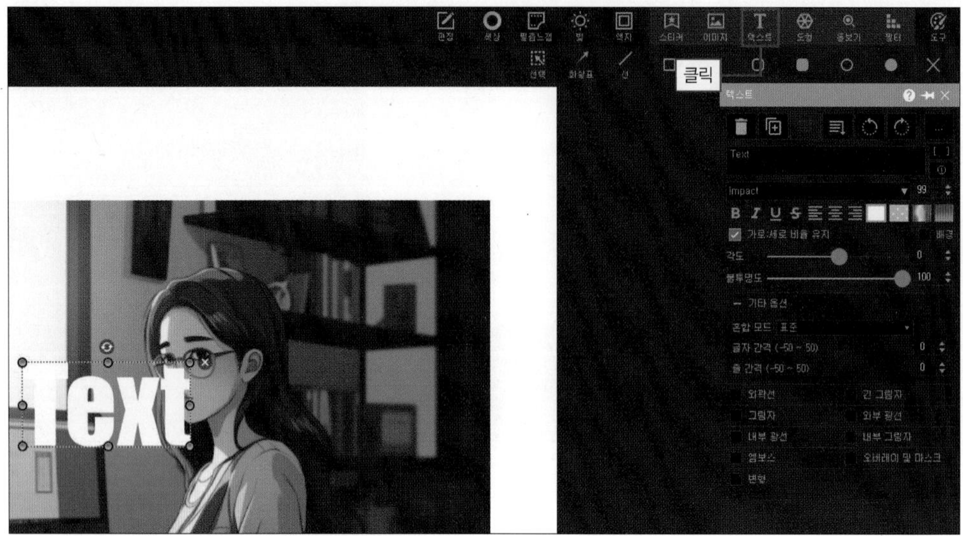

그림 10-13. 텍스트 삽입 실행 결과

'컴퓨터 앞에 앉아서 (엔터) 인터넷을 서핑하고 있습니다.' 텍스트를 입력하고, 글꼴을 '나눔고딕', 글씨 크기를 '30', 글씨 색상을 '검은색'으로 지정합니다. 그리고 텍스트 위치를 이미지의 상단 왼쪽으로 이동시키면 텍스트 입력이 마무리됩니다.

그림 10-14. 내용 입력 후 텍스트 이동 결과

오른쪽에 Text는 '텍스트 입력창', Impact는 '글꼴', 99는 '글씨 크기', 그 아랫줄의 흰색 사각형은 '글씨 색상'을 의미합니다.

이번엔 텍스트 배경이 되는 흰 바탕의 직사각형 레이어를 만들어 보겠습니다. 상단 오른쪽의 [삽입]을 선택하고 흰 바탕의 직사각형을 선택한 후 텍스트가 위치하는 곳에 맞게 드래그하여 범위를 지정해 직사각형을 그립니다.

그림 10-15. 텍스트 배경 레이어 생성

텍스트 상자 뒤로 직사각형 레이어를 배치하겠습니다. 오른쪽 메뉴의 [사각형]에서 가로줄과 아래 방향 화살표로 표현된 아이콘(뒤로 보내기)을 클릭하면 텍스트 상자가 표현됩니다. 이에 맞추어 직사각형 도형의 크기를 조절합니다.

그림 10-16. 직사각형 레이어를 '뒤로 보내기'한 결과

편집하려는 도형을 선택하는 것이 어렵다면 상단 왼쪽의 〔레이어〕를 클릭합니다. 그러면 이전에 생성한 도형들이 모두 나타나고 이를 클릭하면 손쉽게 원하는 도형을 선택할 수 있습니다. 이렇게 만든 이미지를 저장하겠습니다. 화면의 하단 오른쪽의 〔저장〕을 클릭합니다.

저장 대화상자가 표시되면 〈다른 이름으로 저장〉 버튼을 클릭하면 웹툰 홈페이지에 올릴 이미지 형식(JPEG)으로도 저장이 가능합니다. 또한 '메타데이터 정보를 보존합니다.'를 체크 표시하고 프로젝트를 저장하면 나중에도 레이어가 보존되어 편집할 수 있습니다.

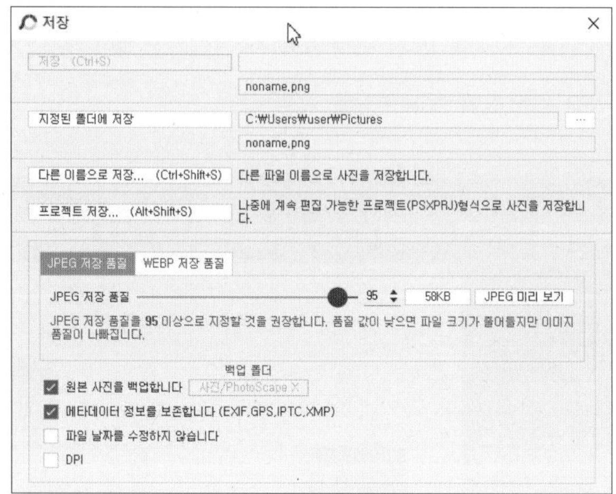

그림 10-17. 저장 대화상자

PhotoScape X로 말풍선 텍스트 삽입

말풍선을 넣을 이미지를 추가하고 〔텍스트〕에서 '이게 뭐지?'를 입력합니다.

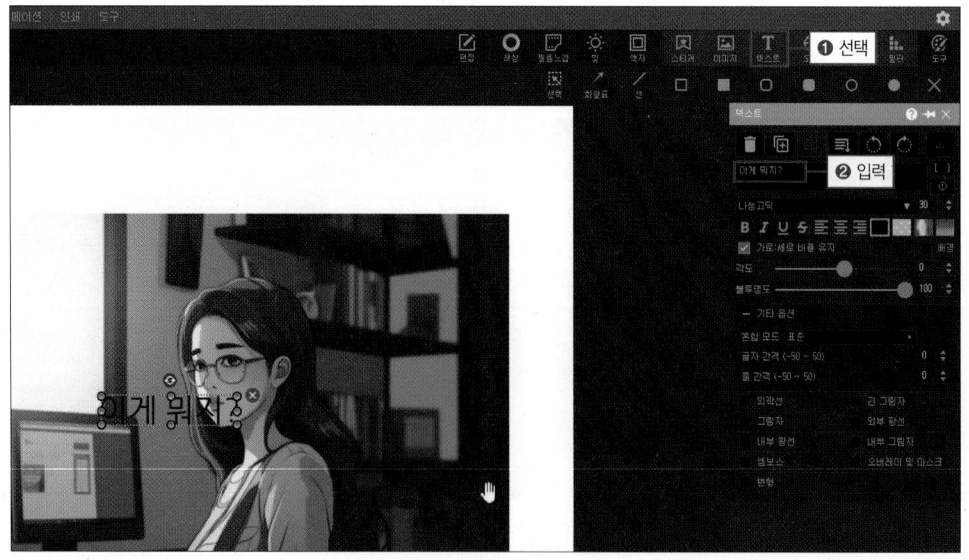

그림 10-18. 텍스트를 입력한 결과

생성한 텍스트에 맞는 말풍선 도형을 만들기 위해 〔삽입〕 → 〔도형〕을 클릭한 후 여섯 번째에 있는 말풍선 모양 아이콘을 클릭합니다. 기본 설정으로 생성된 말풍선은 방향이 부적절하므로 좌우를 뒤집어야 합니다. 오른쪽 메뉴에서 '…' 아이콘을 클릭하고 표시되는 창에서 〔회전〕 → 〔좌우 뒤집기〕를 실행합니다.

(a) 말풍선 도형을 입력한 최초 결과 (b) 좌우 뒤집기 실행 화면

그림 10-19. 말풍선 모양 도형 입력 단계

그림 10-20과 같이 말풍선 위에 텍스트가 오도록 배치해 봅시다. 도형을 상단 오른쪽으로 이동하면서 도형이 텍스트 상자가 가려지는 경우는 도형을 클릭한 후 '뒤로 보내기', '앞으로 가져오기' 메뉴를 사용합니다. 또한, 상자의 가로세로 비율을 조절하고자 한다면 '가로:세로 비율 유지'를 체크 표시 해제합니다.

그림 10-20. 텍스트와 말풍선 도형을 적절한 위치에 배치한 결과

포토스케이프 X로 이미지 이어붙이기

업로드에 적합하도록 편집한 이미지를 이어붙이도록 하겠습니다. 프로그램 상단 메뉴에서 〔이어붙이기〕 탭을 선택하고 왼쪽 탐색기에서 이어붙이려는 이미지가 있는 폴더를 선택합니다.

그림 10-21. 탐색기 실행 후 폴더를 클릭한 화면

탐색기 중간에 작게 표시된 이미지 중에서 편집할 화면으로 가져올 이미지를 하나씩 선택하고 작업 화면 중앙으로 드래그합니다. 그리고 이미지의 수직 크기를 기존에 만든 이미지와 똑같이 가로 '690px'로 설정하기 위해서 오른쪽 메뉴에서 '원본 크기'를 선택합니다.

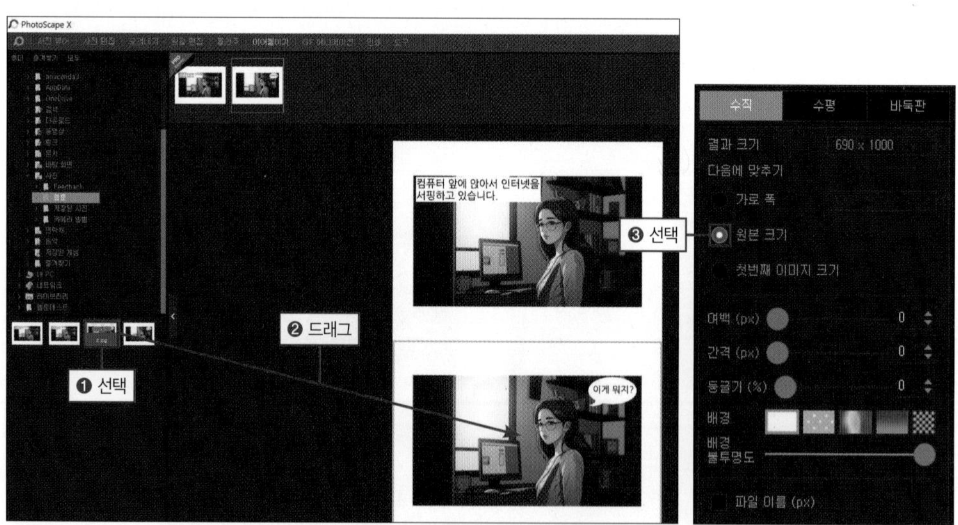

(a) 두 이미지를 이어붙이기한 결과 (b) 원본 크기 설정

그림 10-22. 이미지를 합치고 수직 크기 지정

하단의 〔저장〕을 클릭하여 저장하면 웹툰 플랫폼에 올릴 이미지가 완성됩니다.

웹툰 플랫폼에 업로드

현재 국내에서 직접 제작한 웹툰을 업로드할 수 있는 플랫폼에는 네이버 WEBTOON CREATOR'S와 카카오 웹툰리그가 있습니다. 각 플랫폼에서 작가등록을 하고 작품을 올리는 방법을 알아보겠습니다.

● 네이버 WEBTOON CREATOR'S

네이버에 로그인한 후 웹툰 페이지 상단에 있는 초록색 배경의 'CREATOR'S 페이지(https://comic.naver.com/creators/dashboard)'에 접속하여 〈신규 작품 등록〉 버튼을 클릭합니다.

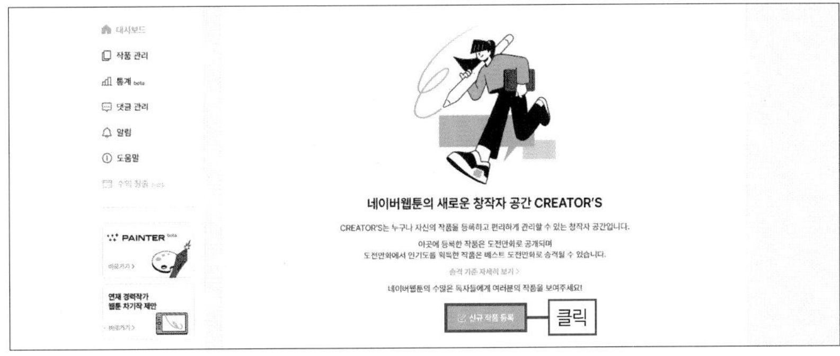

그림 10-23. Creator's 페이지 첫 화면

신규 작품 등록 페이지가 표시되면 내가 만든 작품 설정에 맞춰 작품명, 형식, 장르, 태그, 작품 한 줄 요약, 줄거리를 선택하고 작성합니다.

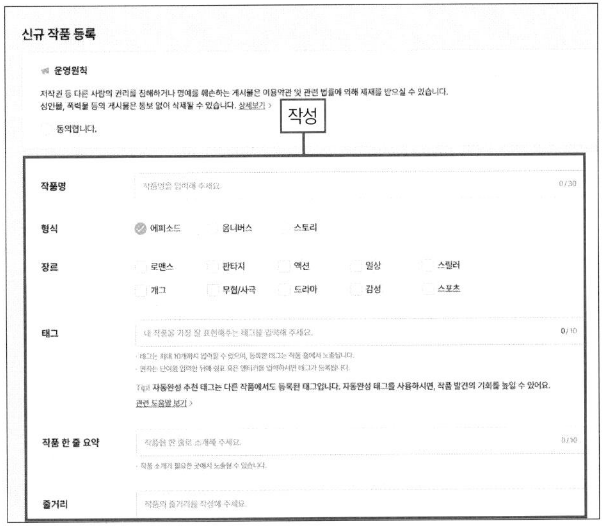

그림 10-24. 신규 작품 등록 내용 작성 (1)

가장 하단의 페이지의 대표 이미지에서 '파일 선택'을 클릭하여 이미지를 선택해 섬네일이 될 이미지를 지정하고 업로드가 되었다면 〈등록〉 버튼을 클릭합니다.

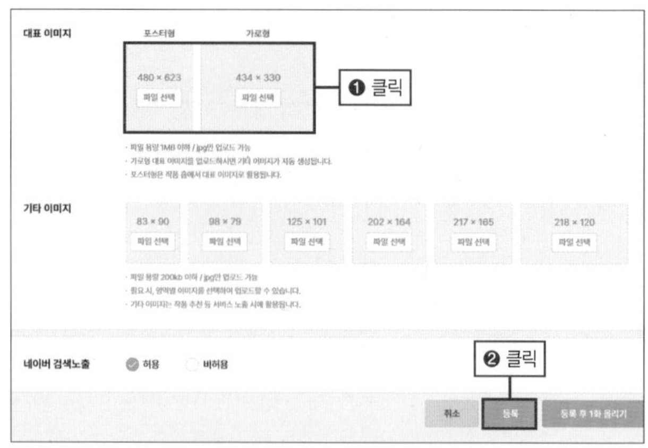

그림 10-25. 신규 작품 등록 내용 작성 (2)

〔작품 관리〕 메뉴에서 내가 등록한 작품을 확인하고 수정할 수 있습니다.

그림 10-26. 작품 관리 메뉴 화면

● 카카오 웹툰리그

카카오 '웹툰리그 페이지(https://webtoonleague.kakao.com)'에 접속하여 카카오 계정으로 로그인합니다.

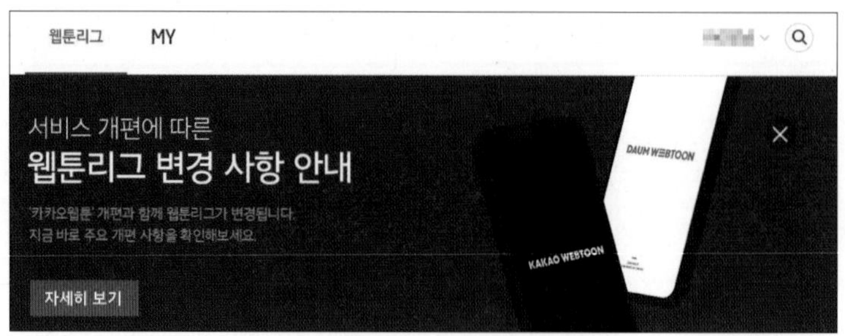

그림 10-27. 카카오 웹툰리그 첫 화면

페이지 중간에 '웹툰 작가에 도전하세요.'를 클릭하여 표시되는 페이지에서 필명, 작가대표 이미지, 메일 공개여부 설정, Link 설정을 하고 〈등록〉 버튼을 클릭하여 작가등록을 합니다.

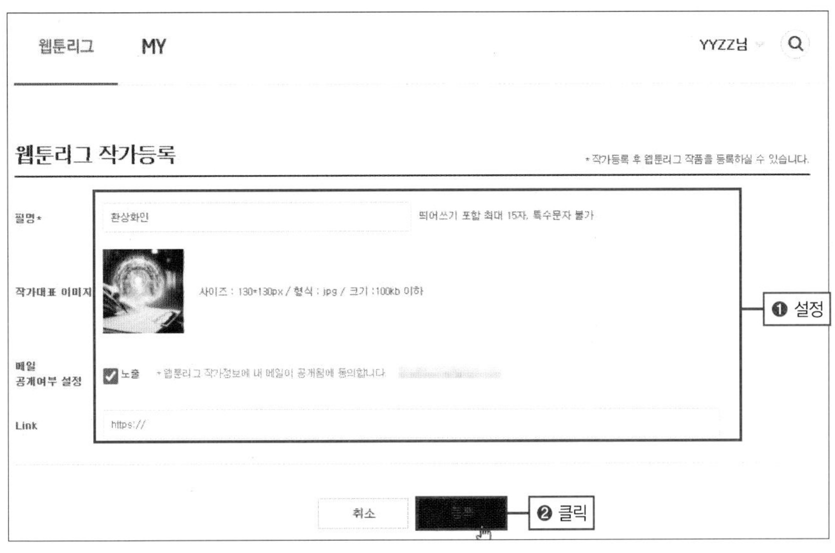

그림 10-28. 작가등록 화면

작가등록을 마친 후 작품등록을 클릭하여 작품명, 형식, 장르, 작품설명을 설정하고 〈등록〉 버튼을 클릭하여 작품등록을 마치면 회차를 등록하여 웹툰 연재를 할 수 있습니다.

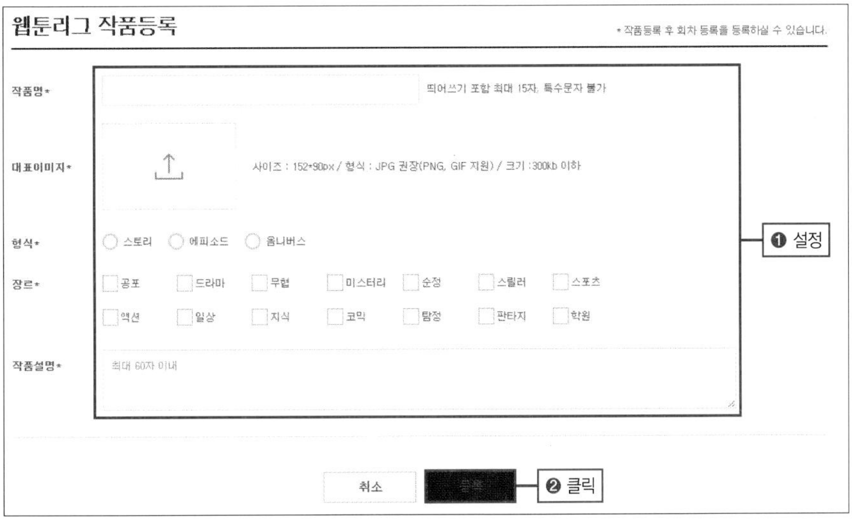

웹툰리그 작품등록

* 작품등록 후 회차 등록을 등록하실 수 있습니다.

작품명* 띄어쓰기 포함 최대 15자, 특수문자 불가

대표이미지* 사이즈 : 152*90px / 형식 : JPG 권장(PNG, GIF 지원) / 크기 : 300kb 이하

형식* 스토리 에피소드 옴니버스

장르* 공포 드라마 무협 미스터리 순정 스릴러 스포츠 액션 일상 지식 코믹 탐정 판타지 학원

작품설명* 최대 60자 이내

❶ 설정

취소 등록 ❷ 클릭

그림 10-29. 작품등록 화면

11장

문자 및 로고 디자인을 위한 이미지 생성

학습목표

AI 생성 도구를 활용하면 독특한 문자와 로고 디자인을 생성할 수 있습니다. 다양한 배경, 재질, 선의 두께 등을 조정하여 자신만의 문자 디자인을 만들고, 프롬프트를 활용하여 로고 디자인을 어떻게 생성하는지 알아보겠습니다.

AI ART

11.1 문자 디자인

문자 디자인은 단순히 글씨를 쓰는 것이 아니라, 의미와 미적 감각을 담은 시각적 표현으로 효과적으로 사용하면 커뮤니케이션의 질을 높일 수 있습니다. 앞서 살펴본 다양한 이미지 생성 AI 모델을 활용하면 쉽고 빠르게 다양한 문자 디자인을 만들 수 있습니다. 생성된 이미지는 저작권 문제없이 사용할 수 있고 자신이 전달하고자 하는 메시지를 담아 디자인을 만들어 낼 수 있다는 장점이 있습니다. 단, 상업적 목적으로 사용할 때는 사이트의 이용약관을 확인하고 필요한 경우 출처를 기재하길 바랍니다.

문자 디자인의 다양한 적용

디자인은 우리 생활 속 다양한 영역에서 적용됩니다. 특히 문자 디자인은 다양한 역할과 의미를 담아낼 수 있습니다. 문자 디자인의 적용 사례와 의미를 살펴봅시다.

- 웹 사이트나 앱의 UI/UX 디자인에서 문자 디자인은 사용자의 주목을 끌고, 정보를 전달하고, 브랜드 이미지를 강화할 수 있습니다.
- 책이나 잡지의 표지나 편집 디자인에서는 문자 디자인이 콘텐츠의 주제나 분위기를 표현하고, 독자의 호기심을 유발합니다.
- 광고나 포스터에서 문자 디자인은 메시지의 강조나 감성적 호소를 하는 역할을 합니다.
- 공공장소나 상점의 포토존이나 간판에서는 문자 디자인이 공간의 분위기를 조성하고, 방문객의 참여와 기억을 유도합니다.
- 제품이나 서비스의 패키지 디자인에서는 문자 디자인이 제품의 특징이나 가치를 전달하고, 구매 결정에 영향을 미치기도 합니다.

문자 디자인 주요 프롬프트 구성

이미지 생성 AI 모델로 문자 디자인을 위한 이미지를 생성하기에 앞서 주요 프롬프트 구성을 알아봅시다. 다음 표 11-1은 문자 디자인을 하기 위한 프롬프트 예시입니다. 각 프롬프트를 응용하여 원하는 문자를 다양하게 디자인할 수 있습니다.

표 11-1. 문자 디자인 프롬프트 예시

지정	프롬프트	특징
문자 지정	the letter ○○○ large letter ○○○ large alphabet ○○○ capital letter ○○○ uppercase ○○○ / lowercase ○○○	문자 지정 대문자 프롬프트 예시1 대문자 프롬프트 예시2 대문자 프롬프트 예시3 대문자 프롬프트 예시4 / 소문자 프롬프트 예시
배경 색 지정	on ○○○ background	○○○ 배경색
표면 또는 소재 지정	with ○○○ filled with ○○○ made of ○○○ made up ○○○ ○○○ studded	○○○로 이루어진(채워진)
폰트 지정	ridges minimal	글자의 모서리에 뾰족한 형태를 더해주어 대비가 높고 세련된 느낌을 주는 폰트
	ridges maximal	글자의 모서리에 둥근 형태를 더해주어 부드럽고 친근한 느낌을 주는 폰트
	3d typography of the letter ○○○	글자가 깊이를 가지고 있어 실제감 있는 3차원적으로 표현되는 폰트
	orthographic font	글자의 형태를 정확하게 표현하는 폰트
	cursive font	손글씨를 모방한 폰트
	Noto Sans font	구글에서 제작한 폰트로 모든 문자가 깨지지 않고 잘 보이도록 함.
	Montserrat font	라틴어 계열의 글꼴을 모티브로 한 폰트로 두껍고 직선적인 글자 형태를 가짐.
	Brandon Grotesque font	20세기 초반 고딕 글꼴을 현대적으로 재해석한 깔끔하고 간결한 느낌을 주는 폰트
	Lato font	라틴어와 슬라브어 계열의 글꼴을 조화롭게 결합한 글꼴로 우아하고 친근한 느낌을 주는 폰트
폰트 효과	Neon visual optical illusion effect shadow blur	색이 가장자리 너머로 퍼져 빛나는 것처럼 보이는 효과 이미지자 효과 글꼴을 흐릿하게 보이는 효과
폰트 기울임 지정	Medium Italic, Italic	펜글씨 느낌의 오른쪽으로 조금 기운 폰트
폰트 굵기	Thin, Bold, ExtraBold	폰트 굵기 얇게 폰트 굵기 두껍게 폰트 굵기 매우 두껍게

AI 생성 모델별 문자 디자인

여러 이미지 생성 AI 모델 중 빙 Image Creator(달리)가 원하는 디자인의 문자를 가장 잘 표현하였으며, 소문자보다는 대문자에 대한 이미지가 더 잘 생성되었습니다.

프롬프트 11-1
```
3d typography of the letter Y, on a yellow background, chrome shiny texture, ridges, minimal
```

(a) 미드저니

(b) 블루윌로우

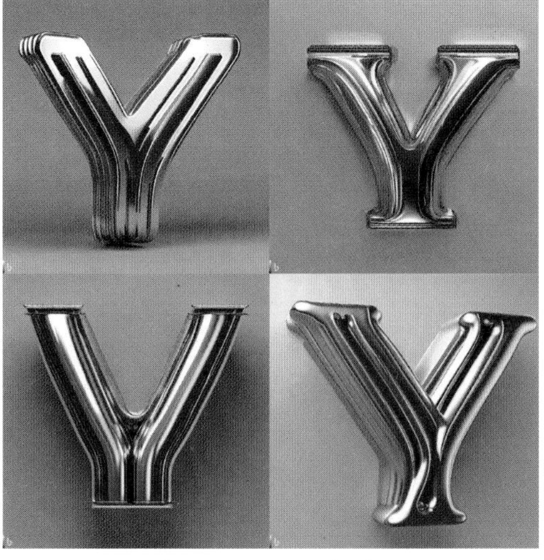

(c) 빙 Image Creator(달리)

(d) 스테이블 디퓨전

그림 11-1. **프롬프트 11-1**에 대해 이미지 생성 AI 모델별 생성 이미지 예

문자 디자인 실습

배경, 재질, 폰트 스타일, 소재 등을 변화시키며 다양한 문자 디자인을 시도합니다. 다양한 시도를 통해 자신만의 멋진 문자 디자인을 완성할 수 있습니다.

❶ 다양한 문자 디자인을 생성해 봅니다.

프롬프트 11-2 `the large alphabet f with flowers`

프롬프트 11-3 `the large alphabet H with books`

프롬프트 11-4 `Capital Letter O Filled with butterflies`

프롬프트 11-5 `Capital Letter L Filled with houses and buildings`

프롬프트 11-6 `Capital Letter A Filled with super cute robots`

(a) the large alphabet, with flowers

(b) the large alphabet, with books

(c) Capital Letter, Filled with butterflies

(d) Capital Letter, Filled with houses and buildings

(e) Capital Letter, Filled with super cute robots

그림 11-2. 미드저니에 **프롬프트 11-2** ~ **프롬프트 11-6**를 입력해 생성한 문자 디자인 예

프롬프트 11-7	the large alphabet w with roses
프롬프트 11-8	Capital letter P shaped gold balloon
프롬프트 11-9	3d typography of the letter Y, on yellow background, chrome shiny texture, ridges, minimal
프롬프트 11-10	3d typography of the letter w, on green background, Cypress wood material with wood pattern, ridges, minimal

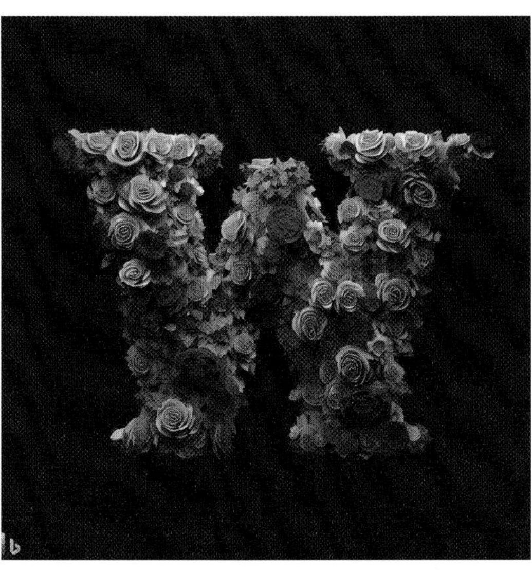

(f) the large alphabet, with roses

(g) Capital letter, shaped gold balloon

(h) 3d typography of the lette, chrome shiny texture, ridges minimal

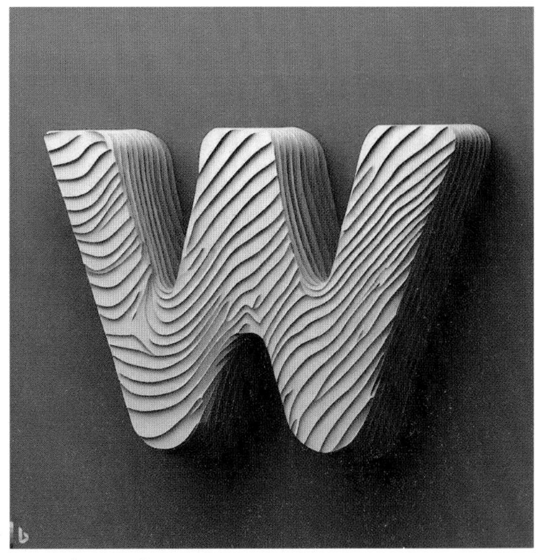

(i) 3d typography, Cypress wood material with wood pattern, ridges, minimal

프롬프트 11-11	typography of the letter b with orthographic font, Clean, clear glass material, on black background
프롬프트 11-12	3d typography of the lowercase letter f, on white background, Neon visual optical illusion effect with cursive font, shadow and blur
프롬프트 11-13	small letter l typography with Noto Sans italic font, crystal material, on a black background
프롬프트 11-14	the letter h with Montserrat bold font, rainbow colors, shadow, on white background

(j) orthographic font

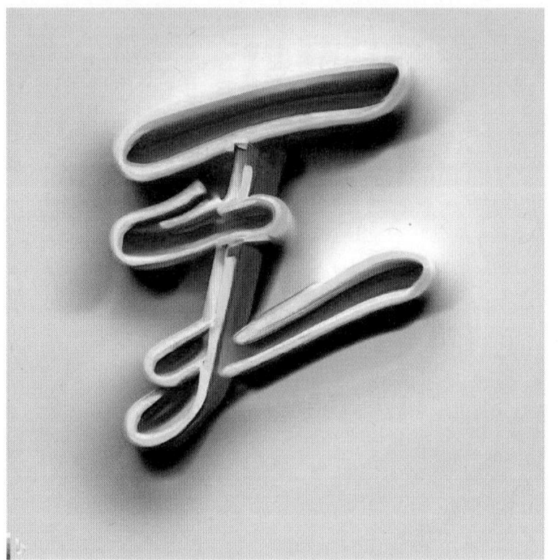

(k) lowercase lette, Neon visual optical illusion effect, cursive font, shadow and blur

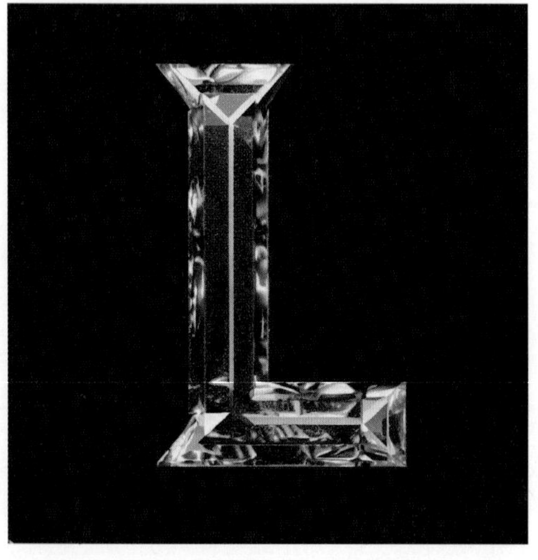

(l) small letter, Noto Sans italic font

(m) Montserrat bold font, rainbow colors, shadow

프롬프트 11-15 the letter a typography with Brandon Grotesque font, orange color, on purple background

프롬프트 11-16 uppercase g typography with Lato medium italic font, orange color, on skyblue background

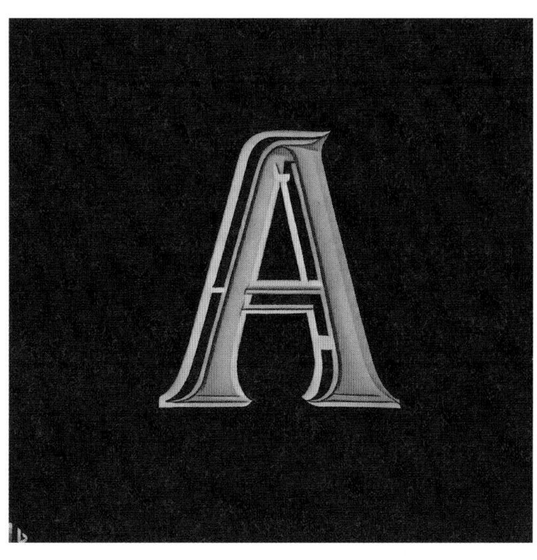

(n) Brandon Grotesque font

(o) uppercase, Lato medium italic font

그림 11-3. 빙 Image Creator(달리)에 **프롬프트 11-7 ~ 프롬프트 11-16**을 입력해 생성한 문자 디자인 예

❷ SUCCESS라는 단어를 디자인하기 위해 금빛 별로 채워진 각 문자를 생성합니다.

프롬프트 11-17 the gold star studded letter S

프롬프트 11-18 the gold star studded letter U

프롬프트 11-19 the gold star studded letter C

프롬프트 11-20 the gold star studded letter E

그림 11-4. 미드저니에 **프롬프트 11-17 ~ 프롬프트 11-20**을 입력해 완성한 SUCCESS 예

❸ WEDD라는 단어를 디자인하기 위해 W에 웨딩드레스를, E에 웨딩슈즈를, D에 다이아몬드 반지를, 또 다른 D에 턱시도를 채운 큼직한 문자를 생성합니다.

프롬프트 11-21 `the large alphabet W with a white wedding dress`

프롬프트 11-22 `the large alphabet E with a wedding shoes`

프롬프트 11-23 `the large alphabet D with a diamond ring`

프롬프트 11-24 `the large alphabet D with a tuxedo`

그림 11-5. 빙 Image Creator(달리)에 **프롬프트 11-21 ~ 프롬프트 11-24**를 입력해 완성한 WEDD 예

❹ PARTY라는 단어를 디자인하기 위해 각 문자를 다양한 파티용품으로 채운 큼직한 문자를 생성합니다.

프롬프트 11-25 `Capital letter p made of multicolored balloons`

프롬프트 11-26 `Capital letter a made up of party hats`

프롬프트 11-27 `Capital letter r made of multicolored gift boxes`

프롬프트 11-28 `Capital letter t filled with multicolored cone shaped firecrackers, white background`

프롬프트 11-29 `Capital letter y filled with multicolored glowing light bulbs, white background`

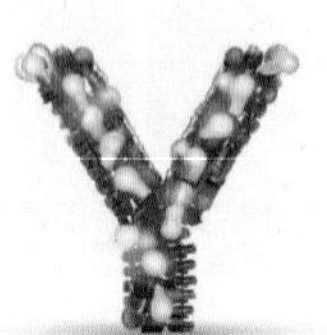

그림 11-6. 빙 Image Creator(달리)에 **프롬프트 11-25 ~ 프롬프트 11-26**을 입력해 완성한 PARTY 예

❺ LOVE라는 단어를 디자인하기 위해 각 문자를 다양한 색상의 하트로 가득 채운 큼직한 문자를 생성합니다.

프롬프트 11-30 Capital Letter L Filled with Heart

프롬프트 11-31 Capital Letter O Filled with pink Hearts

프롬프트 11-32 Capital Letter V Filled with hot pink Hearts

프롬프트 11-33 Capital Letter E Filled with rose color Hearts

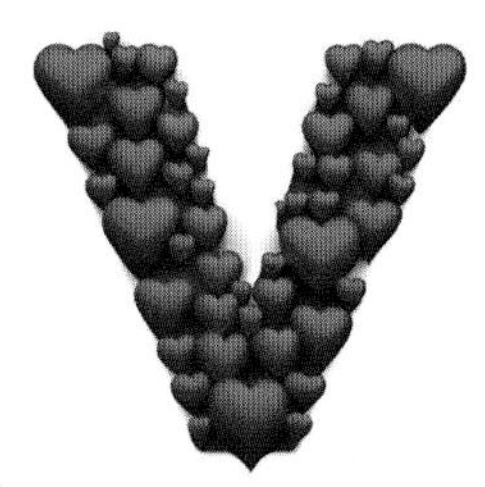
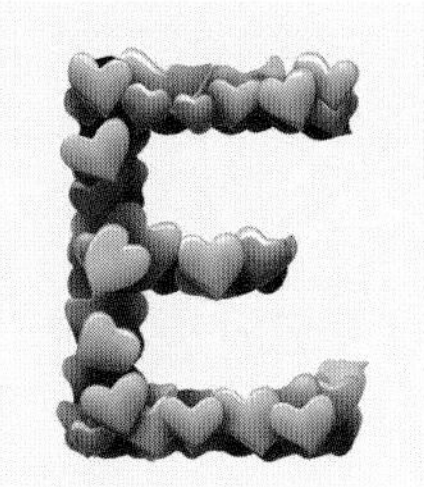

그림 11-7. 빙 Image Creator(달리)에 **프롬프트 11-30** ~ **프롬프트 11-33**을 입력해 완성한 LOVE 예

❻ 동물과 사물을 이용하여 대문자 형태로 디자인한 문자를 생성합니다.

프롬프트 11-34 a capital letter a that looks like an apple

프롬프트 11-35 a capital letter b that looks like a bread

프롬프트 11-36 a capital letter k with a cute koala

프롬프트 11-37 a capital letter i with a cute Iguana

그림 11-8. 빙 Image Creator(달리)에 **프롬프트 11-34** ~ **프롬프트 11-37**을 입력해 완성한 문자 디자인의 예

로고 디자인

로고는 기업이나 조직의 상징적인 요소로, 고객을 유인하고 기억력을 높이며 브랜드의 개성과 메시지를 표현하므로써 비즈니스의 성공에 중요한 매개체 역할을 하는 요소입니다. 이미지 생성 AI 모델을 활용하면, 쉽고 빠르게 원하는 로고를 디자인할 수 있습니다.

로고의 종류와 요소

일반적으로 로고는 다음과 같이 분류합니다.

- **심볼(브랜드 마크)** : 이미지로 구성된 로고입니다.
- **워드마크(로고 타입)** : 텍스트로만 구성된 로고입니다.
- **콤비네이션(시그니처)** : 심볼과 워드마크를 합친 형태의 로고입니다.
- **엠블럼 마크** : 심볼과 텍스트를 배지 형태의 도형 안에 맞춘 형태입니다.

좋은 로고를 만드는 5가지 중요한 요소는 다음과 같습니다.

- **단순성(Simplicity)** : 단순할수록 더 눈길을 끌고 더 오래 기억에 남습니다.
- **관련성(Relevancy)** : 기업의 경영철학, 상품, 서비스를 잘 반영해 관련성을 높입니다.
- **다양성(Versatility)** : 마케팅 채널, 광고 및 비즈니스 매장에 표시되는 3중 기능을 수행할 수 있어야 합니다. 고해상도로 인쇄되는 작은 옷깃 핀에 인쇄가 가능해야 하고, 선택 윤곽에서 부풀려지거나 축소되어도 관계없이 사용 가능해야 합니다.
- **가독성(Legibility)** : 로고에 어떤 종류의 텍스트라도 있으면 읽기 쉬워야 합니다.
- **기억 용이성(Memorability)** : 대상 고객의 기억에 남을 수 있는 쉽게 인식이 가능한 것이어야 합니다.

로고 디자인 주요 프롬프트 구성

이미지 생성 AI 모델로 로고 디자인을 위한 이미지를 생성하기에 앞서 주요 프롬프트 구성을 알아봅시다. 다음 표 11-2는 로고 디자인을 하기 위한 프롬프트 예시입니다. 각 프롬프트를 응용하여 원하는 문자를 다양하게 디자인할 수 있습니다.

표 11-2. 로고 디자인을 위한 프롬프트

지정	프롬프트
로고의 의미 지정	a logo design that means ○○○ meaning ○○○ for ○○○
스타일 지정	modern style classic style vintage style graphic style minimalist logo for ○○○
로고 종류 지정	symbol logo wordmark logo signature logo emblem logo
문자 지정	the name "○○○" surrounded by the word "○○○" surrounded by a phrase that says "○○○"
문자 스타일	ridges minimal (maximal) orthographic font cursive font
배경 색 지정	on ○○○ background

AI 생성 모델별 로고 디자인

다음 그림 11-9를 살펴보면 여러 이미지 생성 AI 모델 중에서도 빙 Image Creator(달리)가 좋은 로고의 5가지 요소를 가장 잘 반영하여 이미지를 생성했습니다. 미드저니의 경우, 로고에 필요한 요소인 단순성은 떨어지나 사람들의 시선을 끌기에는 충분한 예술적인 이미지로 웹 사이트나 앱, 포스터 등에서의 활용에 더욱 적합한 이미지 생성 AI 모델이라 생각합니다.

프롬프트 11-38 a logo design that means for Artificial intelligence art for everyone

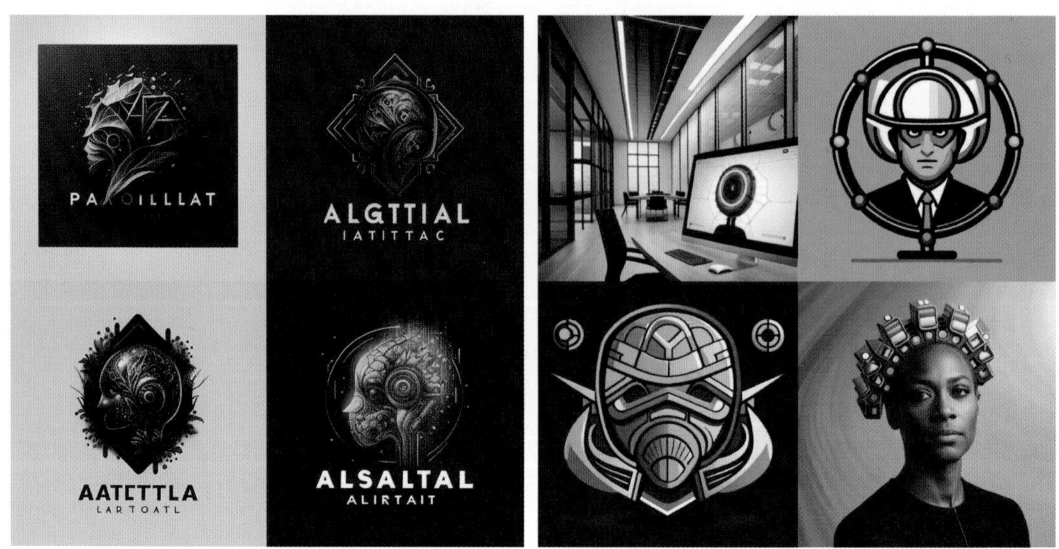

(a) 미드저니 (b) 블루윌로우

(c) 빙 Image Creator(달리) (d) 스테이블 디퓨전

그림 11-9. 프롬프트 11-38로 생성한 AI 생성 모델별 생성 이미지 예

❶ 로고의 스타일을 변화시켜 'art'를 의미하는 다양한 스타일의 로고를 생성해 봅시다.

프롬프트 11-39	a logo design that means art
프롬프트 11-40	a logo design that means art, modern style
프롬프트 11-41	a logo design that means art, classic style
프롬프트 11-42	a logo design that means art, vintage style
프롬프트 11-43	a logo design that means art, graphic style
프롬프트 11-44	minimalist logo for art

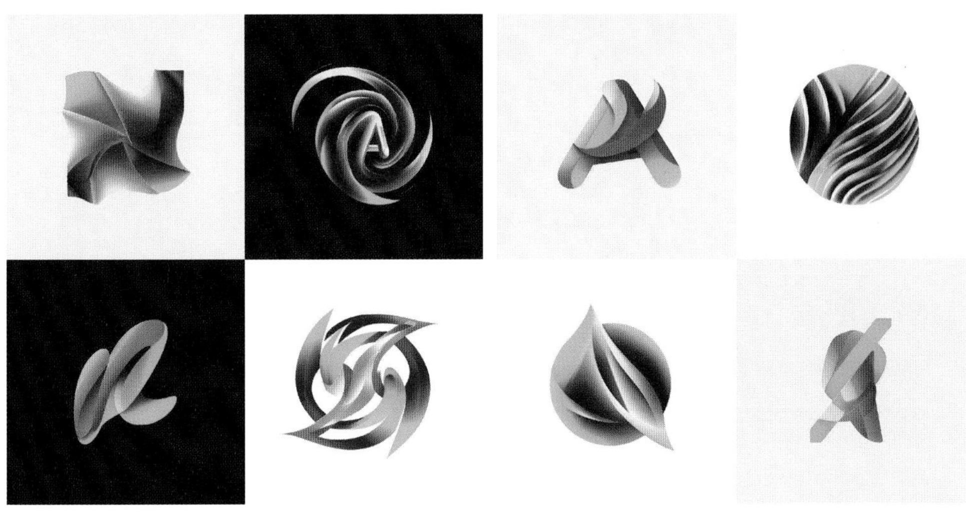

(a) logo design　　(b) logo design, modern style

(c) logo design, classic style　　(d) logo design, vintage style

(e) logo design, graphic style　　　　(f) minimalist logo

그림 11-10. 빙 Image Creator(달리)에서 **프롬프트 11-39** ~ **프롬프트 11-44**로 생성한 다양한 스타일의 로고 예

❷ 로고의 종류를 달리하여 'ai technical'을 의미하는 로고를 다양하게 생성해 봅시다.

프롬프트 11-45 `symbol logo meaning ai technical`

프롬프트 11-46 `wordmark logo for ai technical with the name " AI.T "`

프롬프트 11-47 `signature logo meaning ai technical`

프롬프트 11-48 `emblem logo meaning ai technical`

(a) symbol logo　　　　(b) wordmark logo

(c) signature logo (d) emblem logo

그림 11-11. 빙 Image Creator(달리)에서 **프롬프트 11-45** ~ **프롬프트 11-48**로 생성한 다양한 종류의 로고 예

❸ 글자색, 배경색과 문자 스타일을 지정하여 워드마크 로고를 생성해 봅시다.

프롬프트 11-49 `orthographic font wordmark logo for cafe with the name " cafe ", on orange background`

프롬프트 11-50 `pink color wordmark logo for flower shop with the name " Flora ", ridges minimal, on green background`

프롬프트 11-51 `red color wordmark logo for side dish shop with the name " chan ", ridges maximal, on yellow background`

프롬프트 11-52 `gold color wordmark logo for salon with the name " Salon ", cursive font, on purple background`

그림 11-12. 빙 Image Creator(달리)에서 **프롬프트 11-49** ~ **프롬프트 11-52**를 입력해 다양한 워드마크 로고를 완성한 예

❹ 브랜드명과 이미지를 지정하여 시그니처 로고를 생성해 봅시다.

프롬프트 11-53 signature logo for donuts cafe the name "Sweety", with a sweet doughnut emoticon

프롬프트 11-54 signature logo for noodle restaurant the name "YummYumm", with a delicious noodle emoticon

프롬프트 11-55 signature logo for passenger ship company the name "buddy", with a nice passenger ship emoticon

프롬프트 11-56 signature logo for auto workshop the name "Safecar", with nice maintenance equipment emoticon

그림 11-13. 빙 Image Creator(달리)에서 **프롬프트 11-53** ~ **프롬프트 11-56**을 입력해 다양한 시그니처 로고를 완성한 예

❺ 다양한 브랜드의 엠블럼 로고를 생성해 봅시다.

프롬프트 11-57 emblem logo for women's shoe company

프롬프트 11-58 emblem logo meaning fitness center surrounded by a phrase

프롬프트 11-59 Ballet School emblem logo surrounded by the word "beaut"

프롬프트 11-60 emblem logo for juice company surrounded by a phrase that says "fresh juice"

그림 11-14. 빙 Image Creator(달리)에서 **프롬프트 11-57** ~ **프롬프트 11-60**을 입력해 다양한 엠블럼 로고를 완성한 예

12장

상품 및 패션 디자인을 위한 이미지 생성

학습목표

AI 생성 모델은 상품 및 패션 디자인 분야에서 널리 활용되며, 구체적인 프롬프트를 사용하여 다양한 아이디어를 손쉽게 얻을 수 있습니다. 이 장에서는 디자인 요소를 프롬프트에 적용하여 상품과 패션 디자인을 어떻게 수행하는지 알아보겠습니다.

12.1

AI ART

상품 디자인

상품 디자인을 진행하는 방법은 다음의 5단계를 따를 수 있습니다.

- **문제 정의** : 상품 디자인의 목적과 요구사항을 명확하게 정의합니다. 어떤 종류의 상품을 디자인할 지 원하는 스타일, 기능, 크기, 재료 등을 고려하여 목표를 설정합니다.
- **텍스트 입력 생성** : 달리(DALL · E)를 이용하여 텍스트 입력을 생성합니다. 생성하고자 하는 상품의 특징, 디자인 요소, 기능 등을 텍스트로 작성합니다. 예를 들어, "현대적인 디자인의 목욕 가운", "우아한 디자인의 철제 의자", "창의적인 디자인의 새로운 커피잔"과 같은 텍스트를 사용할 수 있습니다.
- **이미지 생성** : 생성한 텍스트 입력을 달리에 입력하여 이미지를 생성합니다. 달리는 텍스트 입력을 이해하고 이미지를 생성합니다. 생성된 이미지를 확인하고, 원하는 디자인에 부합하는지 평가합니다.
- **디자인 수정 및 반복** : 생성된 이미지를 기반으로 디자인을 수정하고, 필요에 따라 반복하여 개선합니다. 색상, 크기, 형태, 디테일 등을 조정하여 원하는 디자인에 가까워지도록 합니다.
- **디자인 완료 및 활용** : 디자인이 완료되면 최종 결과물을 평가하고, 필요에 따라 추가적인 보완 작업을 수행한 후, 디자인을 완료합니다. 완성된 디자인은 다양한 방식으로 활용될 수 있으며, 상품 제작, 마케팅, 시각적인 표현 등에 활용할 수 있습니다.

달리로 아보카도 의자 디자인

앞서 배운 생성형 이미지 서비스는 창의적인 디자인을 구체화하여 이에 대한 이미지를 만드는데 큰 도움을 줍니다. 〈5장〉에서 살펴본 달리를 이용하여 아보카도 의자를 디자인하겠습니다. 달리에 접속하여 **프롬프트 12-1**을 입력합니다.

프롬프트 12-1 An armchair in the shape of an avocado

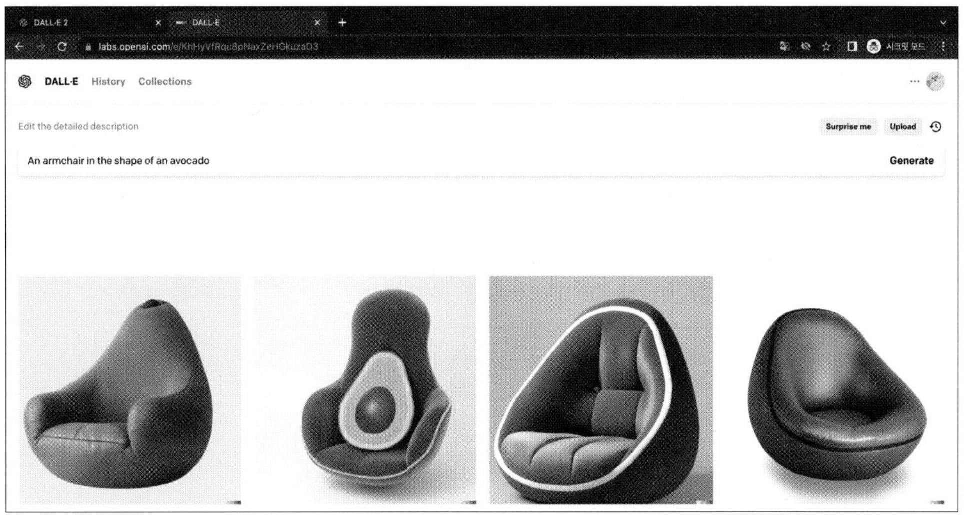

그림 12-1. 프롬프트 12-1을 입력한 결과로 생성된 이미지

마음에 드는 디자인의 이미지를 선택한 후 〔Variation〕 메뉴를 사용하여 이미지를 생성합니다.

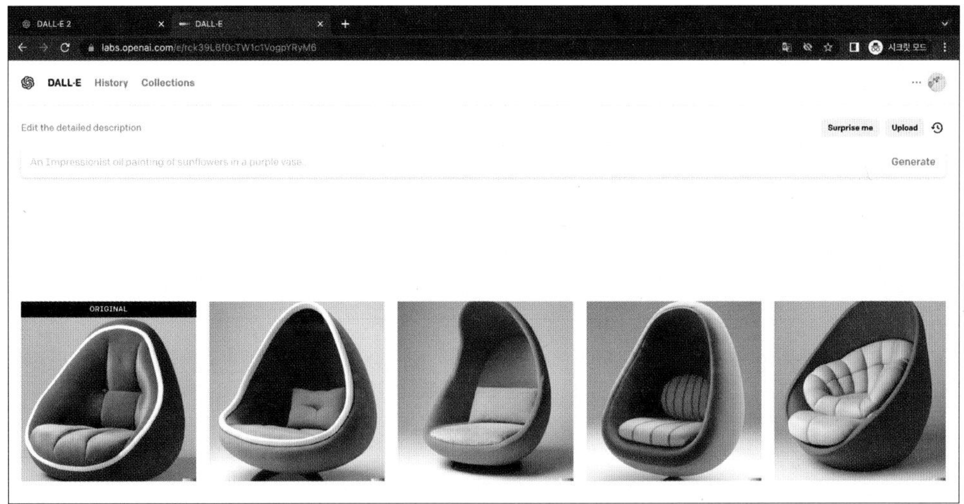

그림 12-2. Variations 메뉴로 생성된 이미지들

이와 같은 방법으로 달리와 엔진을 공유하고 크레딧 사용에 여유가 있는 빙 Image Creator에서도 디자인 이미지를 생성할 수 있습니다.

12.2 패션 디자인

AI 아트 엔진을 활용하여 패션 디자인을 하는 방법은 상품 디자인을 하는 방법과 유사합니다. 다만, 패션 디자인의 경우 의류나 액세서리 등의 디자인을 생성해야 하므로, 디자인 요소를 조합하여 생성된 이미지를 활용해야 합니다. 이때 디자인 요소는 옷의 형태, 색상, 패턴, 소재 등이 될 수 있습니다.

빙 Image Creator로 패션 디자인

원하는 디자인 요소를 넣어 프롬프트를 완성합니다. 예를 들어, '두 가지 색으로 이루어진 체크 패턴 남성용 자켓', '플라워 패턴의 여성용 드레스' 등의 프롬프트를 만들 수 있습니다. 완성된 프롬프트를 이용해서 패션 디자인을 해 볼까요?

프롬프트 12-2 두 가지 색으로 이루어진 체크 패턴 남성용 자켓

그림 12-3. 프롬프트 12-2를 입력하여 생성한 이미지

프롬프트 12-3 플라워 패턴의 여성용 드레스

그림 12-4. 프롬프트 12-3을 입력하여 생성한 이미지

프롬프트 12-4 특이한 패턴의 셔츠 디자인

그림 12-5. 프롬프트 12-4를 입력하여 생성한 이미지

다양한 프롬프트를 완성하여 직접 패션 디자인을 해 봅시다. 간단한 프롬프트와 생성 모델을 이용하여 사용자는 패션 디자이너가 될 수 있습니다.

13장

생활 속 인공지능 이미지의 적용

학습목표

AI 생성 모델을 통해 생성된 이미지는 다양한 분야에서 유용하게 활용될 수 있습니다. 그중에서도 핸드폰 배경화면, 개인 명함, 생일 초대장 등을 손쉽게 만들 수 있습니다. 이 장에서는 나만의 배경화면, 명함, 초대장을 디자인하고 만드는 방법을 살펴보겠습니다.

13.1

AI ART

명함 디자인

명함은 인적 네트워크를 구축하고 유지하기 위하여 주고받거나, 브랜드를 홍보할 때 사용되며 다른 사람들이 쉽게 연락할 수 있도록 하는 중요한 도구입니다. 이미지 생성 AI 모델을 활용하면, 나만의 명함을 원하는 스타일로 디자인할 수 있습니다. 기업 홍보를 위해 사용되는 명함에는 〈11장〉 2절의 로고 디자인을 참고하여 원하는 로고를 적용한 명함을 제작할 수도 있습니다. 명함의 목적에 맞게 프롬프트를 구성하여 나만의 명함을 디자인해 봅시다.

명함 디자인 주요 프롬프트 구성

명함 디자인을 위한 이미지를 생성하기에 앞서 주요 프롬프트 구성을 알아봅시다. 다음 표 13-1은 로고 디자인을 하기 위한 프롬프트 예시입니다. 각 프롬프트를 응용하여 원하는 명함을 다양하게 디자인할 수 있습니다.

표 13-1. 명함 디자인을 위한 프롬프트

기능	프롬프트
명함의 주요 목적	for networking for advertising
스타일 지정	creative style professional style --v 5 --v 4 --v 3
로고 지정	wordmark logo meaning ○○○ signature logo meaning ○○○
색상(이미지) 지정	white, purple aqua blue with ○○○
레이아웃 지정	a horizontal business card a vertical business card

명함 디자인 실습

프롬프트의 주요 구성을 응용하여 다양한 명함을 디자인해 봅시다.

❶ 명함의 목적과 스타일, 레이아웃을 변경하여 다양한 디자인의 명함을 생성합니다.

프롬프트 13-1	design of business card, art, creative --v 4
프롬프트 13-2	design of business card, art, creative --v 5

(a) --v 4

(b) --v 5

프롬프트 13-3	business card for advertising with flower shop
프롬프트 13-4	a vertical business card for advertising Pilates Center with address, in professional style, watermark logo meaning Pilates Center
프롬프트 13-5	a horizontal business card for networking with Webtoon writer name and contact, in a creative style, signature logo meaning for Webtoon
프롬프트 13-6	business card for networking, in professional style with a signature logo meaning Veterinary Doctor

(c) for advertising

(d) for advertising, with address, watermark logo

(e) a horizontal, for networking,signature logo

(f) for networking, signature logo

그림 13-1. 미드저니에 프롬프트 13-1 ~ 프롬프트 13-6로 생성한 다양한 명함의 예

❷ 미드저니의 파일 업로드 기능을 사용하여 url을 생성하고, 생성된 url을 프롬프트에 넣어 회사 로고를 반영한 명함을 생성합니다.

프롬프트 13-7 `https://s.mj.run/VOqQNIinq6M, design of business card, art, creative, white, purple --v 5`

그림 13-2. 미드저니에 **프롬프트 13-7**로 생성한 명함의 예

13.2 초대장 디자인

생일 파티, 결혼식, 환송회 등 초대장이 필요한 상황은 여러 가지가 있습니다. 이런 행사들은 친구나 가족, 동료나 지인들과 함께 즐기고 싶은 특별한 날입니다. 그래서 초대장을 보내는 것은 그 날의 분위기와 감동을 미리 전달하는 중요한 일입니다. 이미지 생성 AI 모델을 활용하면 사용자의 디자인 실력에 관계 없이 단시간에 무료(혹은 저비용)로 자신만의 초대장을 디자인할 수 있습니다. 다양한 초대장 디자인을 실습해 보며, 그 속에서 새로운 영감을 찾아 나만의 재미있고 특별한 초대장을 만들어 봅시다.

초대장 디자인 주요 프롬프트 구성

AI 생성 모델로 초대장 디자인을 위한 이미지를 생성하기에 앞서 주요 프롬프트 구성을 알아봅시다. 다음 표 13-2는 결혼식 초대장을, 표 13-3은 생일 파티 초대장을 위한 프롬프트 예시입니다. 각 프롬프트를 응용하여 원하는 초대장을 다양하게 디자인할 수 있습니다.

표 13-2. 결혼식 초대장 디자인을 위한 프롬프트

지정	프롬프트
스타일 지정	Classic and Elegant Rustic and Natural Modern and Minimalist Romantic and Whimsical

표 13-3. 생일 파티 초대장 디자인을 위한 프롬프트

지정	프롬프트
스타일 지정	cute style Bright and Colorful with a picture of a birthday party princess and hero costume theme
대상 지정	for a child 7 year old child Teenage friends

초대장 디자인 실습

프롬프트의 주요 구성을 응용하여 주제별로 초대장을 디자인해 봅시다.

❶ 미드저니로 초대장의 스타일을 변경하여 다양한 결혼식 초대장을 디자인합니다.

프롬프트 13-8	`Wedding invitation with Classic and Elegant style`
프롬프트 13-9	`Wedding invitation with Rustic and Natural style`
프롬프트 13-10	`Wedding invitation with Modern and Minimalist style`
프롬프트 13-11	`Wedding invitation with Romantic and Whimsical style`

(a) Classic and Elegant style

(b) Rustic and Natural style

(c) Modern and Minimalist style

(d) Romantic and Whimsical style

그림 13-3. 미드저니에 **프롬프트 13-8** ~ **프롬프트 13-11**로 생성한 다양한 스타일의 결혼식 초대장의 예

❷ 미드저니로 스타일과 대상을 지정하여 다양한 생일 파티 초대장을 디자인합니다.

프롬프트 13-12 7 year old child's birthday party friend invitation, cute style

프롬프트 13-13 7 year old child's birthday party friend invitation, Bright and Colorful

프롬프트 13-14 Teenage friends' birthday party invitations, princess and hero costume theme

프롬프트 13-15 Birthday party invitation for a child with a picture of a birthday party

(a) 7 year old child, cute style

(b) 7 year old child, Bright and Colorful

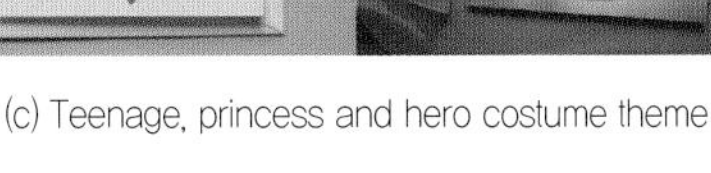

(c) Teenage, princess and hero costume theme

(d) for a child with a picture

그림 13-4. 미드저니에 **프롬프트 13-12** ~ **프롬프트 13-15**로 생성한 다양한 스타일의 결혼식 초대장의 예

13.3 휴대폰 배경화면 디자인

사람들은 자신의 취향과 성격, 기분에 따라 핸드폰 배경화면을 선택합니다. 이미지 생성 AI 모델을 활용하면 나만의 특별한 휴대폰 배경화면을 디자인할 수 있습니다. 좋아하는 풍경이나 동물, 사람, 색상, 스타일 등으로 프롬프트를 구성하여 나만의 배경화면을 디자인해 봅시다.

휴대폰 배경화면 디자인 주요 프롬프트 구성

표 13-4. 핸드폰 배경화면 디자인을 위한 주요 프롬프트 구성

지정	프롬프트
스타일 지정	pictures for mobile phone wallpapers
이미지 가로세로 비율 지정	--ar 9:16(인스타, 스냅챗 사이즈 비율)

휴대폰 배경화면 디자인 실습

다양한 주제의 휴대폰 배경화면을 생성하는 프롬프트를 입력하여 디자인해 봅시다.

프롬프트 13-16 `pictures for mobile phone wallpapers, Emerald sea --ar 9:16`

프롬프트 13-17 `pictures for mobile phone wallpapers, Game, Fantasy Style --ar 9:16`

프롬프트 13-18 `Tottenham football stadium, a wide, bright yellow-green grass pitch --ar 9:16`

프롬프트 13-19 `pictures for mobile phone wallpapers, Cityscape with a view of the Eiffel Tower --ar 9:16`

프롬프트 13-20 `pictures for mobile phone wallpapers, Illustration of a kitten --ar 9:16`

프롬프트 13-21 `pictures for mobile phone wallpapers, Illustration of cute fruit characters arranged --ar 9:16`

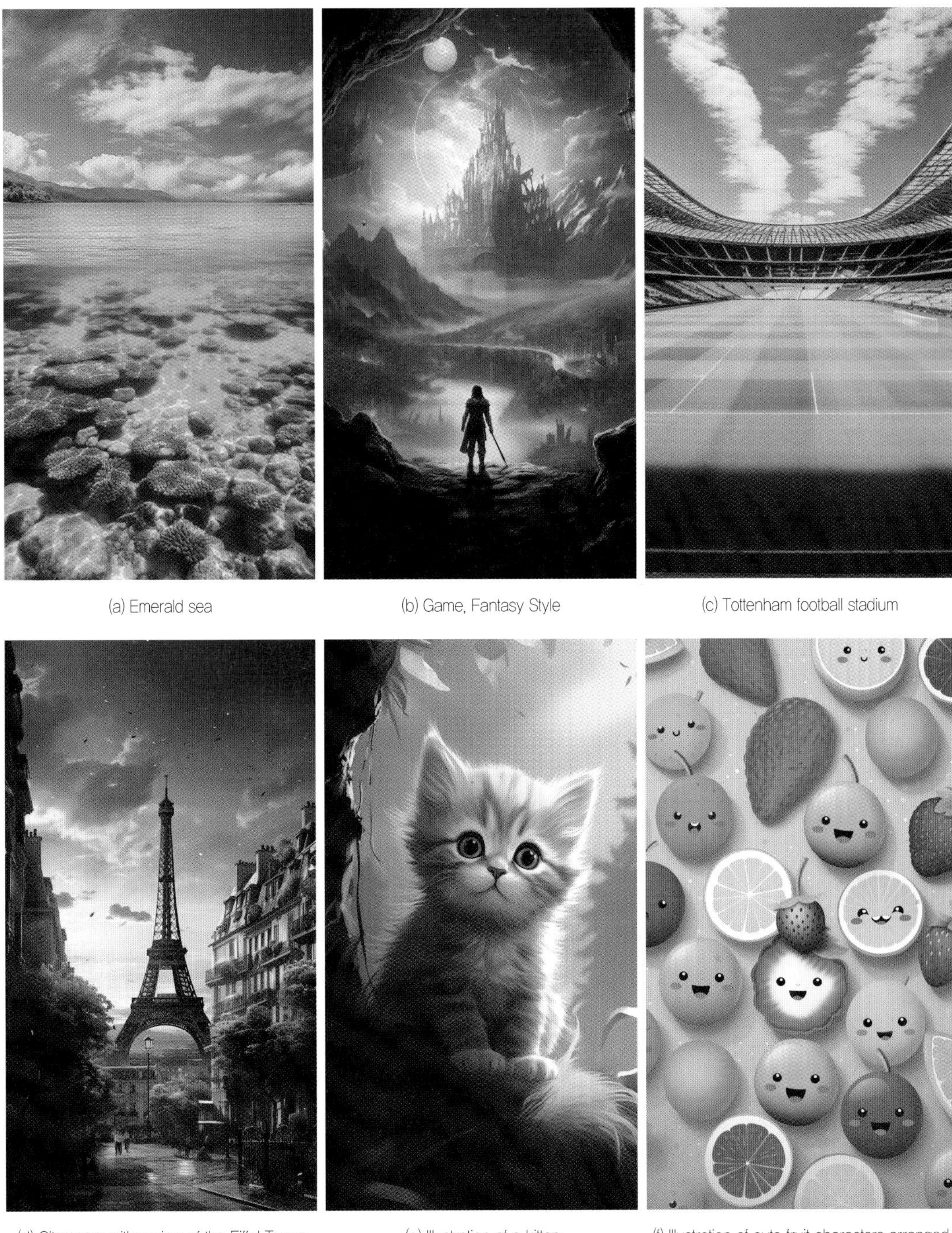

(a) Emerald sea

(b) Game, Fantasy Style

(c) Tottenham football stadium

(d) Cityscape with a view of the Eiffel Tower

(e) Illustration of a kitten

(f) Illustration of cute fruit characters arranged

그림 13-5. 미드저니에 **프롬프트 13-16** ~ **프롬프트 13-21**로 생성한 휴대폰 배경 화면의 예

13.4 컬러링북 디자인

컬러링북은 스트레스 해소와 명상 효과뿐만 아니라 창의력, 집중력, 소근육 발달, 치매 예방 등 여러 가지 효과를 가진 활동입니다. 이미지 생성 AI 모델을 활용하면 사용 대상, 소재, 원하는 스타일을 반영한 자신만의 컬러링북을 쉽고 빠르게 만들 수 있습니다. 좋아하는 캐릭터를 프롬프트 입력문에 넣어 캐릭터 컬러링북을 손쉽게 만들 수도 있습니다. 생성된 컬러링북 이미지를 다운로드하고 인쇄하여 즐겁게 컬러링북 활동을 즐겨봅시다.

단, 이미지 생성 AI 모델을 이용한 컬러링북을 상업적 목적으로 사용할 경우, 각 이미지 생성 AI 모델 사이트의 이용약관과 캐릭터의 저작권을 반드시 확인하길 바랍니다.

컬러링북 디자인 주요 프롬프트 구성

표 13-5. 컬러링북 디자인을 위한 프롬프트

지정	프롬프트
컬러링북 스타일 (○○○ 사용 대상)	Coloring book OOO coloring book Coloring book style for ○○○ easy-to-color coloring book for ○○○ coloring design that is easy for ○○○ to color
소재 이미지 스타일 (○○○ 소재명)	cute ○○○ super cute ○○○
선 굵기 지정	thick outline thick line border
색상 없애기	no color colorless black and white
파라미터	--niji 5 (모델 버전 : 일본 아니메 스타일 중점의 모델, 값 범위 4, 5) --style cute (niji 5 스타일 중 하나) --s 25 (미드저니 기본 미적 스타일의 적용, 기본값 100, 값 범위 0~1000)

AI 생성 모델별 컬러링북 디자인

대표 이미지 생성 AI 모델인 미드저니, 블루윌로우, 빙 Image Creator(달리), 스테이블 디퓨전의 네 가지 서비스별로 프롬프트를 입력하여 생성한 이미지는 다음과 같습니다. 이미지 생성 AI 모델마다 어떻게 다른지 살펴보세요. 마이크로소프트의 빙 이미지 크리에이터는 프롬프트를 영문뿐만 아니라 한글 입력으로도 이미지가 생성된다는 장점이 있습니다. 자신의 취향에 적합한 이미지를 생성해 주는 이미지 생성 AI 모델을 사용하여 자신만의 컬러링북을 디자인해 봅시다.

프롬프트 13-22 Cute baby lion coloring design that is easy for infants to color, thick line border, colorless

(a) 미드저니 (b) 블루윌로우

(c) 빙 Image Creator(달리) (d) 스테이블 디퓨전

그림 13-6. 프롬프트 13-22에 대해 이미지 생성 AI 모델별 예

컬러링북 디자인 실습

❶ 미드저니로 사용 대상을 변화시키며 다양한 컬러링북을 디자인합니다.

프롬프트 13-23 Coloring book style for babys, black and white, a robot, thick outline, no color

프롬프트 13-24 Coloring book style for kids, black and white, a robot, thick outline, no color

프롬프트 13-25 Coloring book style for teenager, black and white, a robot, thick outline, no color

프롬프트 13-26 Coloring book style for adults, black and white, a robot, thick outline, no color

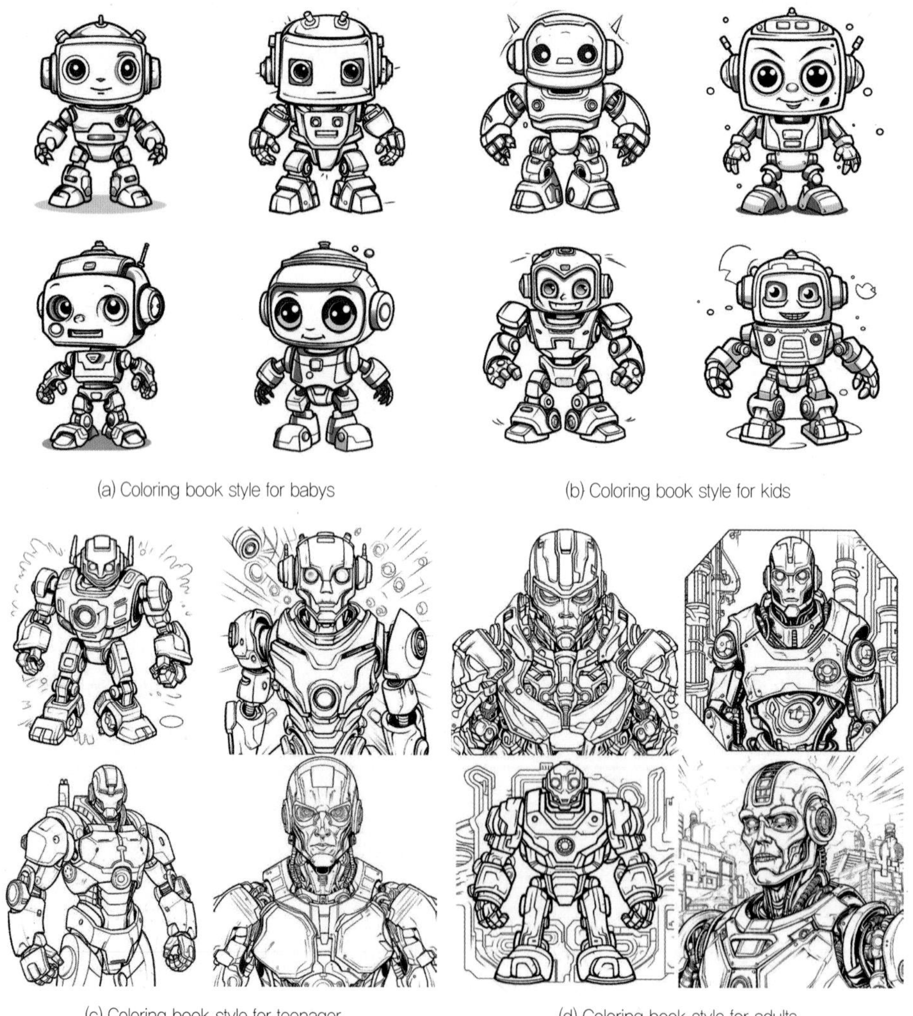

(a) Coloring book style for babys

(b) Coloring book style for kids

(c) Coloring book style for teenager

(d) Coloring book style for adults

그림 13-7. 미드저니에 **프롬프트 13-23** ~ **프롬프트 13-26**을 입력해 생성한 컬러링북 예

❷ 미드저니로 파라미터 명령어를 변화시키며 다양한 컬러링북을 디자인합니다.

프롬프트 13-27 A cute Tyrannosaurus coloring design that is easy for infants to color, thick line border, colorless --v 5.2

프롬프트 13-28 A cute Tyrannosaurus coloring design that is easy for infants to color, thick line border, colorless --niji 4

프롬프트 13-29 A cute Tyrannosaurus coloring design that is easy for infants to color, thick line border, colorless --niji 5

프롬프트 13-30 A cute Tyrannosaurus coloring design that is easy for infants to color, thick line border, colorless --niji 5 --style cute

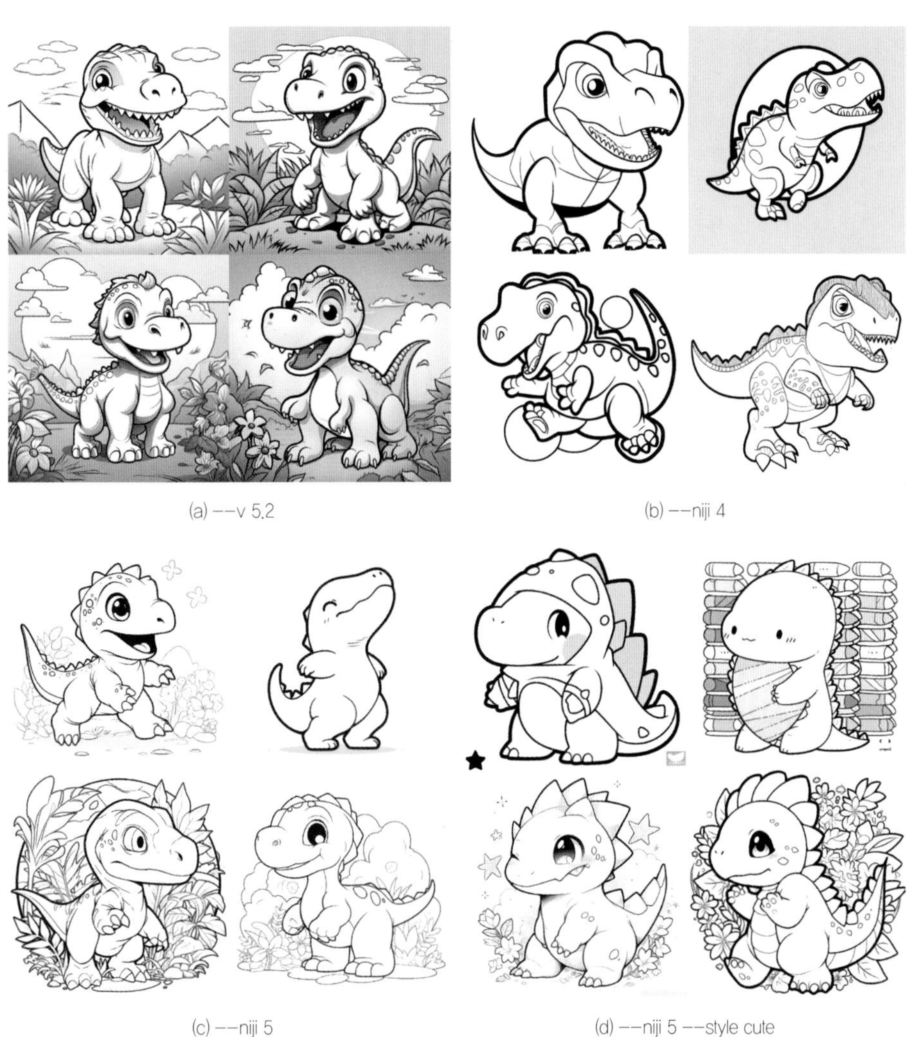

(a) --v 5.2 (b) --niji 4

(c) --niji 5 (d) --niji 5 --style cute

그림 13-8. 미드저니에 **프롬프트 13-27** ~ **프롬프트 13-30**을 입력해 생성한 컬러링북 예

프롬프트 13-31 Coloring book style for kids, black and white, a child with an umbrella under a pretty rainbow, thick outline, low detail, no color --s 0 --niji 5 --style cute

프롬프트 13-32 Coloring book style for kids, black and white, a child with an umbrella under a pretty rainbow, thick outline, low detail, no color --s 25 --niji 5 --style cute

프롬프트 13-33 Coloring book style for kids, black and white, a child with an umbrella under a pretty rainbow, thick outline, low detail, no color --niji 5 --style cute

프롬프트 13-34 Coloring book style for kids, black and white, a child with an umbrella under a pretty rainbow, thick outline, low detail, no color --s 200 --niji 5 --style cute

(e) --s 0 --niji 5 --style cute

(f) --s 25 --niji 5 --style cute

(g) --niji 5 --style cute

(h) --s 200 --niji 5 --style cute

그림 13-9. 미드저니에 **프롬프트 13-31** ~ **프롬프트 13-34**를 입력해 생성한 컬러링북 예

프롬프트 13-35 Coloring book style for kids, black and white, a child with an umbrella under a pretty rainbow, thick outline, low detail, no color --s 0 --v 5

프롬프트 13-36 Coloring book style for kids, black and white, a child with an umbrella under a pretty rainbow, thick outline, low detail, no color --s 25 --v 5

프롬프트 13-37 Coloring book style for kids, black and white, a child with an umbrella under a pretty rainbow, thick outline, low detail, no color --s 75 --v 5

프롬프트 13-38 Coloring book style for kids, black and white, a child with an umbrella under a pretty rainbow, thick outline, low detail, no color --v 5

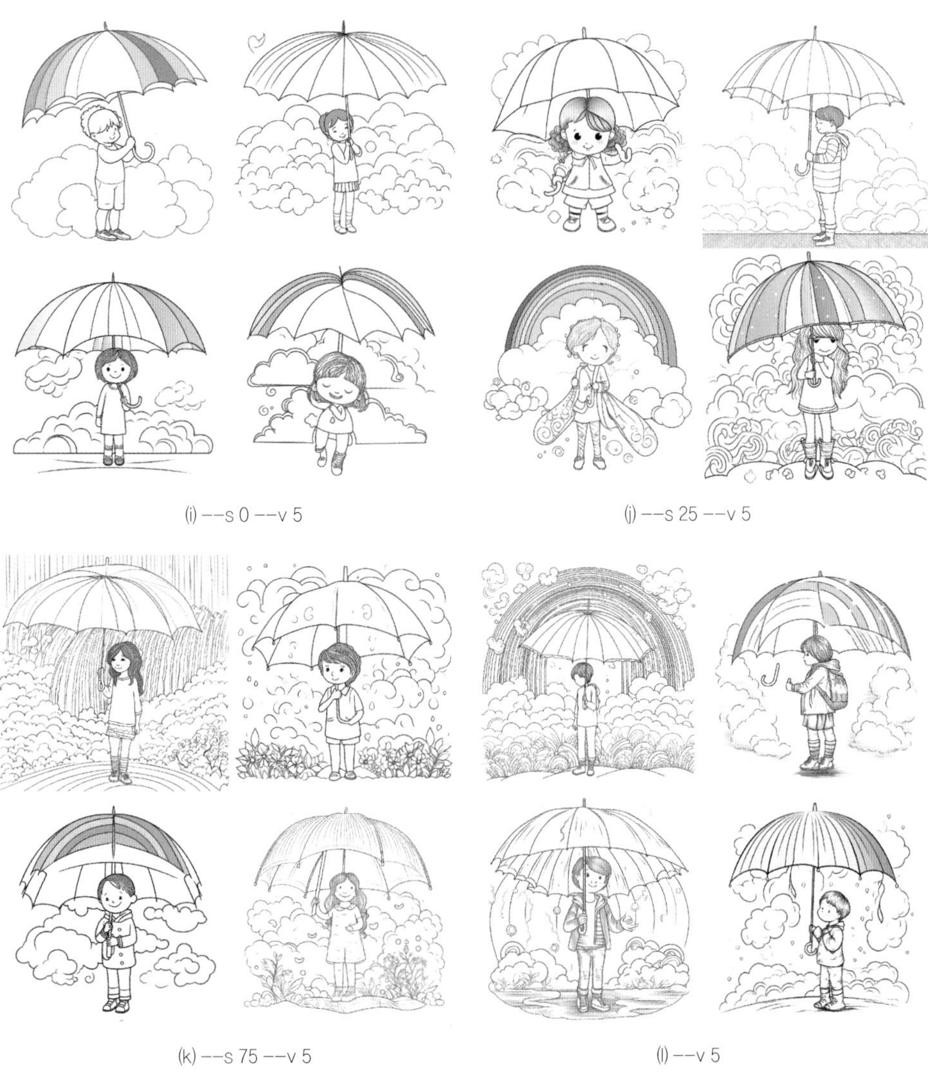

(i) --s 0 --v 5

(j) --s 25 --v 5

(k) --s 75 --v 5

(l) --v 5

그림 13-10. 미드저니에 **프롬프트 13-35** ~ **프롬프트 13-38**을 입력해 생성한 컬러링북 예

❸ 빙 Image Creator(달리)에 다양한 컬러링북을 디자인합니다.

프롬프트 13-39 유아들이 색칠하기 쉬운 귀여운 자동차 색칠공부 도안

프롬프트 13-40 유아들이 색칠하기 쉬운 기린 이미지 색칠공부 도안

프롬프트 13-41 유아들이 색칠하기 쉬운 아름다운 공주 색칠공부 도안

프롬프트 13-42 유아들이 색칠하기 쉬운 귀여운 해마 이미지 색칠공부 도안

(a) 유아, 귀여운 자동차

(b) 유아, 기린

(c) 유아, 아름다운 공주

(d) 유아, 귀여운 해마

그림 13-11. 빙 Image Creator(달리)에 **프롬프트 13-39** ~ **프롬프트 13-42**를 입력해 생성한 컬러링북 예

프롬프트 13-43 중학생을 위한 컬러링 도안, 아름다운 풍경

프롬프트 13-44 중학생을 위한 색칠공부 도안, 예쁜 컵케이크

프롬프트 13-45 성인 색칠공부 도안, 아름다운 꽃다발과 꽃병

프롬프트 13-46 성인 색칠공부 도안, 아름다운 도시, 밤 풍경

(e) 중학생, 아름다운 풍경

(f) 중학생, 예쁜 컵케이크

(g) 성인, 아름다운 꽃다발과 꽃병

(h) 성인, 아름다운 도시, 밤 풍경

그림 13-12. 빙 Image Creator(달리)에 **프롬프트 13-43** ~ **프롬프트 13-46**을 입력해 생성한 컬러링북 예

우리는 지금까지 AI를 통한 아트의 창조와 디자인에 몰입했습니다. 그러나 창작물은 단순히 만드는 것만으로 그치지 않습니다. 그것을 세상에 보여 주고 공유하는 과정 역시 중요한 단계입니다. 여러분의 아이디어가 프롬프트를 통해 현실로 구현되는 순간, 그리고 그 작품이 온라인과 메타버스 공간에서 공유되는 과정을 통해 여러분의 창의력은 새로운 차원의 성장을 이룰 것입니다. 셋째 마당에서는 단순한 창작물을 넘어, 세상과 소통하며 가치를 창출하는 AI 아트의 진정한 의미를 함께 찾아봅시다!

셋째마당

AI 아트 작품 전시

1 4 장

메타버스 공간에서의 작품 전시회

학 습 목 표

AI 생성 모델을 활용하여 작품을 완성했다면, 이제 작품을 전시하는 단계에 들어갑니다. 실제 전시 공간을 통해 작품을 소개하는 것도 좋지만, 가상 공간에서도 작품을 전시할 수 있습니다. 이 장에서는 디스코드, 패들렛, 메타버스 플랫폼을 활용하여 가상 공간 전시회를 개최하는 방법을 살펴보겠습니다.

14.1 패들렛

패들렛(Padlet)은 가상의 벽에 이미지, 비디오, 링크, 파일, 텍스트 등 다양한 콘텐츠를 올리고 공유할 수 있는 온라인 협업 도구입니다. 패들렛은 누구나 쉽게 사용할 수 있는 간단하고 직관적인 인터페이스를 제공하며, 다양한 서식을 선택하여 자신의 목적에 맞게 사용할 수 있습니다.

패들렛의 핵심 기능은 "게시물"이라고 불리는 작은 사각형 공간입니다. 게시물에는 텍스트 외에도 이미지, 비디오, 링크, 파일 등 여러 형식의 콘텐츠를 첨부할 수 있습니다. 게시물에는 댓글이나 반응을 달아 의견을 나누거나 피드백을 받을 수도 있습니다.

패들렛은 다양한 분야에서 활용될 수 있습니다. 교육에서는 학생들과 과제를 공유하거나 프로젝트의 아이디어를 모으고 공유하는 데 사용할 수 있습니다. 비즈니스에서는 회의에서 아이디어를 나누거나 팀 프로젝트를 협업하는 데 쓸 수 있습니다. 개인적으로는 패들렛을 자신의 아이디어를 정리하고 관리하는 도구로 활용할 수 있습니다.

패들렛의 프라이버시 기능을 이용하면 게시물의 공개 범위를 조절할 수 있습니다. 비공개로 설정하면 게시물을 자신만 볼 수 있고, 비밀번호로 설정하면 비밀번호를 입력해야만 게시물에 접근할 수 있습니다. 비밀로 설정하면 사용자가 직접 초대한 사람들과만 게시물을 공유할 수 있고, 공개로 설정하면 모든 사람이 게시물을 볼 수 있습니다. 방문자는 로그인하지 않아도 공개된 패들렛에 접근할 수 있지만, 로그인한 방문자만 접근 가능하도록 설정을 바꾸거나 권한(게시물 읽기, 작성, 타인의 게시물 편집 및 승인)을 부여할 수도 있습니다.

패들렛은 무료 버전과 유료 버전으로 제공됩니다. 유료 버전에서는 더 많은 기능과 저장 공간을 이용할 수 있고, 무료 버전에서는 3개까지 패들렛을 생성하고 공유할 수 있습니다. 패들렛은 웹 브라우저로 접속할 수 있으며, 모바일 앱도 지원됩니다. 크롬북(Chromebook), 맥(Mac), PC, iOS, Android 등 다양한 장치에서 사용할 수 있습니다.

패들렛으로 작품 전시

패들렛은 다양한 서식으로 활용할 수 있습니다. 대표적인 서식으로는 담벼락, 스트림, 그리드, 캔버스 등이 있습니다. 패들렛을 이용해서 미술작품 전시회를 열어볼까요? 앞으로 살펴볼 순서를 통해 쉽게 패들렛을 이용한 작품 전시회를 열 수 있습니다.

● 계정 생성과 로그인

브라우저 검색엔진을 통해 'Padlet'을 검색하고 홈페이지에 접속합니다. 계정을 생성하기 위해 상단 오른쪽 메뉴에서 〈가입하기〉 버튼을 클릭합니다.

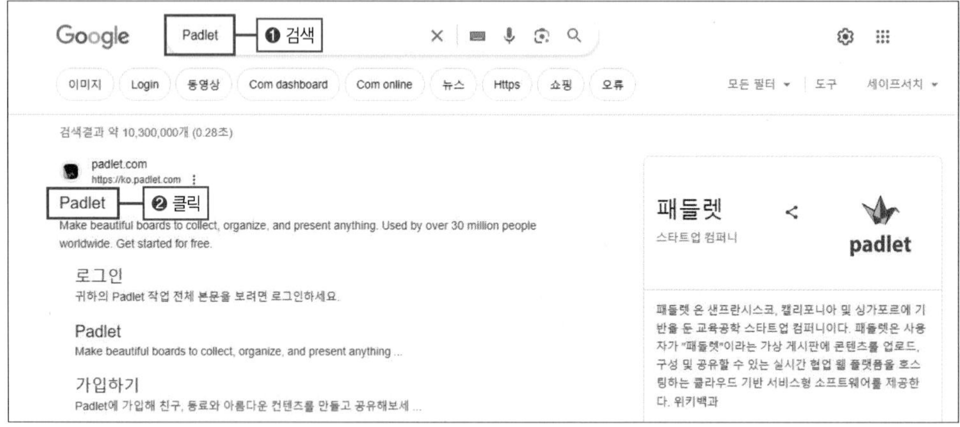

그림 14-1. 패들렛 사이트 화면

가입하기 화면이 표시되면 연동할 계정을 선택하거나 이메일을 입력하고 〈계속〉 버튼을 클릭합니다. Apple, Google, Microsoft 계정 또는 이메일을 이용해 가입할 수 있습니다.

그림 14-2. 로그인 계정 선택 화면

Neon의 〈Continue〉 버튼을 클릭하여 무료 버전을 이용할 수 있습니다.

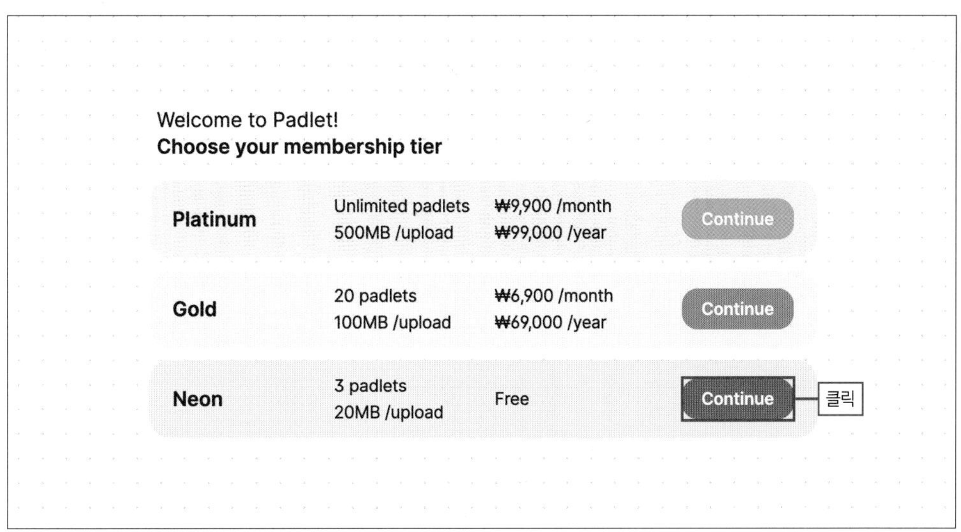

그림 14-3. 멤버십 설명 화면

Padlet에 오신 것을 환영합니다! Neon 등급이십니다. 화면이 표시되면 〈계속하기〉 버튼을 클릭하여 시작합니다.

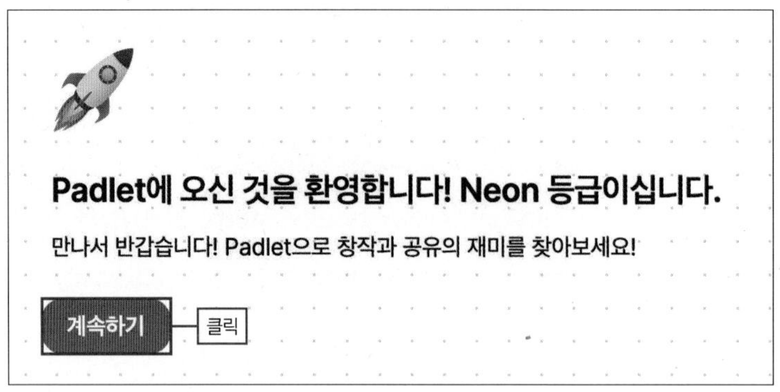

그림 14-4. 로그인 계정 선택 화면

● 패들렛 생성

로그인 후 〈Padlet 만들기〉 버튼을 클릭합니다. 여러 형식 중에서 미술 작품이나 전시회에 맞는 색상, 배경 등의 디자인을 고려하여 형식을 선택하는 것이 좋습니다. 전시회의 분위기나 미술작품의 감성에 맞는 형식을 선택하여 보다 매력적인 전시회를 구성할 수 있습니다.

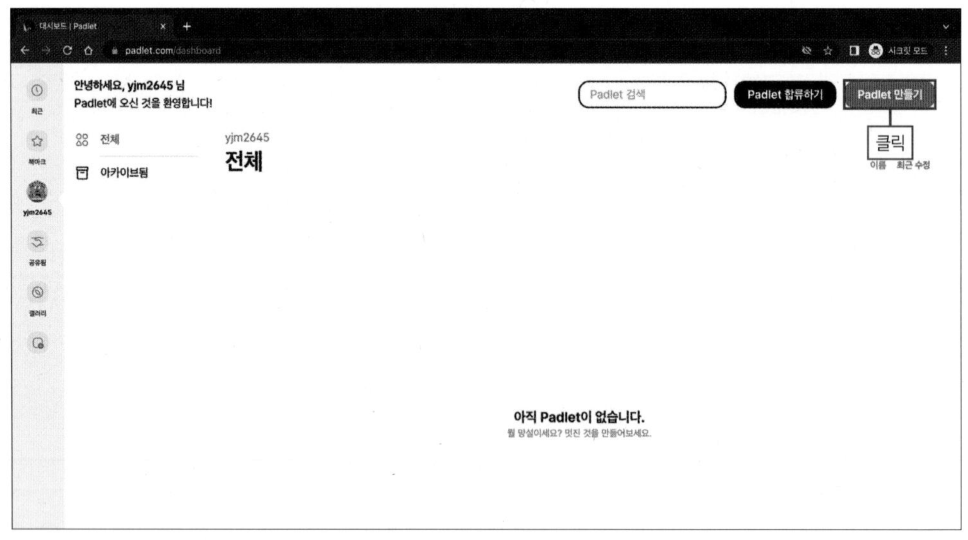

그림 14-5. 로그인 후 라이브러리 화면

형식의 종류에는 담벼락, 캔버스, 타임라인, 그리드, 스트림, 지도 등이 있습니다.

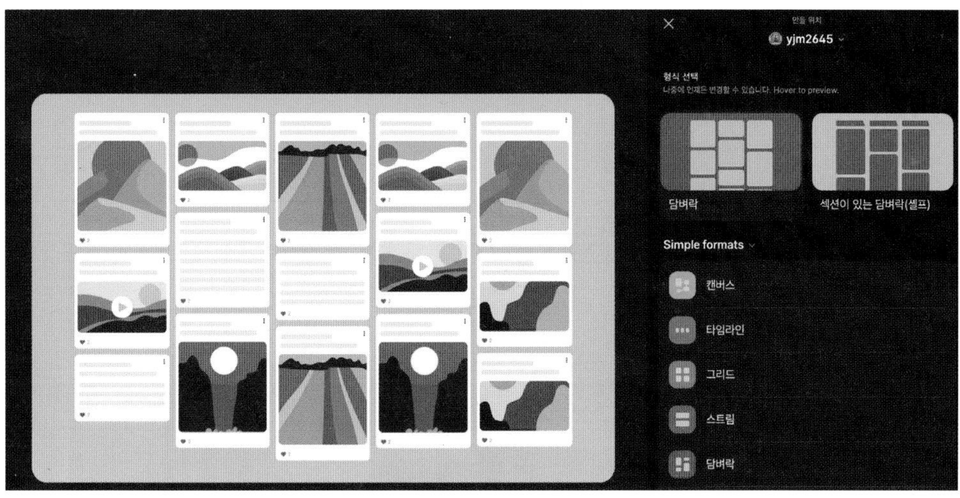

그림 14-6. 형식 선택 화면

설정을 통해 패들렛의 제목과 설명을 설정하고, 댓글과 반응의 활성화 여부를 설정할 수 있습니다.

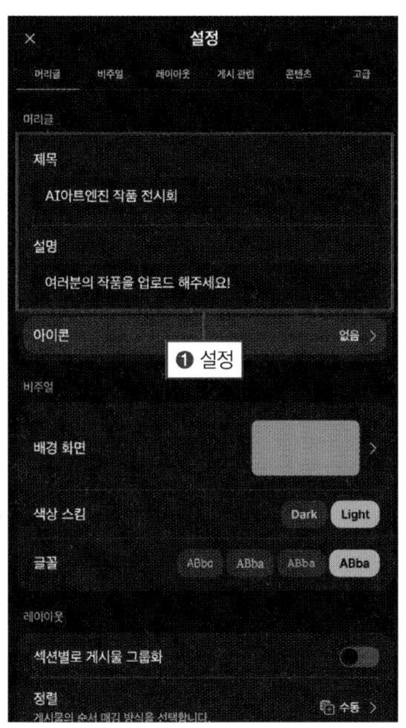

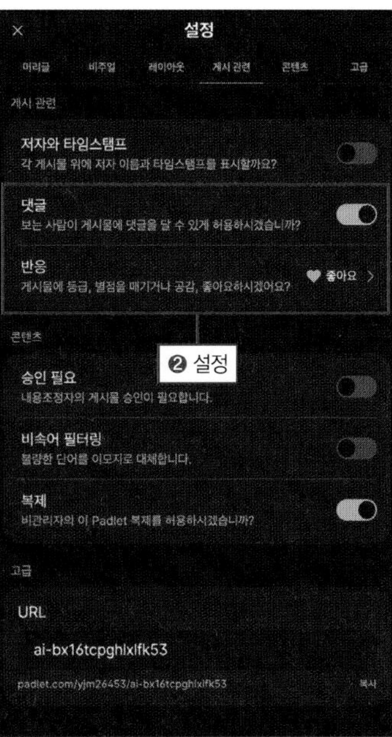

그림 14-7. 설정 화면

● 게시물 추가

〈+〉 버튼을 클릭하여 미술작품들의 이미지, 작가의 정보, 작품의 설명 등의 정보를 담은 게시물을 발행합니다. 작품들을 그룹으로 묶어 각각의 방을 만들 수도 있습니다.

그림 14-8. 패들렛 생성 후 화면

● 디자인 및 배치

전시회의 디자인과 배치를 결정합니다. 패들렛에서는 게시물을 이동하거나 크기를 조정하여 배치할 수 있습니다. 전시회의 테마에 맞는 배경 이미지를 추가할 수도 있습니다.

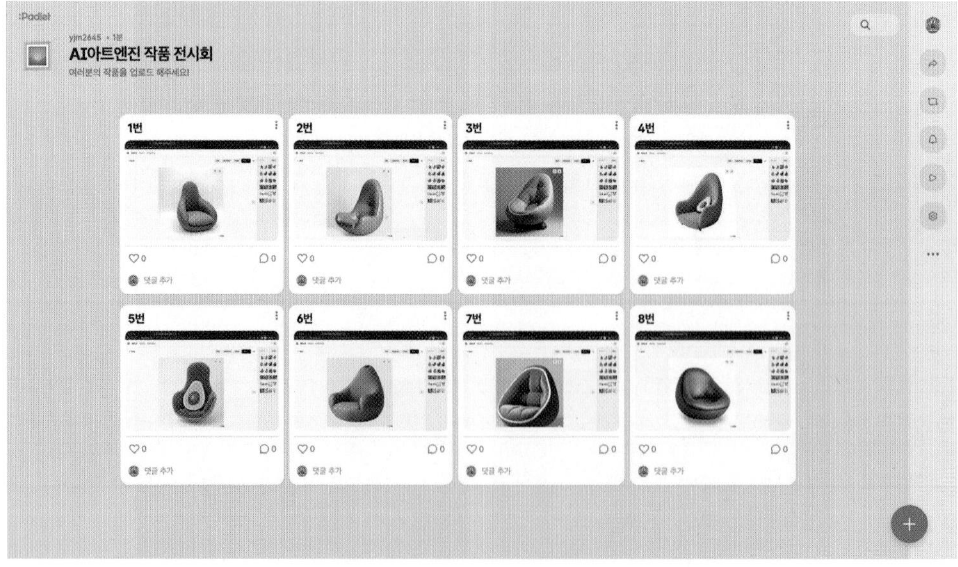

그림 14-9. 게시물을 추가한 후 화면

● 전시회 공유

〈공유〉 버튼을 클릭하여 전시회를 공유합니다. 패들렛에서는 전시회 링크를 생성하고, 다른 사용자와 공유할 수 있습니다. 또한 소셜 미디어에 공유할 수도 있습니다.

그림 14-10. 〈공유〉 버튼 클릭 후 활성화된 화면

전시회 링크를 통해 누구나 온라인으로 전시회를 즐길 수 있습니다. 사용자는 작품을 클릭하면 해당 작품의 게시물을 볼 수 있습니다. 또한 작품에 대한 코멘트를 남기거나 공유할 수도 있습니다. 패들렛을 이용하면 전시회를 직접 개최할 필요없이 온라인으로 쉽게 전시할 수 있으며, 누구든지 쉽게 접근하여 작품을 감상할 수 있습니다.

스페이셜

메타버스 공간에서 미술 작품 전시회를 열 수 있습니다. 실제 전시회 공간을 대여하여 작품을 전시하고 공유할 수 있지만, 가상 공간을 활용하면 다음과 같이 세 가지 장점이 있습니다.

- 시공간 제약이 없습니다.
- 전시회 운영 비용을 절감할 수 있습니다.
- 참여 인원수의 제한이 없습니다.

스페이셜로 작품 전시

스페이셜(Spatial)은 가상 현실 및 협업 플랫폼 중 하나로, 실제 세계와 비슷한 3D 환경에서 협업이 가능하도록 제작된 플랫폼입니다. 사용자는 3D 가상 공간에서 협업, 회의, 교육, 전시회 및 이벤트 등을 할 수 있습니다. 스페이셜은 머리에 착용하는 VR(가상 현실) 헤드셋을 사용하여 사용자들이 3D 가상 공간에서 상호작용을 할 수 있습니다. 또한 음성 명령, 제스처 인식, 터치 인터페이스 및 3D 객체 조작 등 다양한 인터페이스를 제공하여 사용자들이 자연스럽게 상호작용을 할 수 있도록 도와줍니다. 스페이셜은 실시간으로 화상 회의를 할 수 있는 기능도 제공하여, 물리적으로 멀리 떨어져 있는 사람들도 마치 같은 공간에 있는 것처럼 협업할 수 있도록 도와줍니다. 그럼 스페이셜을 이용해서 미술작품 전시회를 열어볼까요?

● 계정 생성과 로그인

스페이셜을 사용하려면 스페이셜 웹 사이트(https://www.spatial.io/)에 접속하여 계정을 생성해야 합니다. 웹 브라우저 검색창에서 'Spatial'을 입력하여 검색하고 가장 처음에 표시되는 링크를 클릭하여 홈페이지에 접속합니다.

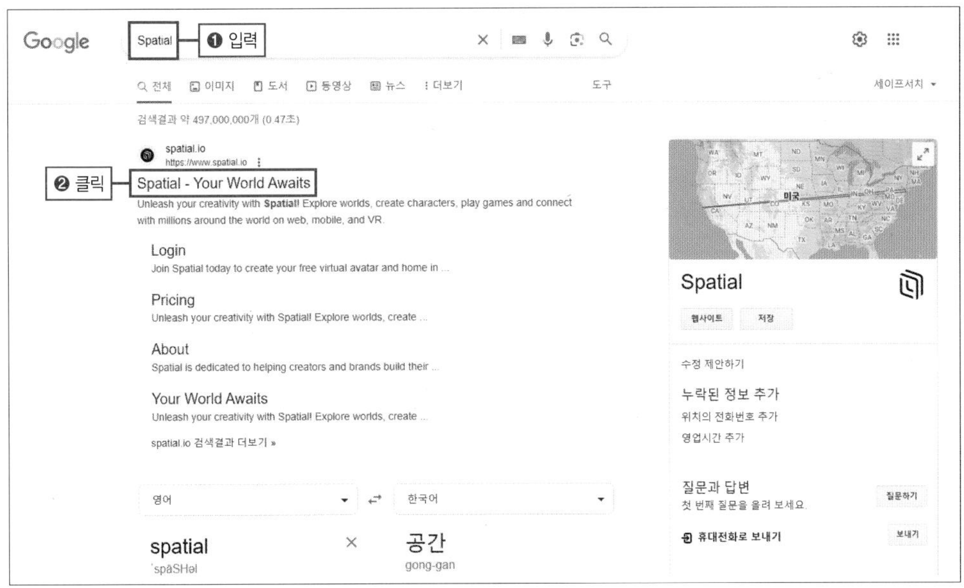

그림 14-11. 검색엔진을 통해 Spatial을 검색한 화면

스페이셜에 접속하여 로그인하겠습니다. 스페이셜 홈페이지 상단 오른쪽에 있는 〈Log In〉 버튼을 클릭합니다.

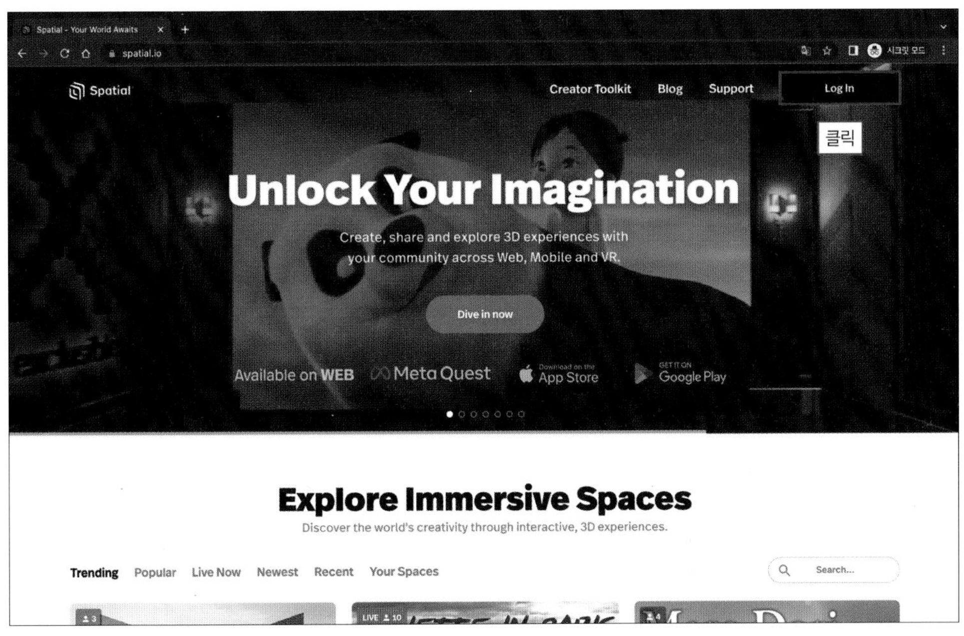

그림 14-12. 스페이셜 홈페이지 화면

Spatial 화면이 표시되면 이용할 계정의 버튼을 선택합니다. 약관 및 개인정보 보호 화면이 표시되면 필수 항목에 체크 표시하여 스페이셜에 로그인합니다.

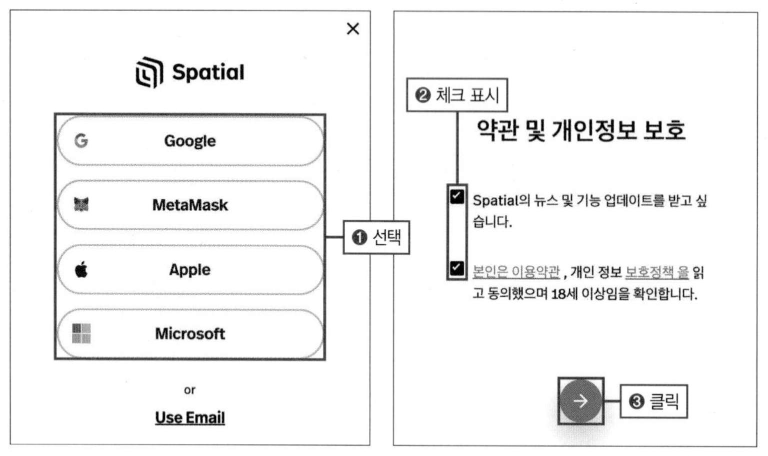

그림 14-13. 로그인 선택 화면

그림 14-14. 약관 및 개인정보 보호 수락 화면

● 활동할 아바타 생성

Customize Avatar 목록에서 원하는 캐릭터를 선택하고 〈Save〉 버튼을 클릭하여 간단한 아바타를 생성할 수 있습니다. 또는 〈CREATE AVATAR〉 버튼을 클릭하고 카메라를 통해 촬영한 사용자의 얼굴을 캐릭터 얼굴에 삽입할 수도 있습니다. 사용자의 실제 얼굴을 활용하면 현실감을 높일 수 있습니다.

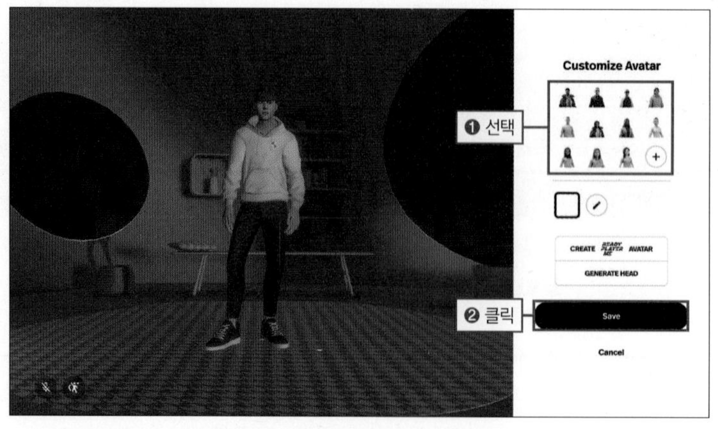

그림 14-15. 아바타 생성 화면

● 스페이셜 내에 전시 공간 생성

AI 아트 작품 전시회를 위한 3D 공간을 생성해야 합니다. 스페이셜에서는 기본적인 공간 템플릿을 제공하며, 사용자들은 이를 기반으로 자신만의 공간을 만들 수 있습니다. 〈Create a Space〉 버튼을 클릭하여 새로운 공간을 생성합니다.

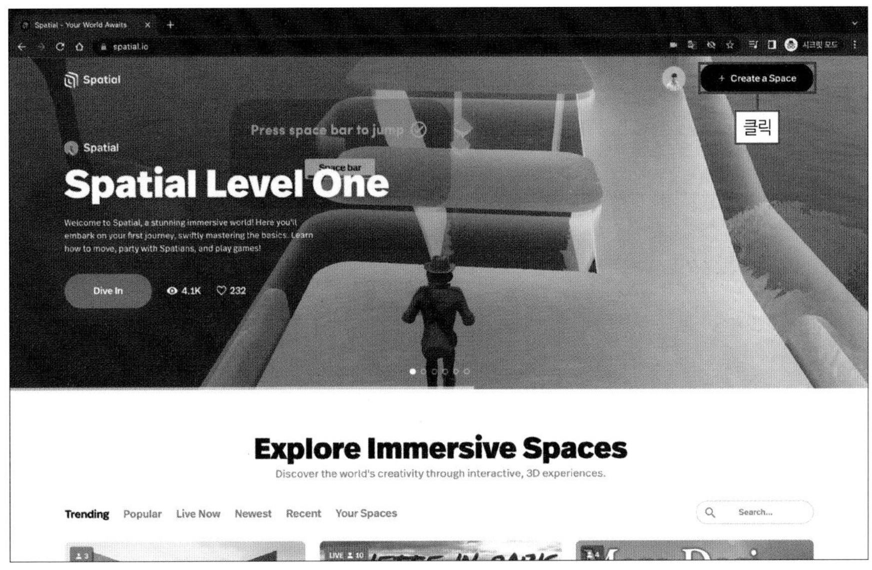

그림 14-16. 로그인 후 사이트 화면

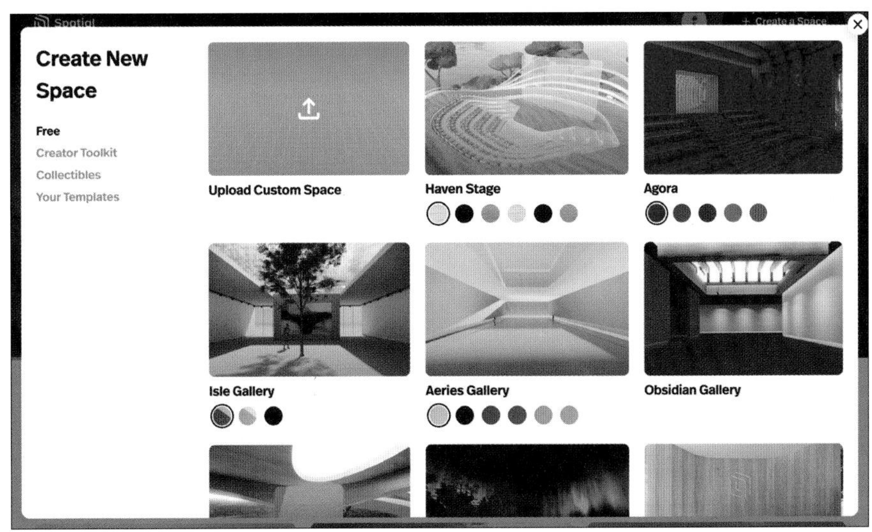

그림 14-17. 공간 스타일 선택 화면

● 전시 공간에 작품 업로드

전시할 미술작품을 3D 모델 또는 이미지 형태로 업로드해야 합니다. 스페이셜에서는 다양한 파일 형식을 지원하며, 3D 모델링 도구를 사용하여 직접 모델을 만들거나, 이미지를 업로드할 수 있습니다. [Upload Art]를 클릭하여 하나씩 이미지 파일을 업로드하거나, 하단에 '+' 아이콘을 클릭하여 여러 개의 이미지 파일을 한꺼번에 업로드할 창을 표시할 수 있습니다.

그림 14-18. Isle Gallery로 전시 공간을 생성한 화면

하단에 '+' 아이콘을 클릭하여 Content 창이 표시되면 [UPLOAD] 탭을 선택합니다. 드래그 앤 드롭 형식으로 파일을 가져오거나, 〈SELECT FROM YOUR DEVICE〉 버튼을 클릭하여 파일을 가져옵니다.

그림 14-19. 이미지 파일 업로드 화면

⟨SELECT FROM YOUR DEVICE⟩ 버튼을 클릭하여 이용할 경우, 드라이브에서 직접 전시할 미술작품들의 이미지나 동영상 등을 선택하여 업로드합니다.

그림 14-20. 업로드 파일 선택 화면

여러 파일을 한 번에 업로드할 경우 프레임 여부를 묻는 프레임에 넣습니까? 창이 표시됩니다. 여기서 원하는 버튼을 클릭하여 작품을 스페이셜 공간에 배치해 보세요.

그림 14-21. 프레임 설정 화면

빈 프레임 숨기기 설정은 상단 오른쪽의 '■' 아이콘을 클릭하고 〔Environment〕에서 다시 변경할 수 있습니다.

● 전시회 구성 설계

스페이셜에서는 사용자들이 자유롭게 공간을 디자인할 수 있으며, 미술작품을 배치하고 전시회의 분위기를 조성할 수 있습니다.

그림 14-22. 여러 작품이 업로드된 화면

프레임의 이미지를 클릭하고 'replace' 아이콘( )을 이용하면 이미지를 변경할 수 있으며, 'info' 아이콘( )을 통해 작품의 제목, 작가, 설명 등을 삽입할 수 있습니다. 입력한 정보의 벽면 게시 여부는 'info'의 하단 'Show Info Panel in Space'에서 활성화하여 설정할 수 있습니다.

그림 14-23. 작품을 클릭했을 때의 화면 **그림 14-24.** 'info'를 클릭했을 때의 화면

● 전시회 초대장 발송

미술작품 전시회를 위해 초대장을 발송할 수 있습니다. 스페이셜에서는 초대장을 직접 발송할 수 있는 기능을 제공하며, 이를 통해 전시회 참여자들을 초대할 수 있습니다. 모든 준비가 끝나면 미술작품 전시회를 개최할 수 있습니다. 스페이셜에서는 사용자들이 가상 공간에서 협업할 수 있는 다양한 기능을 제공하며, 미술작품 전시회 참여자들은 가상 현실 환경에서 미술작품을 감상하고, 다른 참여자들과 상호작용할 수 있습니다.

● 아바타 조정 안내

키보드 [↑], [A], [W], [S], [D] 혹은 원하는 곳을 클릭하여 아바타를 이동할 수 있습니다. 또한, [Shift]를 눌러 아바타를 달리게 할 수 있고, [Spacebar]를 눌러 점프/이중 점프를 할 수 있습니다.

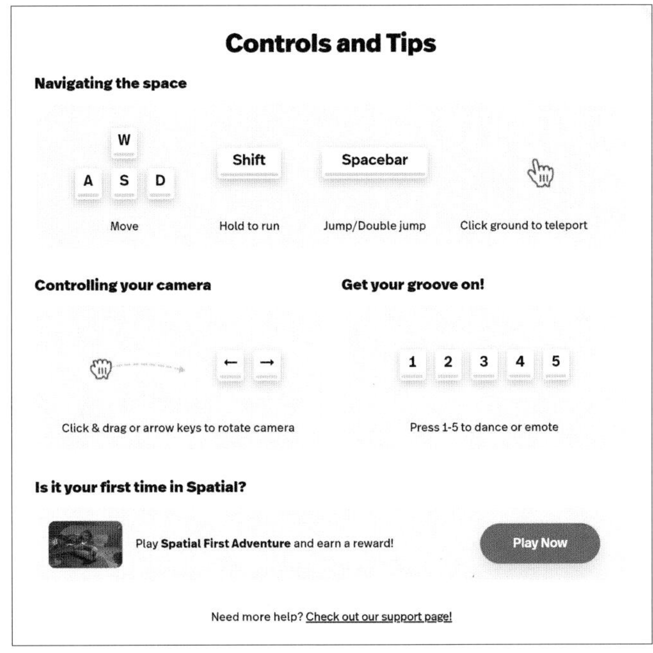

그림 14-25. 아바타 조작 단축키 안내

이외에도 하단의 '[아이콘]' 아이콘을 클릭하면 표시되는 이모티콘([이모티콘])을 클릭하여 감정 표현 또는 춤을 출 수 있으며, [1]~[5] 단축키를 설정(기본 설정되어 있으며 변경 가능)하여 이용할 수도 있습니다.

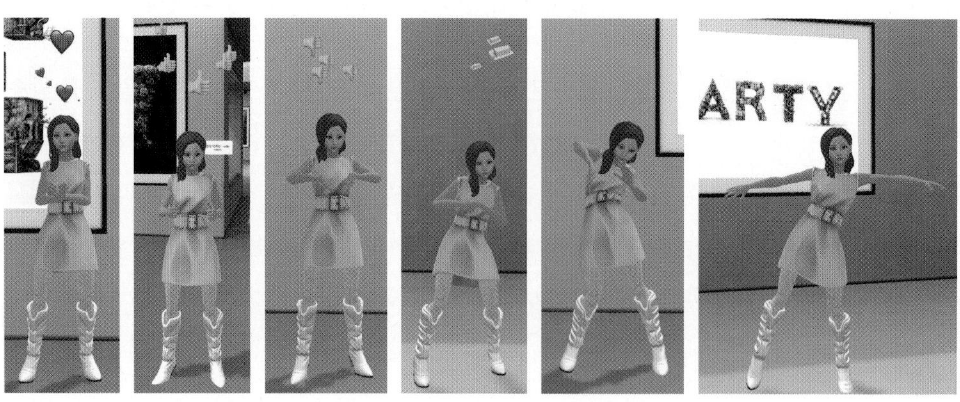

그림 14-26. 아바타 조작 실행 화면

잠깐만요 **아바타 조작 추가 단축키**

표 14-1의 단축키를 통해 아바타의 추가적인 행동을 표현할 수 있습니다.

표 14-1. 아바타 조작 추가 단축키 안내

단축키	행동
C	박수를 치다.
Y	최고, 동의합니다.
N	아니요.

문자 채팅 사용 안내

상단 오른쪽의 '⋮' 아이콘을 클릭하고 〔설정(Settings)〕 → 〔참가자 채팅(Participant Chat)〕에서 참가자 간의 채팅 여부를 설정할 수 있습니다. 참가자들은 〈채팅〉 버튼을 클릭하면 채팅을 할 수 있고, 채팅 스레드를 보이게 하거나 숨기게 할 수 있습니다. 전시 공간 소유자는 불건전한 채팅을 하는 사람을 차단할 수 있고, 차단된 사람은 전시 공간에 들어갈 수 없습니다. 오버플로 그룹 기능이 켜져 있으면 전시 공간에 있는 모든 사람이 같은 채팅을 볼 수 있습니다. 지금은 '@'로 다이렉트 메시지를 보낼 수 없고, 보낸 메시지는 삭제할 수 있습니다.

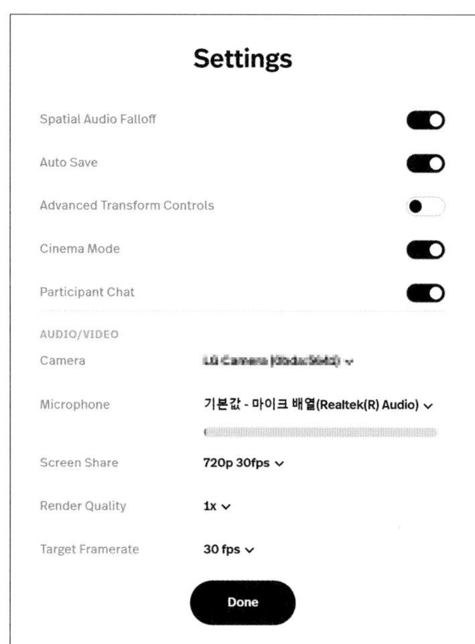

그림 14-27. 설정 화면

그림 14-28. 전시 공간 소유자가 상대방을 차단하는 화면

그림 14-29. 보낸 메시지를 삭제하는 화면

● 유료 멤버십(Spatial+) 안내

무료 멤버십의 경우 자신이 만든 전시 공간에 최대 50명까지만 참가할 수 있습니다. 유료 멤버십은 25$/월(년 결제 시 20$/월) 결제 시 이용할 수 있으며 전시 공간 수용 인원인 50명에 도달하면 50명을 더 수용할 수 있는 새 인스턴스가 생성되며 이는 최대 500명까지 계속됩니다. 단, 인스턴스 간 콘텐츠에 대한 실시간 업데이트는 사용할 수 없습니다.

예를 들어, 하나의 인스턴스에서 환경을 변경해도 나머지는 변경되지 않으며, 하나의 인스턴스에서 비디오를 공유하는 화면은 다른 인스턴스에 표시되지 않습니다. 이외에 추가 호스트, 공동 작업자 또는 편집자를 지정하는 고급 호스트 도구 사용도 유료 멤버십에서만 가능합니다. 무료 멤버십과 비교하여 유료 멤버십에서 추가되는 기능은 표 14-2와 같습니다.

표 14-2. 유료 멤버십(Spatial+) 이용 시 추가되는 기능

기능	설명
호스트 도구 사용	모든 참가자 음소거 참가자 내보내기 참가자 금지(1시간, 24시간 또는 영구적) 참가자 금지 해제 사용자를 나에게 데려오기 사용자를 좌석으로 보내기 방을 마지막 저장으로 되돌리기 사용자가 콘텐츠를 추가하지 못하도록 활성화/비활성화 사용자가 콘텐츠를 다운로드하는 것을 활성화/비활성화 호스트 콘텐츠 편집 활성화/비활성화 환경 변경 활성화/비활성화 방 저장 활성화/비활성화 클리어룸 활성화/비활성화
토큰 게이팅	지정된 NFT를 소유한 사용자만 자신의 공간에 대한 액세스 제한 가능. 공간에 액세스하기 위해 사용자가 소유해야 하는 지정된 NFT의 양 제어 가능
실시간 번역	공간의 모든 사용자 실시간 번역 이용 가능
콘텐츠 및 지원되는 파일 형식 업로드	웹 앱을 통해 Spatial에 직접 업로드(아래 단계 참조) 통합을 통해 다른 플랫폼에서 호스팅되는 파일에 액세스 iOS 장치에서 LiDAR 스캐너를 사용하여 방이나 물체를 스캔하여 3D 모델 생성 Spatial.io/toolkit으로 공간 게시

모두의 AI art 전시공간 URL

- https://www.spatial.io/s/moduyi-AI-art-64a11f74f9bd5d584cdaa32b?share=8775997255721915345
- URL 줄이기 앱을 이용(사용종료일 : 2026.7.21.) : https://url.kr/dy56ph
- QR 코드

| 1장 | AI 아트 시작

[한신 SW · AI 아트(ART) 캠프] 10. 인공지능윤리 : https://youtu.be/C8wUh0hBfT0?si=xlZV2SDee7E1FY2r

| 3장 | 글로 이미지 생성하는 AI (1)

미드저니 공식홈 : https://www.midjourney.com
미드저니 AI(미드저니 무료 플레이그라운드) : https://www.midjourneyai.ai
미드저니 쇼케이스 : https://www.midjourney.com/showcase
미드저니 매거진 : https://mag.midjourney.com
디스코드 공식홈 : https://discord.com
블루윌로우 공식홈 : https://www.bluewillow.ai
구글 번역기 : https://translate.google.com
파파고 번역기 : https://papago.naver.com
MidJourney Prompt Tool : https://prompt.noonshot.com
How to Leverage AI : https://www.howtoleverageai.com/midjourney-prompt-generator

| 4장 | 글로 이미지 생성하는 AI (2)

스테이블 디퓨전 공식홈 : https://stablediffusionweb.com
스테이블 디퓨전 플레이그라운드 : https://stablediffusionweb.com/#demo
플레이그라운드 AI : https://playgroundai.com
Promptomania : https://promptomania.com/prompt-builder
구글 Colaboratory : https://colab.research.google.com/?hl=ko
Gradio : https://www.gradio.app/
[한신 SW · AI 아트(ART) 캠프] 9. 한글로 그림 그리는 앱 : https://youtu.be/TAZn2UdNnkk?si=zAGnkHxuA0guxp0s

| 5장 | 글로 이미지 생성하는 AI (3)

OpenAI : https://openai.com
달리 2 : https://openai.com/dall-e-2
챗GPT : https://openai.com/chatgpt
빙 : https://www.bing.com
마이크로소프트 코파일럿 : https://www.microsoft.com/ko-kr/bing?form=MA13FV
빙 Image Creator : https://www.bing.com/images/create
AskUp : https://www.upstage.ai/askup
AIPRM for ChatGP 공식홈 : https://app.aiprm.com/
AIPRM for ChatGPT 다운로드 : https://chrome.google.com/webstore/detail/aiprm-for-chatgpt/ojnbohmppadfgpejeebfnmnknjdlckgj

| 6장 | 다양한 스타일의 이미지 생성

위키백과-서양미술사 : https://ko.wikipedia.org/wiki/서양미술사
Andrei Kovalev's Midjourney Styles Library : https://midlibrary.io/styles

| 7장 | AI 아트 도구로 배우는 공부

위키백과-프랙탈 : https://ko.wikipedia.org/wiki/프랙탈

수학적 아름다움, 프랙털 아트의 세계 : https://url.kr/fiogmn

네이버 지식백과-팝아트, 옵아트, 미니멀리즘 : https://terms.naver.com/entry.naver?cid=47310&docId=960375&categoryId=47310

| 8장 | 창작글에 어울리는 이미지 생성 (1)

구글 송 메이커 : https://musiclab.chromeexperiments.com/Song-Maker

[한신 SW · AI 아트(ART) 캠프] 3.4. AI아트코딩활용하기(그림일기) : https://youtu.be/WZwLLvtDrVs?si=KWMRe5ZyilvlAcsr

| 9장 | 창작글에 어울리는 이미지 생성 (2)

미리캔버스 : https://www.miricanvas.com

아마존 킨들 전자책 출판 : https://kdp.amazon.com/en_US

해외거주자의 미국 계좌 만들기-와이즈 : https://wise.com

해외거주자의 미국 계좌 만들기-페이오니아 : https://www1.payoneer.com/ko

[한신 SW · AI 아트(ART) 캠프] 5.6. AI챗팅 동시, 동요, 동화 만들기 : https://youtu.be/f7ilH-VrZ5Q?si=I1LVR6AVilZLWxsS

| 10장 | 창작글에 어울리는 이미지 생성 (2)

[박정호의 미리 가 본 미래] 〈59〉 웹툰 기반 IP 시장에 주목하라 : https://www.etnews.com/20230127000036

네이버-WEBTOON CREATOR'S : https://comic.naver.com/creators/dashboard

카카오웹툰-웹툰리그 : https://webtoonleague.kakao.com/

| 13장 | 생활 속 인공지능 이미지의 적용

[우먼동아. 컬러링북으로 마음의 면역력 키우기!(2020.7.28.)] : https://url.kr/k7ztqr

| 14장 | 메타버스 공간에서의 작품 전시회

패들렛 : https://ko.padlet.com

스페이셜 : https://www.spatial.io

스페이셜-모두의 AI 아트 : https://www.spatial.io/s/moduyi-AI-art-64a11f74f9bd5d584cdaa32b?share=8775997255721915345

스페이셜-모두의 AI 아트(짧은 주소) : https://url.kr/dy56ph

기호-숫자

A-D

E-I

K-O

P-T

V-W

ㄱ

ㅊ - ㅋ

ㅌ - ㅍ

ㅎ

LEARN IT